文化产业诉讼案例解析

李袁婕　主编

故 宫 出 版 社
The Forbidden City Publishing House

图书在版编目（CIP）数据

文化产业诉讼案例解析 / 李袁婕主编 . — 北京 : 故宫出版社 , 2017.1

ISBN 978-7-5134-0975-9

Ⅰ. ① 文… Ⅱ . ① 李… Ⅲ . ① 文化产业—民事诉讼—法律解释—中国 Ⅳ . ① D925.105

中国版本图书馆 CIP 数据核字（2017）第 017995 号

文化产业诉讼案例解析

出 版 人：王亚民
著　　者：李袁婕
责任编辑：徐　海
装帧设计：王　梓　于朝娟
出版发行：故宫出版社
地址：北京市东城区景山前街4号　邮编：100009
电话：010-85007808　010-85007816　传真：010-65129479
网址：www.culturefc.cn
邮箱：ggcb@culturefc.cn
制版印刷：北京旺都印务有限公司
开　　本：787毫米×1092毫米　1/16
印　　张：22.5
版　　次：2017年1月第1版
2017年1月第1次印刷
印　　数：1～1000册
书　　号：ISBN 978-7-5134-0975-9
定　　价：56.00元

序　言

我国“十三五”规划纲要提出，按照全面建成小康社会新的目标要求，“十三五”期间要实现“公共文化服务体系基本建成，文化产业成为国民经济支柱性产业”的发展目标。

2016年是“十三五”规划开局之年，在大力推动文化事业发展、文化产业繁荣的历史性关键时刻，为文化产业从业人员提供优质高效的法律服务刻不容缓。但是，我国专门研究文化产业诉讼案例的著述尚付阙如。《文化产业诉讼案例解析》一书填补了这一空白。

该书具有以下特点：一是选编案例广泛。编撰者精心选择全国各地法院近年来发生的文化产业代表性案例，为读者提供了具有典型意义的权威信息。二是编撰方法新颖。对于非法律专业人员而言，案例类书籍时常会让读者感到情节复杂、篇幅冗长，易导致产生厌读的情绪。而本书高度提炼案例内容，突出争议焦点，剔除无效信息，基本将每个案例解析都控制在4000字左右，使读者能在有限篇幅内迅速吸收有效、有益的信息。三是实用性较强。编撰者不仅对所选案件的裁判文书进行了再加工和通俗化解读，而且针对文化产业从业人员防控法律风险的现实需要专门撰写了法律建议，对于文化产业实践具有重要的参考价值。

近年来，文化创意产业已成为创意经济的重要组成部分，“文化+”成为文化创意产业的新核心之一。故宫博物院作为世界五大博物馆之一，努力挖掘自身的历史文化资源，在文化创意空间大力开拓。在此过程中，我们高度重视法治工作，相继成立了全国博物馆系统唯一的法律处和文博法治研究所。几年的实践证明，法治在故宫博物院发展创意经济、促进理念和体制创新、释放社会创新潜力、为实现中华民族伟大复兴的“中国梦”贡献力量的过程中，发挥了重要的保障作用。

在全面推进依法治国、完善文化产业领域法律的过程中，《文化产业诉讼案例解析》一书的出版，必将对广大文化产业从业人员通过个案学习现行法律知识、树立法治理念、维护合法权益，自觉践行民主法治、公平正义的社会主义核心价值观，建设社会主义法治国家起到推动作用。

是为序。

故宫博物院院长　单霁翔

2016 年 12 月 8 日

目 录

民事诉讼案例

一、著作权、不正当竞争、商业秘密篇

三、专利权篇

四、合同篇

行政诉讼案例

刑事诉讼案例

民事诉讼案例

一、著作权、不正当竞争、商业秘密篇

1. 作品保护范围

——张某某诉王某某等侵犯著作权纠纷案

基本案情

1998 年 4 月,张某某创作了《女子乐坊创意策划文案》(以下简称《策划文案》),并与他人合作在《策划文案》的基础上进一步完善、创作了《某市女子乐坊文化发展有限公司整合报告》(以下简称《整合报告》)。在完成上述作品后,王某某以"项目合作"为由与张某某就《策划文案》、《整合报告》的实施进行了初步的协商。但是,王某某却在知悉了《策划文案》、《整合报告》的相关内容后创作了新的《"女子十二乐坊"项目实施计划》(以下简称《实施计划》),并以该《实施计划》为蓝本,与第三方合作,建立了某女子乐坊组合。张某某认为,王某某剽窃其创意思想的行为已经严重侵犯了其著作权,遂起诉。

原告张某某诉称:原告于 1998 年 4 月正式形成了《策划文案》和《整合报告》。1999 年初,被告王某某主动与原告接触并骗取了《策划文案》及《整合报告》,王某某在对其中的片断经过选择或者编排、对文字顺序加以前后调整、对个别表达加以扩展解释或缩写后,形成了《实施计划》。被告某文化传播有限公司网站上和 2004 年 3 月第 27 期某杂志上所刊载的文章也是改编和汇编《整合报告》而成。王某某及某文化传播有限公司未经原告许可,对原告享有著作权的《整合报告》进行改编和汇编,且没有给原告署名,侵犯了原告对《整合报告》享有的署名权、改编权和汇编权。

被告王某某辩称:张某某不能证明其是《整合报告》的著作权人,也不能证明涉案《实施计划》剽窃了《整合报告》,某杂志上所刊载的涉案文章并没有王某某和某文化传播有限公司署名。

一审法院认为：首先，张某某对《整合报告》享有著作权。《实施计划》和《整合报告》的内容完全不同，二者的篇章结构和具体的表达形式也不相同，虽然二者中都出现了“女子”和“乐坊”等字样，但“女子”是通用词语，而“乐坊”二字并非张某某独创，故不能据此认定《实施计划》系由《整合报告》改编而成，王某某和某文化传播有限公司未侵犯张某某对《整合报告》享有的改编权和汇编权。其次，现有证据不能证明某杂志刊载的涉案文章是王某某或某文化传播有限公司所发表，故王某某和某文化传播有限公司未侵犯张某某对《整合报告》享有的署名权。最后，涉案《整合报告》和《实施计划》是文字作品，将二者进行整体上的比对，二者在篇章结构的编排、选择及文字的表达方面并不相同，虽然二者创作目的均是为了对成立女子乐团、演奏民乐的演出模式予以说明和实施，但由于二者所涉及的演出模式包括创意和操作方法，总体上属于创意、构思或理念的范畴，不属于我国《著作权法》规定的作品保护范围。综上，一审法院认为，现有证据不能认定王某某的行为在著作权法意义上侵犯了张某某的著作权。

张某某不服一审法院上述民事判决，向中级人民法院提起上诉。

二审法院经审理认为，原审法院的判决并无不当，判决驳回上诉，维持原判。

裁判解析

本案的争议焦点在于：《实施计划》的发表、实施是否侵犯了《整合报告》的著作权。

《中华人民共和国著作权法》第一条规定：“为保护文学、艺术和科学作品作者的著作权，以及与著作权有关的权益，鼓励有益于社会主义精神文明、物质文明建设的作品的创作和传播，促进社会主义文化和科学事业的发展与繁荣，根据宪法制定本法。”第三条规定：“本法所称的作品，包括以下列形式创作的文学、艺术和自然科学、社会科学、工程技术等作品：（一）文字作品；（二）口述作品；（三）音乐、戏剧、曲艺、舞蹈、杂技艺术作品；（四）美术、建筑作品；（五）摄影作品；（六）电影作品和以类似摄制电影的方法创作的作品；（七）工程设计图、产品设计图、地图、示意图等图形作品和模型作品;(八) 计算机软件;(九) 法律、行政法规规定的其他作品。”上述法律规定表明，我国著作权法保护的是作者作品的著作权。

本案中,《整合报告》和《实施计划》是文字作品，将二者进行整体上的比对，二者在篇章结构的编排、选择及文字的表达方面并不相同，虽然二者创作目的均是为了对成立女子乐团、演奏民乐的演出模式予以说明和实施，但由于二者所涉及的演出模式包括创意和操作方法，总体上属于创意、构思或理念的范畴，不属于我国《著作权法》规定的作品保护范围，因此，本案的判决结果符合事实和法律规定。本案所体现的“保护作者对作品的表达而非思想的所有权”理念，是社会发展中作者精神和经济方面的必然要求。著作权的本质是从法律角度保护作者对创作作品的专有权，以此鼓励人们进行更多的创作，促进人类文明及社会文化的发展。著作权法只保护具有独创性的作品，因此作者要获得经济利益就必须保证作品的独创性。

法律建议

为了更为全面地保护自己的创意思想，应当在形成该创意思想时，尽可能将思想转化为表达，形成书面文件。而在与第三人交流、向第三人介绍相关创意思想时，首先应当明确双方系合作关系，应当签订合作意向协议，并在意向协议中说明合作的目的，并附相关创意思想；其次，更为重要的是，保留双方交流、磋商的证据。反言之，在作为第三人与创意思想所有人进行磋商、协商的过程中，应当尊重他人的创意思想，尽到先合同义务，防止发生不必要的诉讼风险。

特别提示

《计算机保护条例》(2013)

第六条规定：“本条例对软件著作权的保护不延及开发软件所用的思想、处理过程、操作方法或者数学概念等。”

《中华人民共和国合同法》(1999)

第四十二条规定：“当事人在订立合同过程中有下列情形之一，给对方造成损失的，应当承担损害赔偿责任：（一）假借订立合同，恶意进行磋商；（二）故意隐瞒与订立合同有关的重要事实或者提供虚假情况；（三）有其他违背诚实信用原则的行为。”

第四十三条规定：“当事人在订立合同过程中知悉的商业秘密，无论合同是否成立，不得泄露或者不正当地使用。泄露或者不正当地使用该商业秘密给对方造成损失的，应当承担损害赔偿责任。”

2. 服装作品的著作权

——胡某诉裘某、某美术馆侵犯著作权纠纷案

基本案情

1998 年 9 月，胡某（本案原告）在某美术学院染织服装系进修。1998 年 11 月至 12 月，胡某为完成所选修的“立体剪裁”课作业，设计完成了白坯试样布立体剪裁原形紧身小胸衣，采用了斜裁、打条、缠绕与立体牡丹花造型相结合的表现手法。该紧身小胸衣的色彩为白色，结构为拼缝而成的条状进行盘缠，下摆突出点缀有几朵立体牡丹花，整体造型以女性胸部曲线为依托，外部轮廓富有变化。以该款原形紧身小胸衣为代表，胡某还设计完成了一系列款式独特的白色小胸衣，使用了夸张的中国结的表现手法。胡某在学院的拍摄室对其条纹紧身小胸衣作业等进行拍照时，作为某美术学院染织服装系副教授的裘某（本案被告）与学院部分教师和学生在拍摄室见到过胡某设计完成的上述作业。

1999 年 3 月，胡某在其设计的小胸衣的基础上又设计完成了三套连衣裙装，进一步采用中国结、牡丹花、对丝绸面料进行 45 度斜裁、打条、盘绕、立体剪裁手工缝制、色彩渐变加反差对比等工艺和组合形式来表现其立体的服装造型。上述裙装参加了 1999 年 4 月在绍兴举办的“中国轻纺城纺织品博览会”。裘某也目睹过上述裙装。

1999 年 7 月，裘某设计完成了 8 套系列服装。该系列服装使用的主要设计元素为牡丹花，主要的服饰手段为手绘、条纹拼缝、中国结等。该系列服装最突出的一套由外衣、紧身小胸衣、长裙、装饰颈链组成。其面料为真丝，整体色彩基调为蓝绿色，其中外衣和紧身小胸衣的结构均为条纹盘绕，采用 45 度斜裁拼缝而

成。条纹之间的色彩为蓝绿色渐变并有反差，长裙的图案为手绘牡丹花，装饰颈链为中国结。该系列服装以“春天的故事”为主题参加了“第九届全国艺术设计展”，并获得服装金奖。1999 年 12 月，上述服装在某美术馆（本案被告）进行了展览。

裘某设计的服装作品获奖后，胡某即以裘某抄袭自己的服装设计、侵犯了其著作权为由向法院起诉，请求判令：一、被告裘某立即停止侵权行为，销毁侵权作品，并不得再使用原告的作品；二、被告裘某在《法制日报》、《中国服饰报》、《服装时报》、《钱江晚报》、《深圳特区报》上向原告公开赔礼道歉；三、被告裘某赔偿经济损失 15 万元及精神损失 5 万元；四、被告裘某承担因本案所产生的一切费用；五、被告某美术馆立即停止展出侵权作品。

被告裘某辩称：服装不构成我国著作权法意义上的作品，在法律上不存在原告所主张的“服装作品”或“服装美术作品”。并且，被告设计的系列服装中的小胸衣与原告设计的小胸衣在整体创意、结构、工艺、色彩等方面，存在本质的区别，并未构成抄袭、剽窃。故请求驳回其诉讼请求。

被告某美术馆辩称：第九届全国获奖作品展的主办单位是某部和美术家协会，某美术馆不参与作品的筹集、评选、鉴别，仅提供展览场地，故不同意原告的诉讼请求。

一审法院认为：首先，对于那些虽具有实用性但更具有艺术欣赏性的服装艺术作品，应作为实用艺术作品来看待。本案原告胡某所设计的“服装作品”及被告裘某设计的“服装作品”均是为时装设计大赛而完成的表演服装作品，均带有较强的艺术美感，应视其为服装艺术作品并受我国著作权法的保护。原告胡某对其设计的服装艺术作品应当享有著作权。其次，通过对比分析可以看出，本案所涉及的原告胡某创作的服装艺术作品，与裘某设计的服装艺术作品相对比，二者所使用的工艺手段和设计元素虽然大致相同，但在普通欣赏者眼里，二者在整体色彩、造型、搭配组合及修饰上是不相同的，各自表达了不同的情感，带给观赏者不同的感观，不存在后者对前者的仿制。综上，被告裘某设计的服装艺术作品不构成对原告胡某作品的剽窃，遂判决驳回原告胡某的诉讼请求。

胡某不服一审法院判决，提起上诉。

二审法院经审理认为，一审法院认定事实清楚，适用法律正确，应予维持。依法判决驳回上诉，维持原判。

裁判解析

本案的争议焦点有以下两点：

一、“服装作品”是否为著作权法意义上的作品。

本案中，双方当事人争议的焦点问题在于如何对“服装作品”的属性从法律上予以恰当定位，即要对此类作品是否属于著作权法保护的作品范围作出判断。对于服装来讲，一般意义上大众化的服装所突出的是它的实用功能，但对于那些使用了极具艺术性和扩张性的表达方式的表演服装，其实用功能性已越来越被淡化，而艺术特征却越来越被强化，甚至有些虽然还被称为服装，但已经远离了一般意义上服装的实用功能性，成为纯艺术性的美术作品。因此，对于那些虽具有实用性但更具有艺术欣赏性的服装艺术作品，应作为实用艺术作品来看待。

所谓实用艺术作品，在理论上是指具有实际用途的艺术作品，该类作品的重要特征在于其不但具有实用性，同时还具有艺术性，且其实用成分和艺术成分已经浑然一体、密不可分。我国著作权法所保护的作品类型当中未明确列举实用艺术作品，但《中华人民共和国著作权法实施条例》第四条第（七）项规定：“美术作品，是指绘画、书法、雕塑等以线条、色彩或者其他方式构成的有审美意义的平面或者立体的造型艺术作品。”此条例在界定美术作品时，采用了非详尽列举的方式，据此可以解释为，我国著作权法规定的美术作品不单指纯艺术性的美术作品，还包含实用艺术作品在内，故对服装艺术作品的保护，应当可以适用对美术作品的保护规定。

本案原告胡某所设计的“服装作品”及被告裘某设计并获得全国美展金奖的“服装作品”均是为时装设计大赛而完成的表演服装作品，从其艺术造型、结构和色彩的外在形态来看，均带有较强的艺术美感，是将艺术性与实用性融为一体并利用服装形式语言来表现的立体造型艺术作品，故应视其为服装艺术作品。毫无疑问，原告胡某对其设计的服装艺术作品应当享有著作权，应受我国著作权法的保护。

二、被告的服装作品是否构成对原告服装作品的抄袭。

受我国著作权法所保护的服装艺术作品应当是由色彩、图案、造型、搭配组合及修饰而成的整体表现形式。服装艺术作品在设计创作过程中，创意起着非常重要的主导作用，一切表现手法都是为了准确表达作者的创意而服务的，但著作权法所要保护的恰恰是这些创意的艺术表达方式，而不是创意、理念和工艺手法。服装设计师的创作活动就是对诸多服装设计元素进行具有独创性的选择和编排，服装艺术作品能够受到著作权法保护的应当是由色彩、图案、造型、搭配组合及修饰而成的整体表现形式。

通过对胡某、裘某各自所设计的服装作品进行对比，虽然双方在设计服装作品时均使用了条纹盘绕、色彩渐变与突变、中国结、牡丹花及拼缝等已被服装设计界使用的创作元素和工艺手段，但是胡某设计的条纹状盘带式小胸衣作品系独立的一件，整体色彩为白色，立体牡丹花的造型是通过用白坯试样布制作的打散的牡丹花经过盘绕而表现出来的。而裘某设计的涉案服装作品则由外套、胸衣、裙子、装饰颈链组成，整体色彩基调为蓝绿色的真丝套装，其中长裙上的牡丹花图案为手工绘制。二者所使用的工艺手段和设计元素虽然大致相同，即都使用了拼缝工艺及条纹盘缠、色彩渐进和反差、中国结和牡丹花，但二者在整体色彩、造型、搭配组合及修饰上是不相同的，二者设计的服装作品整体表现形式不同，各自表达了不同的情感，带给观赏者不同的感观，不存在后者对前者的仿制，即使二者的创作风格相同，也属合理的借鉴与启发，不构成剽窃。因此，被告裘某设计的服装艺术作品不构成对原告胡某作品的剽窃。胡某诉裘某、某美术馆侵犯其著作权的诉讼请求，依据不足。

综上所述，本案一、二审法院的判决做到了以事实为依据，以法律为准绳。

法律建议

著作权国际公约和世界上许多国家的著作权法都保护服装作品的著作权。我国是服装生产大国，但我国著作权法目前并没有明确规定服装作品受著作权法保护。因此，在司法实践中，须注意服装设计的著作权保护可以根据实际情况按照服装成衣、服装设计图、服装样板（图形作品）分别主张权利，也可以通过办理版权登记和申请商标注册，维护自身合法权益。

3. 演绎作品的著作权

——黑猫警长公司与某美术制片厂著作权侵权纠纷案

基本案情

文字作品《黑猫警长》由原告法定代表人诸某于1981年10月30日创作完成，并于2009年12月29日完成著作权登记；2011年12月29日，诸某设立黑猫警长公司（本案原告），并于2012年4月10日与黑猫警长公司签订著作权转让合同，转让相关著作权并备案。

2000年10月22日，诸某曾与思泰公司签订著作权转让合同，以人民币35万元转让文字作品《黑猫警长》除署名权外的著作权。同时约定，思泰公司再行转让时，转让方在同等条件下享有优先受让权。2003年7月24日，思泰公司与盛趣公司签订资产转让协议，将文字作品著作权《黑猫警长》转让给盛趣公司。2003年，思泰公司更名为三知公司。2011年4月28日，诸某委托律师向思泰公司发出“关于立即收回‘黑猫警长’著作权的通知”。

2009年11月28日，某美术制片厂（本案被告）获授权在原有五集二维动画片《黑猫警长》的基础上改编制作二维动画影院片并公映。2010年7月12日，某美术制片厂在搜狐网搜狐娱乐发布了“《黑猫警长Ⅱ》创意征稿邀新老观众参加”的消息，在2010年7月15日至2010年8月15日期间向社会各界征集《黑猫警长Ⅱ》创意，征稿内容为动画影院片《黑猫警长Ⅱ》创意梗概、角色造型设计。

原告黑猫警长公司向某区法院起诉称：被告某美术制片厂通过报纸、网络等媒体，声称将拍摄电影《黑猫警长》续集，并征集创意的行为侵犯了原告所享有的文字作品《黑猫警长》著作权项下的改编权，应承担侵权责任。遂请求判令：被告立即停止侵权，在同等范围内消除影响，向原告书面赔礼道歉。

被告某美术制片厂辩称：一、原告不享有小说《黑猫警长》的著作权。2000年10月22日，小说《黑猫警长》的著作权已由作者诸某转让给三知公司的前身思泰公司，思泰公司后又将上述权利转让给本案第三人盛趣公司。二、被告未实施任何侵权行为。被告仅于2010年7月通过搜狐娱乐发布过"《黑猫警长Ⅱ》创意征稿邀新老观众参加"的消息，投稿期限自2010年7月15日至2010年8月15日，但未征集或采纳任何创意梗概、角色造型设计。三、被告未侵犯原告对文字作品《黑猫警长》的改编权，被告征集的是文字作品，并非改编行为。

一审法院认为：一、原告为证明其为相关作品的著作权权利主体，提供了作品登记证书和著作权合同备案证书，上述证据仅为确定权利归属的初步证据，在被告及第三人提供了第三人与作品原作者签订的著作权转让合同以及第三人间签订资产转让协议的情况下，涉案《黑猫警长》文字作品著作财产权属并不明晰。理由如下：作品著作权备案登记并不是著作权产生或者转移的必备条件。著作权在获得上采取自动获得原则。作品备案登记内容仅是著作权归属的初步证据，并不具有绝对的证明效力。最终认定何种劳动成果是著作权法意义上的作品，以及该作品的著作权归属问题，法院可依据著作权法的规定，根据依法查明的事实予以认定。现被告对原告通过受让取得著作财产权提出了相反证据，证明诸某曾将文字作品《黑猫警长》的著作财产权转让第三人。原告虽然提供了诸某要求收回著作权的通知，但相关当事人对通知效力持有异议，原告主张其享有涉案文字作品著作财产权的证据并不充分。二、某美术制片厂发布征集动画影院片《黑猫警长Ⅱ》创意梗概的行为，并不是一个典型的使用文字作品《黑猫警长》的行为，未受到著作权法中明确规定的各项人身、财产等专有权利的控制，并不是著作权法规制的侵权行为。因此，某美术制片厂行为更符合我国合同法关于要约邀请的规定，并不构成侵权。据此，判决驳回原告全部诉讼请求。

一审判决后，黑猫警长公司不服，提起上诉，请求判令支持一审诉请。主要理由是一审法院对于文字作品《黑猫警长》著作权人的事实认定有误。某美术制片厂向社会公开征集动画影院片《黑猫警长Ⅱ》创意梗概等行为，侵犯了黑猫警长公司对文字作品《黑猫警长》所享有的署名权、保护作品完整权、修改权和改编权，某美术制片厂应当就此承担停止侵权、赔礼道歉的民事责任。

二审法院经审理认为，原判认定事实清楚、适用法律正确。判决驳回上诉，维持原判。

裁判解析

本案的争议焦点主要有以下三点：

一、公开征集剧本创意是否属于著作权法保护范围。

本案中，被告向社会公开征集的是动画影院片《黑猫警长Ⅱ》的创意梗概、角色造型设计，简言之，公开征集的是影片《黑猫警长Ⅱ》的剧本创意，是对于“一剧之本”新颖性和创造性的想法，属于抽象的思想范畴。我国著作权法亦采用“思想与表达两分法”原则，只保护对于思想观念的表述，而不保护思想观念本身。创意相同的作品，并不构成著作权法意义上的相同的作品，只有表达方式相同的作品，才是著作权法意义上相同的作品。本案中，被告征集的剧本创意，当然也不属于著作权法所保护的对思想的表达形式，只有独创性的创意、思想的表述，才是我国著作权法实施条例第二条所称的作品。创意相对于电影作品而言，并非可有可无的附属品，而是电影作品的核心要素之一，从促进电影艺术创新的角度来说，被告作为国内规模较大的电影制片方，拟对征集采纳的《黑猫警长》电影剧本创意予以奖励，鼓励社会公众自由使用他人作品中所蕴涵的思想或创新，并无不当。这个剧本创意可能是一个创作意向，也可能是一个点子或某一个触动电影创作的情节点（以上均属于思想范畴），在此基础上，可能由文学策划对这个点子或情节进行扩充和完善，最终形成一个在表达上具有原创性的电影剧本（属著作权法意义上的作品），进而产生更大的社会效益，这恰恰是著作权法所提倡并保护的。故公开征集剧本创意不属于著作权法保护范围。

二、公开征集行为是否构成侵权。

根据我国著作权法的相关规定，构成著作权侵权必须是被告未经授权以复制、发行、表演、改编、展览等方式使用了涉案文字作品，或者说被控侵权作品复制或来源于涉案文字作品。在进行侵权判断时，亦应遵循“接触加实质性相似”的原则。原告主张被告行为侵犯了其对涉案作品的改编权，首先就应当有被指控侵权成果的存在，现被告在为期一个月的征稿期间内，并未征集到任何相关剧本创意，即不存在侵权成果。即使被告确已征集到相关创意梗概，该创意梗概的内容能否达到著作权法上对于作品独创性的要求，也无从知晓，因此，无法将作品与原文字作品《黑猫警长》进行实质性相似的比对，以确定其是否侵权。究竟是否侵犯了原告主张的改编权，还要结合改编权内容的特征以及被告具体实施的行为，加以具体判断。根据《中华人民共和国著作权法》第十条第一款第（十四）项规定，改编权是改变作品，创作出具有独创性的新作品的权利。在现有情形下，对于一个尚处于未知、不确定状态的剧本创意梗概是否侵权，无法判断。

三、演绎作品著作权人行为是否构成侵权。

拍摄电影往往需要将小说改编成电影剧本，再根据电影剧本拍摄电影。因此，电影作品实际上是小说的演绎作品。本案中，小说《黑猫警长》由诸某创作完成并受我国著作权法保护并无争议。被告在获得诸某授权后，将小说《黑猫警长》改编成动画片、电影剧本，在原作品基础上投入了创造性智力劳动，进行了独立的创作形成了新的演绎作品，即动画片《黑猫警长》以及电影《黑猫警长》。《中华人民共和国著作权法》第十五条规定：“电影作品和以类似摄制电影的方法创作的作品的著作权由制片者享有。”故被告享有动画片《黑猫警长》以及电影《黑猫警长》的著作权。在其权利行使方面，一方面，由于电影作品是众多智力成果融合的产物，有其特殊性，著作权法第十五条并未像其第十二条那样规定行使著作权时不得侵犯原作品的著作权。这就意味着，如果原作品作者已经许可将其作品改编成电影剧本并拍摄电影，则电影一旦拍摄完成，其整体著作权不受限制地归属于制片者，不再受原作品著作权的制约。另一方面，不可否认，演绎作品与原作品具有一脉相承的属性，这也决定了其权利行使也具有一定特殊性，也正因如此，被告在此前将小说改编成电影时，取得了原著作权人的授权。此次被告作为电影《黑猫警长》演绎作品著作权人，对外发布的仅仅是一个征稿消息，不构成对著作权法保护的专有控制权利的侵犯，无须取得授权。

从社会影响来看，小说《黑猫警长》是一部独立的文字作品，被告对外公布的消息，并未使用小说中的相关表达，也没有涉及小说思想的相关言辞，与小说《黑猫警长》的正常使用不相冲突。至于原告关于被告之行为易造成相关公众的混淆、误认为《黑猫警长》著作权归属于被告之主张，由于演绎作品与原作品具有共同的表达元素，这确实为在客观效果上挤压原作品的市场份额，影响原作品著作权人对其作品独创性表达的专有权留有了一定的可能性。但本案原告提起的是著作权侵权之诉，著作权侵权行为是指未经著作权人同意，又无法律上的依据，使用他人作品或行使著作权人专有权的行为。故重点在于原告是否享有著作权，以及享有著作权的作品与被控侵权作品之间实质性相似的对比。

综上，某个特定行为是否构成直接侵犯著作权的行为，关键在于这项行为是否落入了著作权法规定的专有权利的控制范围。纵观被告发布征集动画影院片《黑猫警长Ⅱ》创意梗概的行为，并不是一个典型的使用文字作品《黑猫警长》的行为，未受到著作权法中明确规定的各项人身、财产等专有权利的控制，并不是著作权法规制的侵权行为。只有在应征者提供的创意构成著作权意义上的作品并直接侵犯原文字作品著作权人专有权利的情况下，演绎作品著作权人才可能构成著作权间接侵权。

综上，法院对本案的判决无误。

法律建议

在全社会日益注重知识产权保护的大背景下，一定要明了知识产权的保护客体及保护范围，最大限度地维护自己的合法权利。其中演绎作品的著作权等尤其应该引起重视。所谓演绎权，是在保留原有作品基本表达的情况下，在原作品基础上创作新作并加以后续利用的行为。将文字作品摄制成为电影属演绎行为，由此形成的新作品系演绎作品。演绎作品著作权人对外征集演绎作品续集创意的行为，是鼓励社会公众自由使用他人作品中所蕴涵的思想或创新，属行使演绎作品著作权的正当合法行为，并不侵犯原文字作品著作权。分析评价演绎作品著作权人发布征集公告的行为是否侵犯原文字作品著作权，可以从公开征集的发布主体、发布内容、征集结果以及社会影响四个方面进行综合判断。一般情况下，只有当应征者提供的创意构成著作权意义上的作品并直接侵犯原文字作品著作权人专有权利的情况下，演绎作品著作权人才可能构成著作权间接侵权。

4. 著作权许可使用

——某文化创意有限公司与某信息技术有限公司著作权许可使用合同纠纷案

基本案情

著作权人陈某某与某信息技术有限公司签订《图书版权合作协议》，约定将涉案图书（《焚心似火》、《匈奴王乙》）无线移动网络数字版使用权转让给某信息技术有限公司，且某信息技术有限公司有权根据需要将涉案作品的无线移动网络数字版使用权转让给第三人。该协议生效后，某文化创意有限公司（甲方）与某信息技术有限公司（乙方）签订《图书版权合作协议书》一份，约定甲方使用中国移动手机阅读业务，通过运营商网站向用户提供合作作品的浏览、下载等移动电信增值服务；并约定双方合作业务所得的可分配收入按照税后 20%：80% 的比例分成。协议生效后，某文化创意有限公司将涉案图书的信息网络传播权转售给某通信有限公司行使。某信息技术有限公司与某文化创意有限公司就"可分配收入"的范围及某文化创意有限公司是否存在违约行为等问题产生争议，遂起诉。

某信息技术有限公司起诉称：其已经按《图书版权合作协议书》履行了全部合同义务，并向一审法院申请调查取证，经确认，某文化创意有限公司在 2011 年 6 月至 2012 年 9 月期间《焚心似火》的总收入为人民币 114.61 元，《匈奴王乙》2011 年 5 月至 2012 年 9 月的总收入为人民币 359555.78 元。故要求某文化创意有限公司支付其按比例分成应得收入人民币 250000 元（该数额已经扣除相关营业税、城建税、教育费附加、地方教育费附加、水利建设基金税费）。

某文化创意有限公司辩称：所谓"可分配收入"，应当是扣除运营成本后的收入，从运营商处结算涉案作品所得的信息费收入绝大部分是包月配额收入，该部分不能计入收入进行分配。

其后，某文化创意有限公司反诉称：该公司经合法授权，取得了作品《匈奴王乙》的手机版权授权，而且该授权是唯一的、具有排他性，即未经该公司许可，任何第三方在手机等无线网络领域使用该作品即构成侵权。但是，某信息技术有限公司却擅自违反《图书版权合作协议书》的约定，许可其他手机网站使用涉案作品，因此，该公司反诉要求某信息技术有限公司承担250000元赔偿责任。

一审法院认为：一、双方协议项下的合作业务特定，即由某文化创意有限公司将获授权的涉案图书提供给中国移动通信有限公司手机阅读网站供用户浏览、下载，该合作业务所能够得到的收入即某通信有限公司实际结算给某文化创意有限公司的信息费收入（服务费收入）。如按某文化创意有限公司主张的根据扣除成本后的收入进行分配，显然使双方约定的“可分配收入”处于不确定状态，势必有违某信息技术有限公司签订合同的本意，且依行业惯例，应当确定“可分配收入”是指某文化创意有限公司从运营商处实际结算所得的信息费收入。某文化创意有限公司完全可以在签订协议时从分配比例的多少上争取自己的权益，因此，对某文化创意有限公司关于按扣除成本后的收入比例分配的辩称，不予采信。

某文化创意有限公司现提交的证据只能证明其他手机网站确实提供了涉案作品的浏览、下载服务，但无证据证明系经某信息技术有限公司授权使用。某信息技术有限公司在庭审中也一再表明其并未授权任何第三方使用。经某文化创意有限公司申请，法院亦依法进行了调查取证，但证明并非某信息技术有限公司授权使用。由于某文化创意有限公司目前无充分有效证据证实某信息技术有限公司存在违约行为，故对某文化创意有限公司要求某信息技术有限公司赔偿经济损失人民币250000元的反诉请求，不予支持。

某文化创意有限公司不服一审法院上述民事判决，向中级人民法院提起上诉。

二审法院经审理认为，原审法院的判决并无不当，判决驳回上诉，维持原判。

裁判解析

本案的争议焦点包括以下两点：

一、“可分配收入”的理解。

《中华人民共和国合同法》第六十一条规定：“合同生效后，当事人就质量、价款或者报酬、履行地点等内容没有约定或者约定不明确的，可以协议补充；不能达成补充协议的，按照合同有关条款或者交易习惯确定。”第六十二条规定：“当事人就有关合同内容约定不明确，依照本法第六十一条的规定仍不能确定的，适用下列规定：（一）质量要求不明确的，按照国家标准、行业标准履行；没有国家标准、行业标准的，按照通常标准或者符合合同目的的特定标准履行。（二）价款或者报酬不明确的，按照订立合同时履行地的市场价格履行；依法应当执行政府定价或者政府指导价的，按照规定履行。（三）履行地点不明确，给付货币的，在接受货币一方所在地履行；交付不动产的，在不动产所在地履行；其他标的，在履行义务一方所在地履行。（四）履行期限不明确的，债务人可以随时履行，债权人也可以随时要求履行，但应当给对方必要的准备时间。（五）履行方式不明确的，按照有利于实现合同目的的方式履行。（六）履行费用的负担不明确的，由履行义务一方负担。”第一百二十五条规定：“当事人对合同条款的理解有争议的，应当按照合同所使用的词句、合同的有关条款、合同的目的、交易习惯以及诚实信用原则，确定该条款的真实意思。合同文本采用两种以上文字订立并约定具有同等效力的，对各文本使用的词句推定具有相同含义。各文本使用的词句不一致的，应当根据合同的目的予以解释。”

本案成讼的根源就在于双方并未明确《图书版权合作协议》中“可分配收入”的具体涵义。笔者认为，对于“可分配收入”的理解，应当按照合同所使用的词句、合同的有关条款、合同的目的、交易习惯以及诚实信用原则来确定。

法院在本案中对于“可分配收入”的理解遵循的是文义解释、合同的目的解释及交易习惯。所谓文义解释，是指依据合同所使用的词句确定合同中权利义务关系的解释规则。通常，文义解释是最注重体现合同当事人真实意图的，其要旨就在于弄清合同双方当事人在缔约时的真实意思表示。合同的目的解释，是指如果合同条款出现分歧而可得出两种或者两种以上的解释结果时，应当选择按照最适合于合同解释的目的进行解释。交易习惯解释，是指依照一定地域、领域或者行业内普遍采用且为交易主体知道或应当知道的惯例，或者依据当事人之间的通常做法来进行解释的规则。关于合同法中的交易习惯，《最高人民法院在关于适用〈合同法〉若干问题的解释（二）》第七条规定："下列情形，不违反法律、行政法规强制性规定的，人民法院可以认定为合同法所称'交易习惯'：（一）在交易行为当地或者某一领域、某一行业通常采用并为交易对方订立合同时所知道或者应当知道的做法；（二）当事人双方经常使用的习惯做法。对于交易习惯，由提出主张的一方当事人承担举证责任。"

本案中，如果按照某文化创意有限公司的主张，以扣除成本后的收入进行分配，显然会导致约定的"可分配收入"的数额处于不确定状态，甚至会导致某信息技术有限公司丧失依据《图书版权合作协议》的约定取得收益的权利，这显然不符合某信息技术有限公司与某文化创意有限公司签订协议的目的，也不符合商事合同本身的营利性目的。事实上，《图书版权合作协议》虽未明确约定"可分配收入"的明细，但是，合同中已经约定了"甲乙双方将合作业务所得的可分配收入按照税后 20%：80% 比例分成"，因此，应当认为，合作业务所得就是某通信有限公司实际应当结算给某文化创意有限公司的费用，也就是 359555.78 元，从该合作业务所得中扣除某文化创意有限公司应当缴纳的税费，就是某信息技术有限公司应当获得的收益。本案中，从 359555.78 元中扣除按法定税率计算的相应税费，再按双方可得比例计算后的数额，并不低于某信息技术有限公司主张的应得收入人民币 250000 元，因此，一审法院依法支持某信息技术有限公司的诉讼请求并无不当。

二、某文化创意有限公司的反诉主张应当依法驳回。

我国民事诉讼法第六十四条第一款规定了举证责任分配的一般原则，即当事人对自己提出的主张，有责任提供证据。《最高人民法院关于民事诉讼证据的若干规定》第二条第一款规定："当事人对自己提出的诉讼请求所依据的事实或者反驳对方诉讼请求所依据的事实有责任提供证据加以证明。"也就是所谓的"谁主张谁举证"原则。具体来说这一规定包含以下几层含义：第一，原告对自己提出的主张应该承担举证责任；第二，被告对自己提出的主张应当承担举证责任；第三，第三人或其他共同诉讼参与人对自己提出的主张应当承担举证责任。“谁主张，谁举证”是民事诉讼举证责任分担的一般规则，但有时主张方举证并不能达到便于法院查清案情的目的，考虑到双方当事人收集证据能力的强弱及举证的难易程度等因素，民事诉讼法也规定了由被告承担举证责任，或者免除原告的举证责任的情形，也就是举证责任分担的例外——举证责任的倒置和免除。本案并不属于法定的举证责任倒置或者免除的情形，应当遵照“谁主张谁举证”的原则分配举证责任。故某文化创意有限公司虽然为了证明其反诉主张，提交了其他手机网站提供涉案作品的浏览、下载服务证据材料，但是，这些证据却无法达到某文化创意公司意欲达到的证明目的，即其他手机网站提供涉案作品的浏览、下载服务系经某信息技术有限公司授权使用。因此，在某文化创意有限公司无法提供其他证据证明其反诉主张的情况下，法院判决驳回其反诉请求于法有据。

法律建议

实践中，签订合同时，要注意一个完整的合同应当包括以下几项内容：一、合同名称；二、合同的标的，应当明确标的的名称、规格、型号、品牌等；三、标的的数量；四、质量标准；五、价格，应当明确单价、总价，并明确总价中是否包括税点、运费、保险费、维修费等其他费用；六、交货 / 提货时间、地点、方式，应当明确在途的风险，交货前的通知义务；七、货物的包装，包括包装标准、包装费用的承担；八、货物的安装调试与验收，安装调试的时间、费用承担，验收异议期等；九、付款方式，付款时间或收款时间，明确发票的类型、提供方式；十、质量保证条款；十一、双方的权利义务；十二、所有权、风险转移条款；十三、权利瑕疵担保条款；十四、保密义务；十五、合同的解除、违约责任（特别注意违约金的数额不得超过实际损失的 30%）；十六、诉讼管辖地。

就著作权许可使用合同而言，尤其要注意尽量细化许可使用权的种类、许可的性质、许可期间等条款，尽量做到事前预防，从而降低因约定不清楚而引发争议的法律风险。

5. 作品专有使用权

——某录音录像公司诉某电影学院侵犯作品专有使用权纠纷案

基本案情

1992年3月至1998年3月期间，某录音录像公司系小说《受戒》改编权及拍摄权的唯一合法享有者。1992年10月，某电影学院将小说《受戒》改编成电影剧本并将该剧本用于学生毕业作品的拍摄。影片摄制完成后，曾在某电影学院小剧场内放映一次。1994年11月,某电影学院携《受戒》等片参加某国际学生电影节。某录音录像公司认为，某电影学院的行为严重侵犯了其作品专有使用权，遂起诉。

原告某录音录像公司诉称:1992年3月,作家汪某某将其小说《受戒》的电影、电视剧改编权、拍摄权转让给某录音录像公司。双方又于1994年12月续签了有效期至1998年3月的转让合同。根据合同，某录音录像公司是小说《受戒》改编权及拍摄权的唯一合法享有者。为拍摄该作品，某录音录像公司已完成了前期的准备工作，投入了相当的人力、物力。1995年1月14日，某录音录像公司在总第729期《某戏剧电影报》上读到了“《受戒》入围法国短片电影节”的报道，得知某电影学院未经权利人许可，擅自将小说《受戒》改编、摄制成电影，并组团携该影片参加某国际学生电影节，且该片还入围了某电影节。某电影学院公然侵犯原告依法享有的作品改编专有使用权，给原告带来无法弥补的精神及财产损失。请求法院判令：某电影学院停止侵权，销毁侵权影片拷贝；公开向原告赔礼道歉；赔偿原告经济损失20万元及原告为本案支付的一切费用并承担本案诉讼费。

被告某电影学院辩称：该院学生改编拍摄的《受戒》一片是学生毕业作业。拍摄该片之前，该院曾向原告征求意见，原告未明确表示反对。该院拍摄该片的行为，属于汪某某已发表作品《受戒》的合理使用，直接目的是制作学生毕业作业，没有侵犯原告作品专有使用权。《受戒》是全长仅为三十分钟的短片，除在小剧场放映一次用作观摩教学外，在某学生电影节也只放映了一次。原告称该院“将其侵权结果由校内扩展到校外，由国内扩展到国外”是毫无根据的夸大其词，并称“带来无法弥补的精神及财产损失”更是危言耸听。故请求法院驳回原告的诉讼请求。

一审法院认为：某录音录像公司通过合同，依法取得的以摄制电视剧、电影方式改编小说《受戒》的专有使用权受法律保护。未经该专有使用权人的许可，其他任何人均不得以同样的方式改编、使用该作品，否则即构成对该专有使用权的侵犯。某电影学院从教学实际需要出发，组织应届毕业生将小说《受戒》改编的电影剧本摄制毕业电影作品，摄制完成后，在国内使用方式仅限于在某电影学院内进行教学观摩和教学评定，未进入社会公知的领域发行放映。在此阶段，某电影学院摄制该部电影的行为，应属合理使用他人作品，不构成对某录音录像公司依法取得的小说《受戒》的专有使用权的侵犯。但是，1994 年 11 月，某电影学院将电影《受戒》送往某国际学生电影节，电影节放映该片时，观众除特定的学生、教师外，还有当地公民，且组委会还出售了少量门票，这已超出在本校内课堂教学使用的范畴，违反了著作权法的规定，构成了对某录音录像公司依法取得的小说《受戒》专有使用权的侵犯。据此，一审人民法院判决：某电影学院向某录音录像公司以书面形式赔礼道歉；某电影学院制作的电影《受戒》拷贝及录像带自本判决生效之日起只能在其学院内供教学使用，不得投入公知领域；某电影学院赔偿某录音录像公司经济损失人民币一万元。

某录音录像公司不服第一审判决，向中级人民法院提出上诉。

二审法院经审理认为，原审法院的判决并无不当，判决驳回上诉，维持原判。

裁判解析

本案的争议焦点包括以下两点：

一、著作权转让合同中受让方是否需要具备著作权使用的主体资格问题。

根据我国著作权法第十条、第二十四条之规定，除法律明确规定可以不经许可即可使用的作品外，著作权人得向第三人转让其基于著作权享有的人身权、财产权，如复制权、发行权、出租权、展览权、表演权、放映权、广播权、信息网络传播权、摄制权、改编权、翻译权、汇编权及应当由著作权人享有的其他权利。据此，著作权法并未限制著作权转让合同受让方的主体资格，任何公民、法人和其他组织，均有权与著作权人在协商一致的前提下达成著作权转让协议。

本案中，某录音录像公司作为合法的民事主体，与著作权人汪某某签订书面著作权转让合同，应认定为小说《受戒》改编权及拍摄权的唯一合法享有者。

二、著作权作品的合理使用是否包括为了教学需要将作品拍摄成电影及将教学拍摄作品参与电影节展出问题。

《中华人民共和国著作权法》第二十二条规定："在下列情况下使用作品，可以不经著作权人许可，不向其支付报酬，但应当指明作者姓名、作品名称，并且不得侵犯著作权人依照本法享有的其他权利：（一）为个人学习、研究或者欣赏，使用他人已经发表的作品；（二）为介绍、评论某一作品或者说明某一问题，在作品中适当引用他人已经发表的作品；（三）为报道时事新闻，在报纸、期刊、广播电台、电视台等媒体中不可避免地再现或者引用已经发表的作品；（四）报纸、期刊、广播电台、电视台等媒体刊登或者播放其他报纸、期刊、广播电台、电视台等媒体已经发表的关于政治、经济、宗教问题的时事性文章，但作者声明不许刊登、播放的除外；（五）报纸、期刊、广播电台、电视台等媒体刊登或者播放在公众集会上发表的讲话，但作者声明不许刊登、播放的除外；（六）为学校课堂教学或者科学研究，翻译或者少量复制已经发表的作品，供教学或者科研人员使用，但不得出版发行；（七）国家机关为执行公务在合理范围内使用已经发表的作品；（八）图书馆、档案馆、纪念馆、博物馆、美术馆等为陈列或者保存版本的需要，复制本馆收藏的作品；（九）免费表演已经发表的作品，该表演未向公众收取费用，也未向表演者支付报酬；（十）对设置或者陈列在室外公共场所的艺术作品进行临摹、绘画、摄影、录像；（十一）将中国公民、法人或者其他组织已经发表的以汉语言文字创作的作品翻译成少数民族语言文字作品在国内出版发行；（十二）将已经发表的作品改成盲文出版。前款规定适用于对出版者、表演者、录音录像制作者、广播电台、电视台的权利的限制。”

据此，本案中，1994 年 11 月前，某电影学院摄制电影《受戒》的行为，属合理使用他人作品，不构成对某录音录像公司依法取得的小说《受戒》的专有使用权的侵犯。但是，1994 年 11 月，某电影学院将电影《受戒》送往某国际学生电影节，电影节放映该片时，观众除特定的学生、教师外还有当地公民，且组委会还出售了少量门票，这已超出在本校内课堂教学使用的范畴，违反了著作权法的规定，构成了对某录音录像公司依法取得的小说《受戒》专有使用权的侵犯。

综上，本案法院判决正确无误。

法律建议

除法律规定可以不经著作权人许可，不向著作权人支付报酬即可使用作品的情形外，使用有著作权的作品，应当与著作权人协商一致，以有偿或者无偿的方式获得著作权人的许可后，方可使用。应当注意的是，著作权人许可使用人使用作品的，使用人应当留存书面的《著作权许可协议》，且协议中应当明确许可的标的、范围、时间、方式等内容。使用者如果没有取得著作权人的许可，却以营利为目的、以某种形式擅自使用了作品，就会构成对著作权人相应的财产权的侵害，著作权人则有权以侵犯著作权为由起诉，要求使用人承担侵权损害赔偿责任。

6. 著作权侵权及不正当竞争

——毕某等与某书店侵害著作权及不正当竞争纠纷案

基本案情

2008 年 8 月，毕某与甲出版社签订《图书出版合同》，约定毕某授予甲出版社在 5 年有效期内以图书形式出版《推拿》中文本的专有出版权。

2009 年 7 月，毕某与甲公司签订《合同书》，约定毕某提供给甲公司之权益为电视剧改编权，独家授权，甲公司不享有独立出版电视剧《推拿》电视小说之权益。

2010 年 12 月 2 日，甲公司与乙公司签订《〈推拿〉项目转让合同》，约定甲公司将其从《推拿》小说作者处取得的著作权及其他权利转让给乙公司。

2010 年 12 月 7 日，毕某出具一份证明书，内容为：甲公司决定将《推拿》电视改编权转让给乙公司，毕某了解并见证全过程。

2011 年 1 月，乙公司与陈某签订《文学作品委托改编创作合同》，合同约定乙公司委托陈某作为文学作品《推拿》的电视剧改编编剧。

2013 年 4 月，陈某与乙出版社就陈某版《推拿》签订《图书出版合同》，约定陈某授权乙出版社以图书形式出版发行上述作品。

2013 年 8 月，毕某与甲出版社就毕某版《推拿》再次签订《图书出版合同》，约定毕某授予甲出版社以图书形式出版本作品中文版的专有出版权。

甲出版社出版长篇小说《推拿》，2008 年 9 月第 1 版，2012 年 7 月第 7 次印刷，该书署名毕某著。该书书封上载明：2008 年首届《小说选刊》“中国小说双年奖”、2008 年《人民文学》奖等奖项。共印刷 27 万余册。

乙出版社出版发行陈某版《推拿》,2013年6月第1版,2013年6月第1次印刷,图书署名陈某著,封面载明“优秀电视剧剧作全文本　根据第八届茅盾文学奖得主毕某同名长篇小说改编”。印刷6000套。

毕某、甲出版社在发现陈某版《推拿》后,向法院起诉称:陈某版《推拿》与毕某版《推拿》名称相同,内容相似,直接损害毕某和甲出版社的合法权益,构成不正当竞争。要求判令:一、陈某、乙出版社停止出版发行陈某版《推拿》;二、某书店停止销售陈某版《推拿》;三、陈某、乙出版社连带赔偿毕某经济损失204000元;四、陈某、乙出版社连带赔偿甲出版社经济损失408000元及合理支出20129.4元。

陈某、乙出版社答辩称:一、甲出版社不具有毕某版《推拿》的电视剧改编权,在不正当竞争纠纷中不是适格主体。二、陈某从乙公司处取得授权,故陈某授权乙出版社出版《推拿》一书的行为不构成侵权,乙出版社的行为也不构成侵权。三、毕某和陈某不具有构成不正当竞争的经营者的主体资格。综上,不同意原告的全部诉讼请求。

乙公司述称:一、根据乙公司与陈某签订的《文学作品委托改编创作合同》,乙公司享有剧本著作权,但剧本的图书发表权归属于陈某。二、乙公司从未授权陈某和乙出版社出版涉案《推拿》一书。三、乙出版社出版的陈某版《推拿》并非乙公司委托陈某改编创作完成的剧本,陈某版《推拿》系根据小说《推拿》再度改编的小说,乙出版社是否侵权与乙公司无关。

一审法院认为:甲公司将《推拿》小说的相关权利转让给乙公司,毕某对此次转让行为虽出具书面证明书,但该证明书中毕某并未明确表示许可《推拿》小说改编后的作品有权进行出版发行。陈某、乙出版社未经原著作权人毕某的许可,出版改编自毕某同名小说《推拿》一书的行为侵犯了毕某的相关著作权。陈某版《推拿》一书在封面及封脊上均标注“优秀电视剧剧作全文本　根据第八届茅盾文学奖得主毕某同名长篇小说改编”,相关消费者不会产生混淆误认。

一审法院判决:一、乙出版社于本判决生效之日起立即停止出版发行图书《推拿》;二、某书店于本判决生效之日起立即停止销售图书《推拿》;三、陈某、乙出版社于本判决生效之日起十日内连带赔偿毕某经济损失五万元；四、驳回毕某的其他诉讼请求；五、驳回甲出版社的全部诉讼请求。

毕某、甲出版社，陈某、乙出版社均不服原审判决，提起上诉。

二审法院经审理认为：甲出版社在反不正当竞争纠纷中主体适格。乙出版社出版陈某版《推拿》的涉案行为构成不正当竞争，乙出版社应当承担民事责任。

二审法院判决：一、撤销原审法院民事判决第三项、第四项、第五项；二、陈某、乙出版社于本判决生效之日起十日内连带赔偿毕某经济损失十四万元；三、陈某、乙出版社于本判决生效之日起十日内连带赔偿甲出版社经济损失八万元及因诉讼支出的合理费用五千元；四、驳回毕某的其他诉讼请求；五、驳回甲出版社的其他诉讼请求。

裁判解析

本案的争议焦点有以下五点：

一、陈某版《推拿》的出版发行是否得到毕某的授权以及是否构成对毕某涉案著作权的侵害。

陈某版《推拿》系根据毕某版《推拿》改编产生的作品。《中华人民共和国著作权法》第三十五条规定：“出版改编、翻译、注释、整理、汇编已有作品而产生的作品，应当取得改编、翻译、注释、整理、汇编作品的著作权人和原作品的著作权人许可，并支付报酬。”因此，陈某版《推拿》的出版发行是否构成对毕某涉案著作权的侵害，关键在于陈某和乙出版社出版陈某版《推拿》是否取得毕某的许可。

本案中，毕某涉案授权甲公司的权利为电视剧改编权，不包括出版发行相关电视剧剧本的权利。甲公司将《推拿》小说的相关权利转让给乙公司，不管甲公司在转让合同中对转让的权利如何措辞，其都无权超出其获得授权的范围进行转让，毕某对此次转让行为出具的书面证明书，也仅表示毕某对于甲公司将电视剧改编权转让给乙公司的行为予以认可，并未明确表示许可《推拿》小说改编后的作品有权出版发行。乙公司与陈某签订了委托改编创作合同，虽然承诺在“其拥有的该剧本著作权之发表权范围内”,给陈某“保留图书发表及其获得收益之权益”,但该承诺不能视为陈某出版涉案图书取得了原权利人毕某的许可。乙出版社在出版涉案图书时，明知其系改编自毕某同名小说的作品，但未提交证据证明其取得了原作品著作权人毕某的许可。综上，陈某和乙出版社出版陈某版《推拿》未取得相关权利人许可。

陈某虽然对其创作的《推拿》作品享有著作权，但是这种改编作品的著作权人所享有的著作权是完整但不独立的权利，原作品著作权对改编作品的使用有控制权，改编作品的著作权依附于原作品的著作权，在行使时要受到原作品著作权的限制。本案中，陈某未提交充分证据证明其出版涉案图书获得了毕某的授权，故其单独使用电视剧剧本的行为是有瑕疵的。陈某作为改编作品的著作权人授权乙出版社出版涉案图书，乙出版社应当审查陈某是否取得了原权利人的合法授权，或者直接向原权利人取得授权，但乙出版社亦未提交充分证据证明其审查或者取得了原权利人的授权，故其出版涉案图书缺乏相关依据。

陈某、乙出版社未经原著作权人毕某的许可，出版发行陈某版《推拿》一书的行为侵害了毕某对其创作的涉案作品所享有的著作权中的改编权，应承担停止侵害、赔偿损失的民事责任。

二、原审判决赔偿数额是否适当。

在确定赔偿数额时，法院应参考相关作品的付酬标准，并综合考虑作品的知名度、侵权人的侵权情节、主观过错程度等因素酌情确定。

在主观过错方面，陈某应当谨慎地审查乙公司是否取得相关授权及授权的范围，但其并未尽到相关的注意义务，具有过错。乙出版社作为专业从事图书出版的机构，应当主动向毕某请求授权，或者审查陈某是否获得授权及授权范围，但其亦未尽到相关义务，主观方面同样存在过错。同时，考虑到毕某版《推拿》具有较高的知名度，毕某从截止诉讼时该书高达 27 万余册的出版发行中合法获得的收益较高，一旦出现侵权行为，对毕某造成的经济损失也相应较大;陈某版《推拿》在网络等渠道销售持续时间较长、侵权影响较大；因此，原审法院确定赔偿数额为 5 万元，实属过低。

三、甲出版社在反不正当竞争纠纷中是否属于适格主体。

《中华人民共和国反不正当竞争法》第二条第三款规定："本法所称的经营者，是指从事商品经营或者营利性服务（以下所称商品包括服务）的法人、其他经济组织和个人。"毕某作为作者和甲出版社作为出版者，均属于毕某版《推拿》作为商品的经营者，对于该图书的出版发行享有利益，有权确保该图书在市场流通过程中的利益不受侵害，制止相关经营者针对该图书实施的不正当竞争行为。因而甲出版社在反不正当竞争纠纷中主体适格。

四、毕某版《推拿》是否属于知名商品的特有名称。

《最高人民法院关于审理不正当竞争民事案件应用法律若干问题的解释》第一条规定："人民法院认定知名商品，应当考虑该商品的销售时间、销售区域、销售额和销售对象，进行任何宣传的持续时间、程度和地域范围，作为知名商品受保护的情况等因素，进行综合判断。"本案中，图书是一种文化市场中的商品，书名即为该商品的名称。《推拿》即为毕某、甲出版社所主张的知名商品的特有名称。毕某版《推拿》系2011年第八届茅盾文学奖获奖作品，还获得2008年首届《小说选刊》"中国小说双年奖"等众多奖项，自2008年9月第1版第1次印刷至诉讼中共印刷271000册，足以证明毕某版《推拿》具有较高的知名度，属于反不正当竞争法所规定的"知名商品"。

《中华人民共和国反不正当竞争法》第五条第（二）项规定的知名商品的名称的特有性，是指该商品名称能够起到区别商品来源的作用。本案中，虽然"推拿"是一种中医治疗手法，并非毕某独创，但是将"推拿"作为涉案图书的商品名称，是毕某根据图书内容和主题自主选取使用的，并通过长期的出版发行，在相关公众中获取较高知名度的同时，使相关公众将"推拿"与毕某创作的涉案图书建立起了较为固定的联系。《推拿》作为图书名称具有了区分商品来源的作用，因此具有了知名商品的特有性。

五、陈某和乙出版社涉案行为是否构成不正当竞争。

根据《中华人民共和国反不正当竞争法》第五条第（二）项的规定，擅自使用知名商品特有名称，或者近似名称，造成与他人知名商品相混淆，使购买者误认为是该知名商品的，构成不正当竞争行为。

本案中，在使用要件方面，毕某版《推拿》获得中国文学界具有最高荣誉之称的文学大奖之一——茅盾文学奖，其知名度当然及于长篇小说及其他文学作品。乙出版社出版的陈某版《推拿》是在电视剧剧本基础上进行了一定程度的小说化处理的作品，基本上属于相同商品。陈某版《推拿》使用的名称与毕某版《推拿》完全相同。在授权要件方面，虽然陈某根据毕某的同名小说改编创作《推拿》电视剧剧本获得了毕某的授权，但是陈某和乙出版社并不具有出版电视剧剧本的授权，也就是说不具有将相关改编的电视剧剧本推向文化市场、作为图书商品流通的授权。在混淆要件方面，陈某版《推拿》与毕某版《推拿》的名称完全相同，根据陈某版《推拿》腰封背面图书“建议上架”的标注，陈某版《推拿》在书店书架中会出现在与毕某版《推拿》相同的销售区域。虽然陈某版《推拿》在封面和书脊上方标注了“优秀电视剧剧作全文本　根据第八届茅盾文学奖得主毕某同名长篇小说改编”字样，但是，封面和书脊上的标注字体极小，需要凝神注目仔细观看才能辨认清楚，很难发现。相关公众存在误认为陈某版《推拿》就是毕某版《推拿》，或者二者存在特定联系的可能性。

另一方面，乙出版社在明知其出版的涉案图书并非长篇小说的情况下，将该书版权页主题词标注为“长篇小说——中国——当代”，图书亦建议在“当代小说”区域上架销售，将电视剧剧本进行了一定程度的小说化处理，在该书封面等处将涉及改编的相关内容使用极小的字体予以标注等行为，均体现出乙出版社具有误导消费者、攀附毕某版《推拿》声誉的主观故意。

综上，乙出版社出版陈某版《推拿》的涉案行为构成不正当竞争，乙出版社应当承担停止侵权、赔偿经济损失及合理支出的民事责任。陈某授权乙出版社出版涉案图书，知晓乙出版社的相关行为，亦应与乙出版社承担共同侵权责任。

法律建议

公民、法人和其他组织在工作与生活中会涉及创作、改编、出版等行为，为维护自身合法权益，在从事此类行为时，应注意审查自身的行为是否符合《中华人民共和国著作权法》第三十五条、《中华人民共和国反不正当竞争法》第二条、第五条以及《最高人民法院关于审理不正当竞争民事案件应用法律若干问题的解释》第一条的规定。对于改编、翻译、注释、整理已有作品的，尤其应特别注意是否取得原作品的著作权人的同意，以防止发生侵权行为。

7. 不正当竞争

—— 甲公司与乙公司著作权权属、侵权纠纷案

基本案情

甲公司与乙公司均为从事服饰设计、生产、销售的企业，前者为2012年“亚沙会”正装制服的赞助商，后者为“亚沙会”运动服饰的赞助商。2012年4月，甲公司发现乙公司在其公司的官方网站论坛及微博上使用了甲公司设计、开发、制作的“亚沙会”正装、礼服设计效果图及发布会服装展示之相关图片，随后，甲公司以乙公司构成虚假宣传的不正当竞争与侵害著作权为由提起诉讼，请求：一、乙公司立即停止侵权行为；二、乙公司要求其他转载前述侵权内容的媒体立即删除相关侵权内容；三、乙公司向甲公司赔礼道歉、消除影响；四、乙公司赔偿甲公司经济损失人民币100万元；五、乙公司支付甲公司为制止侵权行为所支出的合理费用5万元。

一审法院认为：本案双方虽然均为服装制售企业，但甲公司是生产西装与正装的企业，而乙公司为专事生产运动鞋服的企业，双方之间并不存在明显的竞争关系。此外，甲公司的正装设计图在“亚沙会”举行服装发布会期间即已公之于众，乙公司不存在侵犯其发表权的行为，更不存在侵害甲公司主张的署名权、发行权和复制权的行为。

一审法院判决：驳回甲公司的诉讼请求。宣判后，甲公司不服，提起上诉。

二审法院查明：甲公司的经营范围为服装制造及销售等，乙公司的经营范围为生产服装、运动鞋等。乙公司分别在腾讯微博、新浪微博平台上发布十余条与“亚沙会”倒计时100天活动有关的微博信息，其中数张现场发布会照片中展示的礼

服效果图卷轴、部分模特所着服装系甲公司设计制作。乙公司未在微博信息中标注或说明礼服效果图及正装的设计制作者为甲公司。此外，在乙公司的官方网站论坛上，一名身份为管理员的用户发布了多条以“亚沙会倒计时 100 天乙公司服装惊艳亮相”为标题的信息，内容与乙公司在其微博上发布的信息基本一致，其中两幅现场发布会照片的内容涉及甲公司设计制作的礼服效果图卷轴，但未标注或说明礼服效果图的设计制作者为甲公司。此外，论坛上所发布的信息还注明“亚沙会”运动服装分为体育装和正装，体育装的制作由乙公司完成等文字。

二审法院认为：涉案服装的造型、色彩及图案表现了设计者独特的构思和认识，符合著作权法规定的作品的构成要件。虽然乙公司以发送现场发布会文字图片的形式将甲公司在“亚沙会”官方服装发布会上展示的服装效果图及服装发布在其官方网站论坛及官方微博上，但是，此种行为不过是使用了现场发布会的照片而不是甲公司的作品本身，并未直接利用甲公司的服装效果图或服装，故该行为不属于著作权法所规范的使用行为。甲公司与乙公司的主要经营范围均涉及服装产品的设计、生产和销售，二者可归类为同类商品或服务，可以认定甲公司与乙公司之间在服装的生产销售方面存在同业竞争关系。乙公司将涉及甲公司的照片发布于互联网平台上，且未给予适当、合理的标识或说明。对于一般公众而言，可能会将甲公司设计制作的正装、礼仪服装误认为系乙公司设计制作。这有可能影响甲公司实现试图利用赞助“亚沙会”等体育赛事来提升企业的知名度以及帮助提高甲公司的商品销售数额的商业目的。故，乙公司的行为构成不正当竞争。

二审法院判决如下：一、撤销原审法院的民事判决；二、被上诉人乙公司立即停止在官方网站论坛、新浪官方微博及腾讯官方微博上进行涉案虚假宣传的不正当竞争行为；三、被上诉人乙公司自本判决生效之日起十日内赔偿上诉人甲公司经济损失（包括为制止侵权行为所支付的合理开支）人民币 30 万元；四、驳回上诉人甲公司的其他诉讼请求。

裁判解析

本案的争议焦点有以下四点：

一、甲公司对于涉案服装设计效果图及服装成衣是否享有著作权。

《中华人民共和国著作权法实施条例》第二条规定："著作权法所称作品，是指文学、艺术和科学领域内具有独创性并能以某种有形形式复制的智力成果。"因此，只有符合"独创性"要求的劳动成果才是著作权法意义上的作品。

涉案礼服设计效果图系甲公司独立创作，体现了著作权法要求的最低限度的创造性，构成受保护的作品。而涉案服装的造型、色彩及图案表现了设计者独特的构思和认识，且系专为体育赛事而设计完成的礼仪服装，没有进行大批量生产，并非以实用为主要目的，亦符合著作权法规定的作品的构成要件，应当予以保护。故，甲公司对于涉案服装设计效果图享有著作权。

二、乙公司的行为是否侵犯了甲公司的著作权。

根据《中华人民共和国著作权法》第十条规定可知，著作权人依法享有的署名权、修改权、保护作品完整权等人身权利以及复制权、发行权、翻译权等财产权利。任何人未经著作权人许可，都不得以复制、发行、翻译等方式对作品进行使用。

本案中，尽管乙公司以发送现场发布会文字图片的形式将甲公司在"亚沙会"官方服装发布会上展示的服装效果图及服装发布在其官方网站论坛及官方微博上，且在文字表述部分未注明服装效果图及服装的著作权人为甲公司。但是，乙公司的此种行为不过是使用了现场发布会的照片而不是甲公司的作品本身，即并未直接利用甲公司的服装效果图或服装，因此该行为不属于著作权法所规范的使用行为。故，乙公司的行为并未侵犯甲公司的著作权。

三、甲公司与乙公司之间是否存在同业竞争关系。

《中华人民共和国反不正当竞争法》第九条第一款规定："经营者不得利用广告或者其他方法，对商品的质量、制作成分、性能、用途、生产者、有效期限、产地等作引人误解的虚假宣传。"反不正当竞争法规定的引人误解的虚假宣传行为，一般情况下必须限于竞争者之间实施的行为，以行为实施人与受侵害人之间存在同业竞争关系为前提。

本案中，根据两公司的经营范围，甲公司与乙公司的主要经营范围均涉及服装产品的设计、生产和销售，即使双方在实际经营过程中确实存在所谓正装或运动服装之区别，但以一般消费者对商品的通常认知和交易观念来看，二者仍可归类为同类商品或服务。因此，可以认定甲公司与乙公司之间在服装的生产销售方面存在同业竞争关系。

四、乙公司的行为是否构成对甲公司的不正当竞争行为。

《中华人民共和国反不正当竞争法》第二条规定：“经营者在市场交易中，应当遵循自愿、平等、公平、诚实信用的原则，遵守公认的商业道德。本法所称的不正当竞争，是指经营者违反本法规定，损害其他经营者的合法权益，扰乱社会经济秩序的行为。本法所称的经营者，是指从事商品经营或者营利性服务（以下所称商品包括服务）的法人、其他经济组织和个人。”根据上述规定及该法第九条第一款的规定，认定虚假宣传行为除要求经营者之间具有竞争关系外，还需要符合以下两个条件：有关宣传内容足以造成相关公众的误解以及给竞争对手造成了直接损害。对引人误解的判断，应当根据相关经济生活领域的日常生活经验、相关公众一般注意力、发生误解的事实和被宣传对象的实际情况等因素进行认定，而主张受到损害的经营者则对其自身受到直接损害负有举证责任。本案中，乙公司以“亚沙会倒计时 100 天暨官方服装发布”、“亚沙会倒计时 100 天乙公司服装惊艳亮相”为标题先后在其官方微博及官方网站论坛上发布十余条与“亚沙会”服装发布会活动有关的信息，部分帖子所附照片中的内容涉及甲公司设计制作的正装、礼服效果图，但未标注或说明正装及礼服效果图的设计制作者为甲公司。由于乙公司与甲公司同为 2012 年“亚沙会”的服装赞助商。对于具有普通知识和认知水平的公众而言，可能会对互联网内容所传递的信息产生误解，将甲公司设计制作的正装、礼仪服装误认为系乙公司设计制作。即使乙公司在其官方网站论坛上所发布的信息中已经注明“亚沙会”运动会服装分为体育装和正装，体育装的制作由乙公司完成，但上述文字图片信息却以“亚沙会倒计时 100 天乙公司服装惊艳亮相”为标题，相关公众未必能准确判断涉案信息中的礼服效果图并非由乙公司设计制作，仍然可能导致相关公众产生误解。

由于乙公司涉案行为产生的误导性后果，可能影响甲公司实现试图利用赞助

“亚沙会”等体育赛事来提升企业的曝光度、知名度以及帮助提高甲公司的商品销售数额的商业目的，因此，乙公司的行为破坏了公平竞争的市场秩序，有违公认的商业伦理，损害了甲公司的合法权益，应认定构成不正当竞争，对此应承担停止不正当竞争行为及赔偿损失的民事责任。

法律建议

认定是否存在同业竞争关系时，应以具有普通认知能力的一般公众作为参照，而不是从“专家”的视角进行确认。此外，市场参与者在开展活动时，应谨慎审查自身的行为是否符合反不正当竞争法的规定，谨防发生虚假广告、侵犯商业秘密、损害商业信誉等行为。

8. 复制权、发行权、表演权

——唱金公司与天地音像出版社、天宝文化公司、天天光碟公司、梆子剧院、音像人公司著作权纠纷案

基本案情

1998 年 1 月 18 日，百灵音像出版社出具授权书，授权唱金公司代表该社向拥有著作权人授权的文艺团体或个人求购节目，用于出版 VCD 等音像制品，所购节目经审查合格后，纳入该社出版计划。2003 年 4 月 21 日、2004 年 12 月 6 日，百灵音像出版社（甲方）与唱金公司（乙方）签订协议，约定双方合作出版、发行音像制品，由乙方组织节目源，甲方出版，乙方对甲方出版的音像制品享有永久发行权。2000 年 9 月 11 日、2001 年 10 月 9 日、2004 年 5 月 21 日、2006 年 12 月 1 日，唱金公司根据与梆子剧院签订的多份合同及梆子剧院出具的授权书，取得了出版、发行该院演出的《双错遗恨》、《打金砖》、《三打陶三春》、《蝴蝶杯》（上、下部）、《陈三两》等剧目音像制品的专有使用权。2001 年 4 月 2 日，甲市梆子剧团（甲方）与唱金公司（乙方）签订协议，约定由乙方录制甲方演出的《清风亭》等演出剧目，录制完成后一次性给付甲方使用费 2 万元，乙方对该演出剧目享有专有音像出版、发行权。2001 年 9 月 29 日，乙市梆子剧团（甲方）出具授权书，将出版、发行《血染双梅》等演出剧目音像制品的专有使用权授予唱金公司。2001 年 10 月 3 日，丙市梆子剧团（甲方）与唱金公司（乙方）签订《音像出版合同》，约定甲方将出版、发行演出剧目《春草闯堂》音像制品的专有使用权授予乙方。

唱金公司发行的上述演出剧目音像制品中，根据 1981 年 7 月梆子剧院的演出剧本及相关证据显示，《蝴蝶杯》（上、下部）剧本文字整理人为梆子剧院职工张甲和王甲，音乐整理人为梆子剧院职工张乙。1999 年 10 月 29 日，百灵

音像出版社向张甲的继承人张丙支付使用费100元。2005年8月10日，王甲的继承人王乙许可百灵音像出版社、唱金公司使用《蝴蝶杯》（上、下部）剧本，并出版、发行该演出剧目的音像制品。《陈三两》剧本由梆子剧院原职工王丙整理，1998年3月12日、2005年8月8日，王丙的继承人王丁（甲方）与百灵音像出版社、唱金公司（乙方）签订协议，约定甲方许可乙方使用《陈三两》剧本，并出版、发行该演出剧目的音像制品。《双错遗恨》的剧本文字部分由梆子剧院外聘人员尚某整理，音乐部分由该院职工张乙整理。2000年12月21日，张乙收到唱金公司支付的使用费4000元。《清风亭》的剧本是由甲市梆子剧团外聘人员尚某整理。2002年7月尚某出具授权书，许可百灵音像出版社使用《双错遗恨》、《清风亭》剧本，并出版、发行音像制品。

上述音像制品中，《双错遗恨》、《清风亭》为唱金公司录制；《蝴蝶杯》（上、下部）、《陈三两》为某电视台录制；《血染双梅》是1997年拍摄的实景戏曲电影，制片者和表演单位均为乙市梆子剧团。百灵音像出版社、唱金公司获得了某电视台、乙市梆子剧团授予的出版、发行《蝴蝶杯》、《陈三两》、《血染双梅》演出剧目音像制品的权利。

《打金砖》的剧本文字及音乐整理人分别为梆子剧院职工赵某、马某。《三打陶三春》的剧本文字部分由梆子剧院外聘吴某整理，音乐部分由该院职工徐某整理。唱金公司未获得《打金砖》、《三打陶三春》剧本文字及音乐整理人的授权。《春草闯堂》仅获得演出单位和剧本整理人的授权，未获得音像制品制作者授权。

2006年1月4日，某电视台总编室（甲方）与梆子剧院（乙方）签订协议，双方确认由甲方录制的乙方演出的梆子戏剧的表演者权为乙方所有，甲方为音像制品制作者；甲方不得将其录制的乙方的演出剧目授权第三方复制、出版、发行音像制品；甲方许可乙方复制、出版、发行该音像制品。

天地音像出版社、天天光碟公司及天宝文化公司出版、复制并发行的《双错遗恨》、《清风亭》、《蝴蝶杯》（上、下部）、《陈三两》、《血染双梅》五个演出剧目音像制品中，《蝴蝶杯》（上、下部）与唱金公司发行的音像制品同版，取得了张某某等六名主要演员的授权；《陈三两》、《双错遗恨》、《清风亭》和《血染双梅》

与唱金公司发行的音像制品版本不同,分别属于同一演出单位不同场次的演出。《陈三两》演出剧目由某电视台录制，取得了主要演员张某某、田某某的授权；《双错遗恨》由新艺影视制作中心录制，取得了主要演员张某某的授权；《清风亭》由新艺影视制作中心录制，取得了主要演员雷某某、李某某的授权。2004 年 6 月 1 日，尚某（甲方）与新艺影视制作中心、天宝文化公司（乙方）签订合同，甲方将《双错遗恨》、《清风亭》剧本授予乙方专有使用。《血染双梅》是对舞台表演版本的录制，天地音像出版社、天天光碟公司及天宝文化公司称该演出由某电视台组织，其取得了剧本音乐整理人刘某某和及吴某等四名主要演员的授权。

2007 年 6 月 15 日,唱金公司向法院起诉,诉称:其自 2000 年起分别从梆子剧院、丙市梆子剧团、甲市梆子剧团、乙市梆子剧团处获得授权,独家出版、发行《蝴蝶杯》（上、下部）、《陈三两》、《三打陶三春》、《双错遗恨》、《打金砖》、《春草闯堂》、《清风亭》和《血染双梅》等八个梆子演出剧目的音像制品。2004 年末，唱金公司发现由天地音像出版社出版、天天光碟公司复制、天宝文化公司发行及音像人公司销售的上述音像制品,侵犯了唱金公司的合法权益,请求判令上述侵权人停止侵权、销毁侵权产品并赔偿唱金公司损失 45 万元。

一审法院认为：唱金公司主张的是涉案戏剧音像制品的专有发行权。合法出版戏剧音像制品，出版者必须自己享有戏剧作品的著作权、表演者权和录像制作者权，或者获得上述权利主体的授权。戏剧作品，是指供舞台演出的戏剧剧本，包括由文字和音乐记载的以台词和音乐为主的两部分内容。已进入公共领域的传统戏剧作品，他人可以自由使用。改编、整理传统戏剧作品而产生的作品，其著作权由改编、整理人享有。公民为完成法人或者其他组织工作任务所创作的作品是职务作品。张甲、王甲、张乙、赵某、马某、王某和徐某等人，对涉案剧本文字、音乐的整理均为完成本单位的工作任务的行为，因此由他们整理的作品属于职务作品，其著作权依法应归整理人享有。吴某受聘整理的《三打陶三春》剧本，尚某受聘整理的《双错遗恨》、《清风亭》剧本，是受委托整理的作品，由于委托人未与吴某、尚某约定剧本的著作权的归属，因此吴某、尚某对受托整理的剧本依法享有著作权。

唱金公司发行的涉案音像制品中的演出剧目，所需投入均由演出单位提供，演出的组织、排练等均由演出单位主持，参与演出的演职员均属于履行职务的行为，演出剧目体现的是演出单位的意志，对外责任亦由演出单位承担，因此对整台戏剧的表演，许可他人现场直播和公开传送、制作音像制品并复制、发行，及通过信息网络向公众传播并获得报酬的权利，理应由演出单位享有，任何演员个人对整台戏剧都不享有上述权利，也不得影响演出单位对上述权利的行使。梆子剧院与某电视台总编室的协议，确认了梆子剧院有权使用某电视台录制的梆子剧院演出的所有戏剧的音像制品，包括授权他人独自复制、出版、发行涉案音像制品。梆子剧院在庭审中称唱金公司发行涉案音像制品合法，表明其已将某电视台的授权转授予唱金公司行使。

百灵音像出版社与唱金公司出版、发行的《蝴蝶杯》(上、下部)、《陈三两》、《双错遗恨》、《清风亭》及《血染双梅》演出剧目音像制品，均获得了相关剧本著作权人、演出单位及音像制作者的授权，唱金公司对上述五个演出剧目的音像制品享有专有出版、发行权。根据百灵音像出版社与唱金公司的合作协议，唱金公司获得的授权，百灵音像出版社当然享有，因此百灵音像出版社与唱金公司出版、发行涉案音像制品的行为合法。《打金砖》、《三打陶三春》、《春草闯堂》三个演出剧目，因唱金公司未获得完整授权，故无权主张他人侵犯其音像制品发行权。

天地音像出版社、天天光碟公司及天宝文化公司出版、复制、发行的《蝴蝶杯》(上、下部)、《陈三两》、《双错遗恨》和《清风亭》四个音像制品，因未获得演出单位的许可，属于授权不完整;其出版、复制及发行的《血染双梅》音像制品，未取得演出单位的授权，虽然该剧目属于对舞台场景的录制，与对电影实景录制比较有差异，但因演员阵容和表演内容相同，两者构成实质相同，天地音像出版社、天天光碟公司及天宝文化公司侵犯了唱金公司对《蝴蝶杯》(上、下部)、《陈三两》、《双错遗恨》、《清风亭》和《血染双梅》五个演出剧目音像制品的专有发行权，应依法承担停止侵害、赔偿损失的民事责任。关于赔偿数额，应根据作品类型、侵权行为的性质、后果，唱金公司为制止侵权行为所支付的合理开支等因素，酌情确定。音像人公司提供了进货来源合法的证据，包括天宝文化公司向其出具的销售委托书和销售明细，因此不应承担赔偿责任，但应承担停止销售并销毁侵权产品的法律责任。梆子剧院不存在侵害唱金公司音像制品专有发行权的行为，对唱金公司针对梆子剧院提出的诉讼请求不予支持。

综上，一审法院依法判决如下：一、天地音像出版社、天天光碟公司及天宝文化公司立即停止出版、复制及发行涉案《蝴蝶杯》（上、下部）、《陈三两》、《双错遗恨》、《清风亭》和《血染双梅》的音像制品，并销毁未出售的上述剧目的音像制品；二、音像人公司立即停止销售上述音像制品，并销毁未出售的上述剧目的音像制品；三、天地音像出版社、天天光碟公司及天宝文化公司于判决生效之日起十日内连带赔偿唱金公司经济损失 30 万元；四、驳回唱金公司的其他诉讼请求。

天地音像出版社及天宝文化公司不服一审判决，在法定期限内共同提起上诉，诉称：一、一审判决在查明《陈三两》、《双错遗恨》、《清风亭》、《血染双梅》四个节目录像制品版本不同的情况下，认定上诉人侵犯了唱金公司对以上三个节目享有的独家发行权是错误的。根据《著作权法》第四十一条的规定，享有录像制作者权的基础是录像制品是由其制作的。上诉人出版、发行的版本并非由唱金公司制作，唱金公司不能对该版本主张权利，上诉人当然不可能侵犯其任何权利。二、唱金公司未取得《蝴蝶杯》剧唱腔著作权人的许可，且未合法获得录像制作者——某电视台的授权，没有证据表明某电视台总编室得到了某电视台的签约授权。唱金公司获得的授权是不完整的，因而不享有该剧录像制品的独家发行权，上诉人当然不侵犯其权利。三、即使上诉人应承担责任，一审判决 30 万元的赔偿数额也是欠妥的。综上，请求依法撤销一审判决，改判上诉人不承担侵权责任。

天天光碟公司也不服一审判决，在法定期限内提起上诉，诉称：首先，唱金公司对上诉人复制的《蝴蝶杯》等五个剧目录像制品不享有合法的权利，上诉人亦不可能侵权。第二，即使唱金公司享有以上录像制品的独家发行权，上诉人的复制行为也不可能侵犯其发行权，上诉人的复制行为是一种加工承揽行为，不构成侵害他人著作权的行为。第三，上诉人接受天地音像出版社的委托复制涉案光盘，与其签订的《录音录像制品复制委托书》第四条明确规定："出版单位对委托复制的音像制品内容、版权关系负全部法律责任。”该《复制委托书》是根据《音像制品管理条例》的要求而签订，并非只是当事人之间的合同。最后，上诉人的复制行为尽到了《音像制品管理条例》第二十三条规定的义务，验证了全部手续，主观上不存在过错，不应承担任何法律责任。综上，请求撤销一审判决，改判上诉人不承担侵权责任。

唱金公司针对天地音像出版社、天宝文化公司的上诉答辩如下：一、关于《陈三两》、《双错遗恨》、《清风亭》、《血染双梅》四个剧目。得到一个剧目合法的发行权，不仅需要取得录像制作者的许可，还应取得剧本著作权人和表演者的许可。就同一剧目，唱金公司已取得独家发行权，在录像制作者不同的情况下，上诉人仅有另一录像制作者的授权而没有该剧目著作权人和表演者的授权，就出版发行该剧目明显是违法行为，该行为直接损害了唱金公司的经济利益。二、关于《蝴蝶杯》。唱金公司取得了该剧唱腔著作权人张乙的授权；某电视台总编室有权代表该电视台对外签订许可使用合同；包括《蝴蝶杯》在内的其他涉案剧目，演出均由剧院或剧团完成，剧院或剧团享有整台戏曲的表演者权。唱金公司取得的授权是完整的。三、一审法院判决的赔偿数额并无不当。综上所述，一审法院认定事实清楚，适用法律正确，请求驳回上诉，维持原判。

唱金公司针对天天光碟公司的上诉答辩如下：第一，发行权以获得经济利益或实现其他权益为目的，只要上诉人的行为影响了权利人目的的实现，就构成侵权。第二，《录音录像制品复制委托书》仅是出版单位和上诉人之间的约定，承担责任与否应当根据法律的规定。上诉人与光碟发行单位地址相同、法定代表人相同，由此可以得出上诉人与其他侵权人具有主观上的共同故意。所以上诉人应当与其他侵权人连带承担赔偿损失的责任。综上所述，请求驳回上诉，维持原判。

一审被告梆子剧院陈述如下答辩意见：第一，某电视台总编室与剧院签订的合同合法有效。某电视台作为涉案剧目音像制品的制作者，许可梆子剧院使用，剧院又授权唱金公司使用，符合法律规定和合同约定。第二，梆子剧院作为相关剧目的全民所有制演出单位，组织、排练演出，体现的是剧院的整体意志，其民事责任由剧院承担，剧院享有表演者权，有权许可唱金公司复制、发行录有其表演的音像制品。综上，梆子剧院未授权上诉人复制、发行涉案的梆子剧目，不存在侵权行为，一审法院关于剧院的责任认定清楚，适用法律正确，请求维持。

一审被告音像人公司未提交书面陈述意见，其于庭审中陈述其已停止销售涉案音像制品。

由于各方当事人对于一审法院查明的事实均予认可，二审法院予以确认。天地音像出版社、天宝文化公司提出双方发行的《蝴蝶杯》版本不同，但其于庭审中认可二者是同一次录制的同一场演出，只是出版时进行了编辑和取舍。某电视台向该院出具证明，表示其认可总编室与梆子剧院签订的协议。

二审法院认为，唱金公司一审中对天地音像出版社等出版发行的《蝴蝶杯》、《陈三两》、《双错遗恨》、《清风亭》、《血染双梅》、《打金砖》、《三打陶三春》、《春草闯堂》共八个剧目的录像制品主张权利，一审法院认为唱金公司未针对后三者取得完整授权而未支持其对该三个剧目的主张，因唱金公司未提出上诉，故本案的争议焦点即在于唱金公司对《蝴蝶杯》、《陈三两》、《双错遗恨》、《清风亭》、《血染双梅》等五部剧目享有何种权利及天地音像出版社、天宝文化公司及天天光碟公司等是否侵犯其权利并应承担相应的侵权责任。

二审法院经审理认为，原审判决认定事实正确，判决结果正确，应予维持。判决驳回上诉，维持原判。

裁判解析

本案的焦点问题有以下五点：

一、梆子剧院、剧团是否有权许可唱金公司出版、发行某电视台录制的录像制品。

《中华人民共和国著作权法》（2001 年）第十条第一款第（五）项规定：“著作权包括下列人身权和财产权：（五）复制权，即以印刷、复印、拓印、录音、录像、翻录、翻拍等方式将作品制作一份或者多份的权利。”第九项规定：“（九）表演权，即公开表演作品，以及用各种手段公开播送作品的表演的权利。”该条第二款规定：“著作权人可以许可他人行使前款第（五）项至第（十七）项规定的权利，并依照约定或者本法有关规定获得报酬。”第三款规定：“著作权人可以全部或者部分转让本条第一款第（五）项至第（十七）项规定的权利，并依照约定或者本法有关规定获得报酬。”

该法第十一条规定：“著作权属于作者，本法另有规定的除外。创作作品的公民是作者。由法人或者其他组织主持，代表法人或者其他组织意志创作，并由法人或者其他组织承担责任的作品，法人或者其他组织视为作者。如无相反证明，在作品上署名的公民、法人或者其他组织为作者。”

该法第十六条规定：“公民为完成法人或者其他组织工作任务所创作的作品是职务作品，除本条第二款的规定以外，著作权由作者享有，但法人或者其他组织有权在其业务范围内优先使用。作品完成两年内，未经单位同意，作者不得许可第三人以与单位使用的相同方式使用该作品。有下列情形之一的职务作品，作者享有署名权，著作权的其他权利由法人或者其他组织享有，法人或者其他组织可以给予作者奖励：（一）主要是利用法人或者其他组织的物质技术条件创作，并由法人或者其他组织承担责任的工程设计图、产品设计图、地图、计算机软件等职务作品；（二）法律、行政法规规定或者合同约定著作权由法人或者其他组织享有的职务作品。”

《中华人民共和国著作权法实施条例》第十一条规定：“著作权法第十六条第一款关于职务作品的规定中的‘工作任务’，是指公民在该法人或者该组织中应当履行的职责。著作权法第十六条第二款关于职务作品的规定中的‘物质技术条件’，是指该法人或者该组织为公民完成创作专门提供的资金、设备或者资料。”第十二条规定：“职务作品完成两年内，经单位同意，作者许可第三人以与单位使用的相同方式使用作品所获报酬，由作者与单位按约定的比例分配。作品完成两年的期限，自作者向单位交付作品之日起计算。”

《中华人民共和国著作权法》（2001年）第三十七条（2012年修正后第三十八条）规定：“表演者对其表演享有下列权利：（一）表明表演者身份；（二）保护表演形象不受歪曲；（三）许可他人从现场直播和公开传送其现场表演，并获得报酬；（四）许可他人录音录像，并获得报酬；（五）许可他人复制、发行录有其表演的录音录像制品，并获得报酬；（六）许可他人通过信息网络向公众传播其表演，并获得报酬。被许可人以前款第（三）项至第（六）项规定的方式使用作品，还应当取得著作权人许可，并支付报酬。”

《中华人民共和国著作权法实施条例》（2002年）第五条第六项规定：“著作权法和本条例中下列用语的含义：（六）表演者，是指演员、演出单位或者其他表演文学、艺术作品的人。”

根据上述法律规定，本案中涉案的所有戏曲作品演出的筹备、组织、排练等均由梆子剧院等演出单位主持，演出所需投入亦由演出单位承担，演出体现的是演出单位的意志，故对于整台戏剧的演出，梆子剧院是著作权法意义上的表演者，有权许可他人从现场直播或录音录像、复制发行录音录像制品等，在没有特别约定的情况下，演员个人不享有上述权利。因此，梆子剧院有权据此许可唱金公司出版、发行某电视台录制的录像制品。

二、唱金公司是否享有出版、发行录有相关剧目表演的录像制品的权利。

《中华人民共和国著作权法》（2001年）第三十九条（2012年修正后第四十条）规定：“录音录像制作者使用他人作品制作录音录像制品，应当取得著作权人许可，并支付报酬。录音录像制作者使用改编、翻译、注释、整理已有作品而产生的作品，应当取得改编、翻译、注释、整理作品的著作权人和原作品著作权人许可，并支付报酬。录音制作者使用他人已经合法录制为录音制品的音乐作品制作录音制品，可以不经著作权人许可，但应当按照规定支付报酬；著作权人声明不许使用的不得使用。”

该法第四十条（2012年修正后第四十一条）规定：“录音录像制作者制作录音录像制品，应当同表演者订立合同，并支付报酬。”

该法第四十一条（2012年修正后第四十二条）规定：“录音录像制作者对其制作的录音录像制品，享有许可他人复制、发行、出租、通过信息网络向公众传播并获得报酬的权利；权利的保护期为五十年，截止于该制品首次制作完成后第五十年的12月31日。被许可人复制、发行、通过信息网络向公众传播录音录像制品，还应当取得著作权人、表演者许可，并支付报酬。”

综上，本案中，唱金公司分别与梆子剧院、甲市梆子剧团、乙市梆子剧团签订协议，取得独家出版发行涉案剧目录像制品的权利。唱金公司与乙市梆子剧团签订的合同中更明确规定剧团不再为其他单位录制和授权该剧目。唱金公司据此享有独家出版、发行录有相关剧目表演的录像制品的权利，他人未经许可不得侵犯。唱金公司发行的《蝴蝶杯》、《陈三两》、《双错遗恨》、《清风亭》及《血染双梅》录像制品，因已获得梆子剧院、剧团作为表演者的演出单位的许可和剧本、唱腔著作权人的许可，其本身为录像制作者，故其发行的上述录像制品符合我国著作权法的规定。

三、法院判决天地音像出版社、天宝文化公司侵犯唱金公司的权利是否正确。

本案中天地音像出版社出版、天宝文化公司发行的涉案剧目光盘中，《蝴蝶杯》与唱金公司发行的录像制品系来源于同一次录制过程，根据《中华人民共和国著作权法》（2001 年）第四十一条的规定，唱金公司对该录像制品享有独家发行权，天地音像出版社、天宝文化公司出版发行的录像制品虽然进行了不同的编辑和取舍，仍然侵犯了唱金公司的权利。

唱金公司发行的《陈三两》、《双错遗恨》、《清风亭》和《血染双梅》剧目版本与天地音像出版社、天宝文化公司出版、发行的版本不同，并非来自于同一个录像过程。根据《中华人民共和国著作权法》（2001 年）第四十一条的规定，录像制作者的权利仅限于禁止他人未经许可复制、发行其制作的录像制品，对于非其制作的录像制品其无权禁止。然而，由于唱金公司对相关剧目还享有独家出版、发行录像制品的权利，故天地音像出版社、天宝文化公司未经许可，亦未经相关表演者许可，出版、发行相关剧目的录像制品，仍侵犯了唱金公司权利，同样应承担停止侵权、赔偿损失的民事责任。故法院判决是正确的。

四、天天光碟公司是否应对唱金公司承担侵权责任。

《中华人民共和国著作权法》（2001 年）第四十七条第四项（2012 年修正后第四十八条第四项）规定：“有下列侵权行为的，应当根据情况，承担停止侵害、消除影响、赔礼道歉、赔偿损失等民事责任；同时损害公共利益的，可以由著作权行政管理部门责令停止侵权行为，没收违法所得，没收、销毁侵权复制品，并可处以罚款；情节严重的，著作权行政管理部门还可以没收主要用于制作侵权复制品的材料、工具、设备等；构成犯罪的，依法追究刑事责任：（四）未经录音录像制作者许可，复制、发行、通过信息网络向公众传播其制作的录音录像制品的，本法另有规定的除外。” 第五十二条（2012年修正后第五十三条）规定：“复制品的出版者、制作者不能证明其出版、制作有合法授权的，复制品的发行者或者电影作品或者以类似摄制电影的方法创作的作品、计算机软件、录音录像制品的复制品的出租者不能证明其发行、出租的复制品有合法来源的，应当承担法律责任。”

《中华人民共和国著作权法》（2001年）第五十二条（2012年修正后第五十三条）规定：“复制品的出版者、制作者不能证明其出版、制作有合法授权的，复制品的发行者或者电影作品或者以类似摄制电影的方法创作的作品、计算机软件、录音录像制品的复制品的出租者不能证明其发行、出租的复制品有合法来源的，应当承担法律责任。”

《音像制品管理条例》第二十三条规定：“音像复制单位接受委托复制音像制品的，应当按照国家有关规定，验证音像制品复制委托书及著作权人的授权书。”

本案中，音像复制单位——天天光碟公司仅验证了涉案剧目主要演员的授权，显然未充分履行验证义务就复制了侵犯他人合法权利的音像制品，故天天光碟公司应与天地音像出版社、天宝文化公司对唱金公司承担共同侵权责任。

五、法院判决赔偿数额是否合理。

《中华人民共和国著作权法》（2001年）第四十六条第十一项（2012年修正后第四十七条第十一项）规定：“有下列侵权行为的，应当根据情况，承担停止侵害、消除影响、赔礼道歉、赔偿损失等民事责任：（十一）其他侵犯著作权以及与著作权有关的权益的行为。”

《中华人民共和国著作权法》（2001年）第四十八条（2012年修正后第四十九条）规定：“侵犯著作权或者与著作权有关的权利的，侵权人应当按照权利人的实际损失给予赔偿；实际损失难以计算的，可以按照侵权人的违法所得给予赔偿。赔偿数额还应当包括权利人为制止侵权行为所支付的合理开支。权利人的实际损失或者侵权人的违法所得不能确定的，由人民法院根据侵权行为的情节，判决给予五十万元以下的赔偿。”

《最高人民法院关于审理著作权民事纠纷案件适用法律若干问题的解释》第二十四条规定：“权利人的实际损失，可以根据权利人因侵权所造成复制品发行减少量或者侵权复制品销售量与权利人发行该复制品单位利润乘积计算。发行减少量难以确定的，按照侵权复制品市场销售量确定。”第二十五条规定：“权利人的实际损失或者侵权人的违法所得无法确定的，人民法院根据当事人的请求或者依职权适用著作权法第四十八条第二款的规定确定赔偿数额。人民法院在确定赔偿数额时，应当考虑作品类型、合理使用费、侵权行为性质、后果等情节综合确定。当事人按照本条第一款的规定就赔偿数额达成协议的，应当准许。”第二十六条规定：“著作权法第四十八条第一款规定的制止侵权行为所支付的合理开支，包括权利人或者委托代理人对侵权行为进行调查、取证的合理费用。人民法院根据当事人的诉讼请求和具体案情，可以将符合国家有关部门规定的律师费用计算在赔偿范围内。”

本案中，天地音像出版社、天宝文化公司、天天光碟公司在庭审中未能举证证明其实际损失及出版、发行涉案剧目光盘所获利润，因此，根据上述法律规定，法院综合考虑本案涉及的五个剧目、双方光盘发行时间、侵权行为的性质以及唱金公司为此支出的合理费用，判决30万元的赔偿数额并无明显不当。

法律建议

根据我国著作权法的规定，有下列侵权行为的，应当根据情况，承担停止侵害、消除影响、赔礼道歉、赔偿损失等民事责任的侵权行为：（一）未经著作权人许可，发表其作品的；（二）未经合作作者许可，将与他人合作创作的作品当作自己单独创作的作品发表的；（三）没有参加创作，为谋取个人名利，在他人作品上署名的；（四）歪曲、篡改他人作品的；（五）剽窃他人作品的；（六）未经著作权人许可，以展览、摄制电影和以类似摄制电影的方法使用作品，或者以改编、翻译、注释等方式使用作品的，本法另有规定除外；（七）使用他人作品，应当支付报酬而未支付的；（八）未经电影作品和以类似摄制电影的方法创作的作品、计算机软件、录音录像制品的著作权人或者与著作权有关的权利人许可，出租其作品或者录音录像制品的，本法另有规定的除外；（九）未经出版者许可，使用其出版的图书、期刊的版式设计的；（十）未经表演者许可，从现场直播或者公开传送其现场表演，或者录制其表演的；（十一）其他侵犯著作权以及与著作权有关的权益的行为。

特别应当注意的是，有下列侵权行为的，应当根据情况，承担停止侵害、消除影响、赔礼道歉、赔偿损失等民事责任；同时损害公共利益的，可以由著作权行政管理部门责令停止侵权行为，没收违法所得，没收、销毁侵权复制品，并可处以罚款；情节严重的，著作权行政管理部门还可以没收主要用于制作侵权复制品的材料、工具、设备等；构成犯罪的，依法追究刑事责任：（一）未经著作权人许可，复制、发行、表演、放映、广播、汇编、通过信息网络向公众传播其作品的，本法另有规定的除外；（二）出版他人享有专有出版权的图书的；（三）未经表演者许可，复制、发行录有其表演的录音录像制品，或者通过信息网络向公众传播其表演的，本法另有规定的除外；（四）未经录音录像制作者许可，复制、发行、通过信息网络向公众传播其制作的录音录像制品的，本法另有规定的除外；（五）未经许可，播放或者复制广播、电视的，本法另有规定的除外；（六）未经著作权人或者与著作权有关的权利人许可，故意避开或者破坏权利人为其作品、录音录像制品等采取的保护著作权或者与著作权有关的权利的技术措施的，法律、行政法规另有规定的除外；（七）未经著作权人或者与著作权有关的权利人许可，故意删除或者改变作品、录音录像制品等的权利管理电子信息的，法律、行政法规另有规定的除外；（八）制作、出售假冒他人署名的作品的。

特别提示

《中华人民共和国著作权法实施条例》（2013年1月30日修正版）

第三十六条规定："有著作权法第四十八条所列侵权行为，同时损害社会公共利益，非法经营额5万元以上的，著作权行政管理部门可处非法经营额1倍以上5倍以下的罚款；没有非法经营额或者非法经营额5万元以下的，著作权行政管理部门根据情节轻重，可处25万元以下的罚款。”

第三十七条规定：“有著作权法第四十八条所列侵权行为，同时损害社会公共利益的，由地方人民政府著作权行政管理部门负责查处。国务院著作权行政管理部门可以查处在全国有重大影响的侵权行为。”

《中华人民共和国刑法》

第二百一十七条规定：“以营利为目的，有下列侵犯著作权情形之一，违法所得数额较大或者有其他严重情节的，处三年以下有期徒刑或者拘役，并处或者单处罚金；违法所得数额巨大或者有其他特别严重情节的，处三年以上七年以下有期徒刑，并处罚金:(一）未经著作权人许可，复制发行其文字作品、音乐、电影、电视、录像作品、计算机软件及其他作品的；(二）出版他人享有专有出版权的图书的;(三）未经录音录像制作者许可，复制发行其制作的录音录像的;(四）制作、出售假冒他人署名的美术作品的。以营利为目的，未经著作权人许可，复制发行其文字作品、音乐、电影、电视、录像作品、计算机软件及其他作品，或者出版他人享有专有出版权的图书，或者未经录音、录像制作者许可，复制发行其制作的录音、录像，或者制作、出售假冒他人署名的美术作品，涉嫌下列情形之一的，应予立案追诉：(一）违法所得数额三万元以上的；(二）非法经营数额五万元以上的；(三）未经著作权人许可，复制发行其文字作品、音乐、电影、电视、录像作品、计算机软件及其他作品，复制品数量合计五百张（份）以上的；(四）未经录音录像制作者许可，复制发行其制作的录音录像制品，复制品数量合计五百张（份）以上的；(五）其他情节严重的情形。以刊登收费广告等方式直接或者间接收取费用的情形，属于本条规定的‘以营利为目的’。”

9. 作品放映权

——某文化产业有限公司分公司诉某音像著作权管理协会等侵犯作品放映权纠纷案

基本案情

某唱片公司出版的某音像著作权管理协会会员作品精选集《流行歌曲经典》（第一辑、第三辑）中收录的21个著作权人共520部MTV音乐电视作品中，某文化传播有限公司享有其中20首音乐影视作品的著作权。该公司作为著作权人，与某音像著作权管理协会（以下简称某协会）签订书面的《音像著作权授权合同》，以独占许可的方式将上述20首音乐电视作品的复制权、放映权信托给协会，该份合同同时还约定，协会同时有权以自己名义向侵权使用者提起诉讼。

后某文化产业有限公司分公司（以下简称某分公司）在未交纳版权使用费的前提下，以营利为目的，擅自在其经营的场所内以卡拉OK方式向公众放映相关MTV音乐电视作品，侵犯了协会的合法权益。据此，某协会起诉。

某协会诉称：其已经依法委托某市公证处对分公司经营性放映上述20首音乐电视作品的相关情况进行了证据保全。请求法院判令某分公司立即停止侵权，并赔偿某协会经济损失12000元、合理费用1000元。

某分公司辩称：某协会提供的证据不足以证明其著作权来源的合法性，某市公证处作出的公证材料违反了相关法律规定。

一审法院认为：涉案20首音乐电视作品属于我国著作权法意义上的作品，协会经授权依法取得了涉案歌曲的放映权、复制权等著作权，某分公司未经协会许可，复制、发行、放映涉案作品，应当承担停止侵害、赔偿损失等民事责任。一审法院判令：某分公司立即停止侵权行为并赔偿某协会经济损失12000元及合理费用

1000 元。

被告某分公司不服一审判决，提起上诉。

上诉人某分公司诉称：一、某协会提交的公证书，系公证机构跨公证执业区域所作的公证，违反了《公证法》、《公证机构执业管理办法》及《公证程序规则》的相关规定，程序严重违法，不能作为认定案件事实的依据甚至是唯一证据，应视为无效证据。二、某协会在某分公司经营场所内取证的视频时间短，无法证明某分公司经营场所内播放的视频与其主张的作品内容相同。三、某协会仅提供了专辑上标有版权人名称、ISBN 编码等信息的证据，不能认定其上载明的版权人即拥有相应作品的著作权，应当提供著作权登记证书、认证机构的证明、取得权利的合同等证明真正的著作权人。

二审法院认为：一、某协会提供的标注在专辑上的版权人名称、ISBN 编码等信息，能够证明某文化传播有限公司系涉案 20 首音乐电视作品的著作权人。根据法律规定，在作品或制品上署名的自然人、法人或者其他组织视为著作权、与著作权有关权益的权利人，但有相反证明的除外。在某分公司未能提供相反证据的情形下，可以认定某文化传播有限公司为涉案 20 首音乐电视作品的著作权人。二、公证书的内容可以作为认定事实的依据。某协会的代理人以其自己名义向某公证处提出申请，并由某公证处至某分公司经营场所采取证据保全措施，虽然该公证书存在瑕疵，但该瑕疵尚不足以否定上述公证书的合法性，更不能否定上述公证书的真实性，某分公司对该公证书的真实性也不持异议，该公证书可以作为认定本案有关事实的依据。三、在一审庭审中，某分公司已经认可公证书所附光盘中的涉案音乐电视内容与某协会提供的专辑中的相应音乐电视的内容完全相符，迫于取证形式、取证环境以及取证数量等因素的影响，取证视频时间虽然较短，但是从已有的被固定的画面和伴音来判断，已经可以证明被取证内容与某协会主张权利的内容是相符的，符合民事诉讼证据的高度盖然性规则，对某协会所提供证据的证明力予以确认。综上，二审法院认为，原审法院的判决并无不当，判决驳回上诉，维持原判。

裁判解析

本案的争议焦点主要包括以下两点：

一、某协会提供的证据能否证明其依法享有涉案歌曲的放映权、复制权等著作权。

本案中，某协会提供了两组证据来证明其依法享有涉案歌曲的放映权、复制权。第一组证据，是某协会会员作品精选集《流行歌曲经典》(第一辑)、(第三辑)DVD外包装上分别标有“某唱片总公司出版、17碟装、CDVD-308ISRCCN-A01-11-374-00/V.J6”等字样和“某唱片总公司出版、10碟装、CDVD-360/369ISBN978-7-7999-2275-1”等字样，精选集盒内各装有一本印有歌曲名称、演唱者、著作权人名称的小册子，小册子载明相关涉案歌曲的著作权人为某文化传播有限公司。

根据著作权法第十一条规定，著作权属于作者，本法另有规定的除外……如无相反证明，在作品上署名的公民、法人或者其他组织为作者。最高人民法院《关于审理著作权民事纠纷案件适用法律若干问题的解释》第七条规定：“当事人提供的涉及著作权的底稿、原件、合法出版物、著作权登记证书、认证机构出具的证明、取得权利的合同等，可以作为证据，如无相反证明，在作品或者制品上署名的自然人、法人或者其他组织视为著作权或者著作权有关权益的权利人。”《最高人民法院关于民事诉讼证据的若干规定》第二条规定：“当事人对自己提出的诉讼请求所依据的事实或者反驳对方诉讼请求所依据的事实有责任提供证据加以证明。没有证据或者证据不足以证明当事人的事实主张的，由负有举证责任的当事人承担不利后果。”

本案中，某协会提供的《流行歌曲经典》专辑及专辑中的小册子均明确显示著作权人为某文化传播有限公司，某分公司对某文化传播有限公司的著作权人身份有异议，应当承担举证责任，举证不能的，应当承担由此产生的不利后果。由于某分公司并未提供任何证据证明其主张，故其上诉理由不成立。

第二组证据，是著作权人某文化传播有限公司与某协会签订的《音像著作权授权合同》。首先，根据著作权法第十条规定，著作权人可以全部或者部分授权他人行使或转让包括复制权、放映权等在内的13项财产权，并按照协议获得报酬。本案中，著作权人与某协会签订《音像著作权授权合同》，约定某协会在合同有效期内，以独占许可的方式享有本案讼争的20首歌曲的放映权、复制权，该协议有效。其次，《中华人民共和国著作权法》第八条规定："著作权人和与著作权有关的权利人可以授权著作权集体管理组织行使著作权或者与著作权有关的权利。著作权集体管理组织被授权后，可以以自己的名义为著作权人和与著作权有关的权利人主张权利，并可以作为当事人进行涉及著作权或者与著作权有关的权利的诉讼、仲裁活动。"《著作权集体管理条例》第二条规定："本条例所称著作权集体管理，是指著作权集体管理组织经权利人授权，集中行使权利人的有关权利并以自己的名义进行的下列活动：（一）与使用者订立著作权或者与著作权有关的权利许可使用合同（以下简称许可使用合同）；（二）向使用者收取使用费；（三）向权利人转付使用费；（四）进行涉及著作权或者与著作权有关的权利的诉讼、仲裁等。"本案中，《音像著作权授权合同》明确约定某协会有权以自己的名义向侵权使用者提起诉讼。因此，某协会有权依据《音像著作权授权合同》的约定以及法律规定，以著作权人的身份，要求某分公司承担侵权责任。

二、某公证处的公证结果是否能够作为认定某分公司侵权行为的证据。

本案中，某分公司上诉称涉案公证书系公证机构跨公证执业区域所作的公证，不得作为认定案件事实的依据，且该公证视频的时间过短，无法达到某协会证明某分公司在经营场所内播放的视频、音乐与其享有著作权的作品内容相同的证明目的。

《中华人民共和国公证法》第二十五条规定："自然人、法人或者其他组织申请办理公证，可以向住所地、经常居住地、行为地或者事实发生地的公证机构提出。申请办理涉及不动产的公证，应当向不动产所在地的公证机构提出；申请办理涉及不动产的委托、声明、赠与、遗嘱的公证，可以适用前款规定。"据此，本案中的公证对象是某分公司在经营性场所放映某协会享有著作权的20首音乐作品的行为，而不是涉及不动产的公证，某协会作为著作权人，可自行或授权第三方向住所地、经常居住地、行为地或者事实发生地的公证机构提出公证申请，因此，由某公证处进行公证的行为完全符合程序性规定。《最高人民法院关于审理著作权民事纠纷案件适用法律若干问题的解释》第八条规定："当事人自行或委托他人以定购、现场交易等方式购买侵权复制品而取得的实物、发票等，可以作为证据。"《中华人民共和国公证法》第三十六条规定："经公证的民事法律行为、有法律意义的事实和文书，应当作为认定事实的根据，但有相反证据足以推翻该项公证的除外。"因此，公证机构提供在某分公司经营的营利性场所消费的发票，并出具当天消费时产生的公证书，且公证书中所附录音录像的部分片段与某协会享有著作权的 20 首音乐作品的相应部分完全一致，应当作为认定事实的根据。某分公司无法提出相反证据推翻该公证事实，故法院依法驳回某文化产业有限公司分公司的上诉请求是正确的。

法律建议

根据我国著作权法的规定，未经著作权人的授权许可，以营利为目的播放音乐或者播放以类似摄制电影的方法创作的作品（如 MV、微电影、视频短片等），依法应承担侵权责任。实践中，在经营性的 KTV、电影院甚至餐馆、咖啡馆等营业场所中播放音乐作品或者播放以类似摄制电影的方法创作的作品的行为，均侵犯了著作权人的财产权，著作权人均有权主张侵权损害赔偿责任及合理损失。

10. 音乐作品著作权

——某公司与文化创意公司侵害作品信息网络传播权纠纷案

基本案情

某唱片股份有限公司系《加加油！大小姐》专辑的录音制作者，该专辑中收录了《起立敬礼坐下》、《加加油》等六首曲目。2014 年 11 月 20 日，某唱片股份有限公司向某公司出具授权书一份，授权书载明：某唱片股份有限公司将附件授权音乐作品清单中的音频作品 / 制品及标的音乐作品相关的背景资料授权给某公司行使授权权利，授权权利为标的音乐作品的信息网络传播权，某公司在授权期内享有以自己的名义在授权区域内对涉及标的音乐作品的侵权行为进行维权的权利；标的音乐作品的授权性质为独占且可转授权；授权期限为 2014 年 1 月 1 日至 2016 年 12 月 31 日；授权区域为中国大陆地区（不包括香港、澳门、台湾地区）等内容。该附件授权音乐作品清单中包含本案中主张权利的专辑《加加油！大小姐》中的六首歌曲。2014 年 12 月 10 日，某公司在某公证处就某文化创意公司在其私有的某音乐客户端中提供《加加油！大小姐》中的六首歌曲的搜索、试听、播放、下载等服务的事实进行了保全，某公证处依法出具了公证书。

原告某公司诉称：某文化创意公司的行为侵害了其享有的作品信息网络传播权，请求判令某文化创意有限公司赔偿经济损失及合理费用 6 万元。

一审庭审中，某公司确认某音乐客户端已经删除了涉案专辑中的歌曲。文化创意公司确认某音乐客户端由其经营。庭审后，经比对，文化创意公司确认其通过某音乐客户端提供的《加加油！大小姐》中的六首涉案歌曲与某公司据以主张权利的《加加油！大小姐》专辑中的歌曲一致。

一审法院认为：某公司通过授权取得涉案录音制品《加加油！大小姐》中六首歌曲的录音制作权中的独占性信息网络传播权，其合法权利依法受保护。文化创意公司未经某公司许可擅自通过其经营的某音乐客户端向公众提供涉案录音制品中的六首歌曲的试听、下载等服务，侵犯了某公司所享有的信息网络传播权，应承担赔偿损失的民事责任。关于赔偿损失的数额，某公司明确主张法定赔偿，法院综合考虑涉案歌曲的知名度、文化创意公司侵权行为的性质、主观过错程度、某公司为制止侵权所支出的合理费用等因素，同时，注意到以下因素：涉案专辑于 2011 年发行；某公司因本案支出公证费、律师费。综上，一审法院于 2015 年 12 月 15 日判决：文化创意公司于判决生效之日起十日内赔偿某公司经济损失（含合理费用）2700 元；驳回某公司其他诉讼请求。

某公司对一审法院判决赔偿的经济损失不服，向中级人民法院提起上诉。

二审法院经审理认定的事实与原审法院认定的事实一致。另查明，在某音乐客户端下载涉案歌曲每首实际支付虾币 0.8 米;付费下载前，涉案歌曲可正常播放。

二审法院认为：某公司未提供证据证明其因被侵权所受到的损失或者文化创意公司因侵权所获得的利益，且要求适用法定赔偿。法院综合考虑各种因素，包括涉案歌曲的知名度、文化创意公司侵权行为的性质、主观过错程度、某公司为制止侵权所支出的合理费用等，认为原审判决认定事实清楚、适用法律正确，判定的赔偿金额恰当，故判决驳回上诉，维持原判。

裁判解析

本案的争议焦点为赔偿数额问题。

知识产权纠纷中的法定赔偿，是指在权利人因被侵权所遭受的损失以及侵权人所获得的非法利益均难以确定的情况下，法院根据当事人的请求或者依职权在法律规定的幅度内综合考虑各种因素来确定侵权人应承担的具体赔偿数额。这是知识产权侵权赔偿纠纷中特有的一种赔偿制度，是由知识产权权利的特殊性以及损害结果往往难以查清的现状决定的。法定赔偿实质是一种概括的推定，并不是一种具体、细分的计算方法，因此无法做到精确。

《中华人民共和国著作权法》第四十八条规定：“侵犯著作权或者与著作权有关的权利的，侵权人应当按照权利人的实际损失给予赔偿；实际损失难以计算的，可以按照侵权人的违法所得给予赔偿。赔偿数额还应当包括权利人为制止侵权行为所支付的合理开支。权利人的实际损失或者侵权人的违法所得不能确定的，由人民法院根据侵权行为的情节，判决给予五十万元以下的赔偿。”《最高人民法院关于审理著作权民事纠纷案件适用法律若干问题的解释》第二十六条规定：“著作权法第四十八条第一款规定的制止侵权行为所支付的合理开支，包括权利人或者委托代理人对侵权行为进行调查、取证的合理费用。”从上述法律规定中我们可以看出，计算著作权侵权损害赔偿的方式主要有三种方式。第一，按照权利人的实际损失计算赔偿数额；第二，按照侵权人的违法所得计算赔偿数额；第三，五十万元以下的赔偿。然而，在侵害著作权案件的司法实践中，司法机关以权利人实际损失或侵权人违法所得确定赔偿数额的案件非常少见，原因还是在于权利人实际损失或侵权人违法所得通常难以确定，因此法定赔偿成为确定赔偿金额的最常用手段，但是法定赔偿并没有规定最低标准。

在具体的司法审判实践中，大多数情况下法官会综合考虑各方面因素对具体赔偿数额进行认定。这些因素概括起来大概分为以下几种：侵权行为的性质、主观过错程度、侵权网站的规模和音乐作品的流行程度、为制止侵权所支出的合理费用等。

《最高人民法院关于审理侵害信息网络传播权民事纠纷案件适用法律若干问题的规定》第三条规定：“网络用户、网络服务提供者未经许可，通过信息网络提供权利人享有信息网络传播权的作品、表演、录音录像制品，除法律、行政法规另有规定外，人民法院应当认定其构成侵害信息网络传播权行为。”本案中，某公司在提起诉讼前曾经给文化创意公司寄送侵权投诉函，函中表示其对附件所列的音乐作品（含本案中主张权利的专辑）享有独家信息网络传播权，文化创意公司擅自在其自有的某音乐客户端提供上述作品侵犯其依法独家享有的权利，要求其删除相关作品。但是某文化创意公司并没有予以回应，主观过错较大。

本案中，某公司主张某音乐客户端不仅向用户提供在线播放服务，还向用户提供付费下载服务，每首歌曲向单个用户收取0.8元，截至2014年6月，下载用户超过3000万人。但是，本案中，涉案专辑是于2011年发行的，且下载用户超过3000万人和某公司的损失之间并无直接的因果关系，也就是说下载用户的人数对于本案赔偿金额的确定并没有太大的影响，因此，一审法院根据包括涉案歌曲的知名度、某文化创意公司侵权行为的性质、主观过错程度、某公司为制止侵权所支出的合理费用等因素所确定的某文化创意公司赔偿某公司经济损失及制止侵权的合理支出的金额并无不当。

法律建议

音乐著作权是指音乐作品的创作者对其创作的作品依法享有的权利，主要包括：音乐作品的表演权、复制权、广播权、信息网络传播权等财产权利和署名权、保护作品完整权等精神权利。根据我国著作权法第九条的规定，著作权人可以全部或部分转让作品的复制权、发行权、出租权、展览权、表演权、放映权、广播权、信息网络传播权、摄制权、改编权、翻译权、汇编权以及应当由著作权人享有的其他权利，并依约定或法定获得报酬。信息网络传播权即为可以许可、转让他人的权利。著作权的许可一般可以分为专有许可和普通许可，独占许可属于专有许可的一种。许可的范围和形式一般根据双方签订的合同来确定，独占许可一般形式为被许可人有权排除包括著作权人在内的任何人以同样的方式使用作品，即著作权人也不能以同样的方式使用作品。不论是普通许可还是独占许可，都要和对方签订合同明确双方的权利义务关系。

另外，在一般情况下，侵权人对独有传播权的不合理使用在造成财产损失的同时，还具有不正当竞争的行为，可以考虑适用反不正当竞争法起诉维权，即：可以根据自己对权利保护的意愿，择一诉讼，也可以对行为人数个行为同时起诉，要求行为人承担侵犯著作权和不正当竞争双重责任。

11. 摄影作品著作权

——某网络科技有限公司与某国际邮购有限公司著作财产权纠纷案

基本案情

2009年7月16日,某网络科技有限公司与某摄影公司签订《业务合同》一份,依法委托某摄影公司代为拍摄一组照片,该组照片系4张女性内衣/服装图片(以下简称“涉案图片”)。根据某网络科技有限公司与某摄影公司的协议,某网络科技有限公司为涉案图片的著作权人,依法享有涉案图片的著作权及相关权益。然而,某国际邮购有限公司却在未经某网络科技有限公司授权许可的前提下,擅自在某国际邮购有限公司网站的“商品展示”页面使用了涉案图片,并在某国际邮购有限公司2010年新春号邮购杂志上刊登了上述4张图片,该杂志的封面亦标注了某国际邮购有限公司的网站和商标。某网络科技有限公司为维护自身的合法权益,提起诉讼。

某网络科技有限公司诉称:该公司于2009年7月16日与某摄影公司签订《业务合同》一份,依法委托某摄影公司代为拍摄了涉案图片。2010年5月20日,某摄影公司出具《证明》一份,确认了涉案照片系其接受某网络科技有限公司之委托拍摄所得,涉案图片的著作权及相关权益均归属于某网络科技有限公司。该《证明》后附4张图片的打印件,某网络科技有限公司还提供了刻录有相关图片的拍摄原图以及修饰后的图片CD一份。该公司在2009年秋季与冬季的公司邮购杂志及网站中,发布了涉案照片。然而,某国际邮购有限公司却在未经某网络科技有限公司授权许可的前提下,以营利为目的,擅自使用了涉案照片。2010年5月7日,该公司依法委托代理人向某市公证处申请了网页保全证据公证。《公证书》及后附的视频资料显示，某国际邮购有限公司确实在公司网站的商品展示位置使用了涉案图片，并在某国际邮购有限公司当年度发布的邮购杂志中刊登了涉案图片，杂志中亦标注了某国际邮购有限公司的网站及商标。某网络科技有限公司认为，某国际邮购有限公司的行为严重侵犯了其著作权，并涉嫌不正当竞争，要求某国际邮购有限公司赔偿 200 万元。

一审法院认为：首先，某网络科技有限公司对涉案图片享有著作权。某网络科技有限公司提供的拍摄合同、一组图片及《证明》等一系列证据，证明其曾于 2009 年委托某摄影有限公司拍摄了一系列模特身着内衣的图片，且该公司对上述图片享有著作权，某国际邮购有限公司对此亦无异议，故法院予以确认。其次，某国际邮购有限公司未经许可，擅自在其邮购杂志与网站上使用了某网络科技有限公司的 4 张广告图片，其行为侵犯了某网络科技有限公司对上述图片依法享有的著作权，故某国际邮购有限公司应当承担停止侵权、赔偿损失等民事责任。第三，关于赔偿数额。某网络科技有限公司就涉案图片主张的是著作权，著作权保护的是作品的独创性，某国际邮购有限公司之所以构成侵权也是因其抄袭了某网络科技有限公司享有著作权的作品，故某网络科技有限公司能够得到的赔偿金额应当与其作品的独创性、某国际邮购有限公司侵权行为的情节等因素相符。至于某网络科技有限公司提出的某国际邮购有限公司涉嫌不正当竞争，应当属于反不正当竞争法所调整的内容，某网络科技有限公司在本案中既未提出相应主张，又缺乏事实依据，故某网络科技有限公司以此为由要求计算赔偿额缺乏依据。据此，一审法院判决某国际邮购有限公司停止在其经营的网站上使用侵犯某网络科技有限公司著作权的图片；并判决某国际邮购有限公司赔偿某网络科技有限公司经济损失 33000 元（其中包括某网络科技有限公司为制止侵权行为而支付的合理费用）。

一审判决后，某网络科技有限公司不服一审法院上述民事判决，向高级人民法院提起上诉。

二审法院经审理认为，原审法院的判决并无不当，判决驳回上诉，维持原判。

裁判解析

本案的争议焦点在于著作权侵权人的赔偿数额问题。

首先,《中华人民共和国民事诉讼法》第十三条规定 :“当事人有权在法律规定的范围内处分自己的民事权利和诉讼权利。”该规定也就是民事诉讼中通用的“不告不理”原则。“不告不理”原则在民事诉讼中包含两层含义,即程序上的“不告不理”和实体上的“不告不理”。从程序上看,首先没有原告的起诉,就没有人民法院的审理。从实体上看,民事案件审理的范围应仅限于原告的诉讼请求和被告的反诉请求,既不应缩小,也不得扩大。根据“不告不理”原则,人民法院在民事案件的审理中,居中处理当事人的纠纷,以法律赋予的职权对当事人的权利义务作出裁判,而不得代当事人主张或处分权利。本案中,某网络科技有限公司是以侵犯著作权为由起诉的,因此应当按照著作权法的相关规定进行判决,而其提出某国际邮购有限公司的侵权行为具有扰乱市场、误导消费者及打压竞争对手的不正当竞争目的等主张,并不属于著作权法调整的内容,因此,某网络科技有限公司请求以此为依据计算赔偿数额,缺乏事实和法律依据。

其次,《中华人民共和国著作权法》第四十九条规定 :“侵犯著作权或者与著作权有关的权利的,侵权人应当按照权利人的实际损失给予赔偿 ;实际损失难以计算的,可以按照侵权人的违法所得给予赔偿。赔偿数额还应当包括权利人为制止侵权行为所支付的合理开支。权利人的实际损失或者侵权人的违法所得不能确定的,由人民法院根据侵权行为的情节,判决给予五十万元以下的赔偿。”上述规定适用的是民法上有关损害赔偿的填补原则,即损害发生后,应当使权利人的权利能够恢复到权利被侵害前的状态。然而,在本案中,著作权中的复制权、网络传播权等权利本身作为无形资产,又是通过广告方式散播的,与传统的物权存在很大差别,使得实务中很难确定权利人因此受到的损害。而且因为确定该获利结果的证据掌握在侵权人手中,根据“谁主张谁举证”的原则,在不存在法定的“举证责任倒置”情形的情况下,要求侵权人自己举证来证明其获利也是不现实的。由于举证难度较大,某网络科技有限公司在本案中要求某国际邮购有限公司承担赔偿责任的依据就是第四十九条第二款的规定,即五十万元的赔偿。然而,第四十九条第二款仅仅是对赔偿额的上限作出了限定，并没有确定赔偿额的下限，更为重要的是，第四十九条第二款同时还明确了法官的自由裁量权，也就是说，法官判决侵权人承担 0—50 万元的损害赔偿金的，均符合《著作权法》的规定。

《最高人民法院关于审理著作权民事纠纷案件适用法律若干问题的解释》第二十五条规定：“权利人的实际损失或者侵权人的违法所得无法确定的，人民法院根据当事人的请求或者依职权适用著作权法第四十八条第二款（2010 年修正后第四十九条）的规定确定赔偿数额。人民法院在确定赔偿数额时，应当考虑作品类型、合理使用费、侵权行为性质、后果等情节综合确定。”本案中，一审法院依据涉案图片本身的独创性、某网络科技有限公司为拍摄涉案图片而支出的费用、某国际邮购有限公司在其邮购杂志与网站上使用侵权图片的情节等因素，酌情确定了相应的赔偿额 33000 元，其中包括原告为制止侵权行为而支付的律师费、公证费等合理支出部分，符合法律规定。

法律建议

“不告不理”原则的内涵体现在程序和实体两个方面。从程序上看，没有当事人起诉，人民法院不能启动诉讼程序；在实体上看，法院审理民事纠纷的范围即诉讼的内容与标的由当事人确定，法院无权变更、撤销当事人的诉讼请求。但是，由于有些当事人提出的诉讼请求并不符合民事诉讼中的“不告不理”原则，为此，法律通过一些限制性规定，对当事人的权利予以救济。例如，《最高人民法院关于民事诉讼证据的若干规定》第三十四条规定：“……当事人增加、变更诉讼请求或者提出反诉的，应当在举证期限届满前提出。”根据该规定，当事人应注意可以在举证期限届满前增加、变更诉讼请求或者提出反诉，对起诉时的错误请求予以救济。

12. 类似电影摄制方法创作的作品

——某国际网络有限公司与某文化传播有限公司侵害作品信息网络传播权纠纷案

基本案情

《舌尖上的中国》是中央电视台摄制的一部大型美食类纪录片，播出后引起强烈的社会反响，享有较高知名度。中央电视台此后将该节目的著作权授予原告某国际网络有限公司。2012 年 5 月 23 日，某公证处应原告申请，对被告某文化传播有限公司在其经营的网站“甲乙网”上提供涉案节目的在线点播服务的行为进行了公证。

原告认为，甲乙网未经许可，在涉案节目热播期内提供在线点播服务，严重侵犯其合法权益，给原告造成了重大经济损失，请求判令被告赔偿经济损失 80 万元及为调查取证所支付的合理费用 5 万元。

一审和二审法院判决某文化传播有限公司赔偿某国际网络有限公司经济损失 24 万元，合理费用 8000 元。

裁判解析

本案的争议焦点有以下两点：

一、关于作品信息网络传播权的认定。

根据《中华人民共和国著作权法》第三条第六项、《中华人民共和国著作权法实施条例》第四条第十一项的规定，电影作品和以类似摄制电影的方法创作的作品，受著作权法的保护。《中华人民共和国著作权法》第十条第十二项规定：“著作权包括下列人身权和财产权：……（十二）信息网络传播权，即以有线或者无线方式向公众提供作品，使公众可以在其个人选定的时间和地点获得作品的权利。”第十条第二款规定：“著作权人可以许可他人行使前款第（五）项至第（十七）项规定的权利，并依照约定或者本法有关规定获得报酬。”第三款规定：“著作权人可以全部或者部分转让本条第一款第（五）项至第（十七）项规定的权利，并依照约定或者本法有关规定获得报酬。”

信息网络传播权属于著作权中的财产权。本案中，被告未经著作权人的许可或授权，将类似电影摄制方法创作的作品在其经营的网站上提供在线点播服务，侵犯了作品信息网络传播权，应该依法承担相应的侵权责任。

二、关于涉案赔偿数额的认定。

《中华人民共和国著作权法》第四十九条规定：“侵犯著作权或者与著作权有关的权利的，侵权人应当按照权利人的实际损失给予赔偿；实际损失难以计算的，可以按照侵权人的违法所得给予赔偿。赔偿数额还应当包括权利人为制止侵权行为所支付的合理开支。权利人的实际损失或者侵权人的违法所得不能确定的，由人民法院根据侵权行为的情节，判决给予五十万元以下的赔偿。”本案中，法院在确定法定赔偿金额的时候，充分考虑了涉案作品的类型、社会知名度、侵权行为的性质以及侵权网站的经营规模、经营模式、影响力等因素，判决共计 248000 元的赔偿金额，不仅有利于弥补权利人的经济损失，而且促进了各互联网视频提供者加强自律性和行业管理，因此顺应了依法加强互联网知识产权保护的趋势，对日益多发的互联网视频侵权案件有警示作用。

法律建议

实践中，侵犯电影、类似电影摄制方法创作的作品的现象大量存在，为追求利益，许多侵权人往往将热播期内的上述作品在经营网站或其他传播途径进行传播，以获取不当利益。我国著作权法规定类似电影摄制方法创作的作品，受著作权法保护，因此，被侵权人应依法保护作品的信息网络传播权。

13. 信息网络传播权侵权案件的管辖

——某科技有限公司与某软件有限公司侵害作品信息网络传播权纠纷案

基本案情

某软件有限公司以某科技有限公司侵害其作品信息网络传播权为由，向某区法院提起民事诉讼。某区法院受理后，某科技有限公司以管辖权异议为由提起上诉，要求将案件移送至有管辖权的中级人民法院。

原告某科技有限公司认为：本案属于标的额在500万元以上的“关联案件”中的一起，某软件有限公司“故意采取分专辑立案”而发起系列案件，将诉讼标的总额超过500万元的多个“关联案件”进行拆分，属于不当行使诉权的情形，应当将关联案件作为一个案件由某中级人民法院管辖。此外，本案的当事人系两个集团公司，属于《中华人民共和国民事诉讼法》第十八条第二项所指“在本辖区有重大影响的案件”，应当由某中级人民法院管辖。

一审法院认为：根据《最高人民法院关于印发基层人民法院管辖第一审知识产权民事案件标准的通知》，经最高人民法院批准具有知识产权民事案件管辖权的基层人民法院，可以审理诉讼标的额在500万元以下的第一审一般知识产权民事案件。该500万元应指个案诉讼标的金额。本案争议的音乐作品与某科技有限公司所称的“关联案件”的音乐作品均不相同，为独立个案，某软件有限公司将不同音乐作品分别起诉并无不当，诉讼标的额亦未超过500万元，某区法院对本案具有管辖权。另，本案当事人为某软件有限公司和某科技有限公司，并非两个集团公司，且为普通的侵害作品信息网络传播权纠纷，不属于《中华人民共和国民事诉讼法》第十八条第二项所指“在本辖区有重大影响的案件”，不应由某中级人民法院管辖。据此，一审法院驳回了某科技有限公司的管辖权异议。

一审判决后，某科技有限公司不服一审法院上述民事判决，提起上诉。

二审法院经审查认为，根据民事诉讼法第二十五条规定，信息网络侵权行为实施地包括实施被诉侵权行为的计算机等信息设备所在地，侵权结果发生地包括被侵权人住所地。第二十八条规定的侵权行为地，包括侵权行为实施地、侵权结果发生地。涉案被控侵权行为系通过信息网络实施，对此某软件有限公司的住所地可认定为侵权结果发生地，因此一审法院作为侵权行为地法院依法具有管辖权。民事诉讼法第十七条规定，基层人民法院管辖第一审民事案件。根据《最高人民法院关于印发基层人民法院管辖第一审知识产权民事案件标准的通知》和《某省高级人民法院关于知识产权民事案件诉讼管辖的规定》，某区人民法院有权管辖诉讼标的额在500万元以下的第一审一般知识产权民事案件。本案系因涉嫌侵犯信息网络传播权所引起的一审民事案件，且属于个案，与其他相关联案件涉及的作品不同，某软件有限公司提起诉讼，并未违反法律规定，其案件诉讼标的应该分别计算。某科技有限公司关于本案应与其他关联案件合并计算诉讼标的额并以此确定管辖法院的上诉理由，不具有事实和法律依据。另，某科技有限公司主张本案属于《中华人民共和国民事诉讼法》第十八条第二项所指的“本辖区有重大影响的案件”，但并未提出有效证据加以佐证。从本案标的额、双方主体身份、本案社会影响等多方面因素综合来看，某科技有限公司主张“本案审理将对中国音乐版权格局和文化创意产业产生重大影响”并不成立。

综上，二审法院经审理认为，原判认定事实清楚、适用法律正确，判决驳回上诉，维持原判。

裁判解析

本案的争议焦点是网络侵权案件的管辖问题。

管辖权异议，是指当事人认为受诉法院或受诉法院向其移送案件的法院对案件无管辖权时，而向受诉法院或受移送案件的法院提出的不服管辖的意见或主张。

互联网的迅速发展促生了一种全新的作品传播途径，给传统的著作权保护制度带来了前所未有的冲击和挑战。在互联网环境下，如何保护著作权人和相关权利人的权利，规范作品等在互联网上的传播行为，成为迫切需要解决的问题。在审理涉及侵害信息网络传播权的案件时，如何界定侵害信息网络传播权，特别是如何确定网络服务提供者的法律责任，成为法院知识产权审判面临的重大挑战。

《最高人民法院关于适用〈中华人民共和国侵权责任法〉若干问题的解释》第三十六条规定："《侵权责任法》第三十六条所称网络服务提供者，是指依照其提供的服务形式有能力采取必要措施的信息存储空间或者提供搜索、链接服务等网络服务提供者，也包括在自己的网站上发表作品的网络内容提供商。"《最高人民法院关于审理侵害信息网络传播权民事纠纷案件适用法律若干问题的规定》第十五条规定："侵害信息网络传播权案件由侵权行为地或者被告住所地人民法院管辖。侵权行为地包括实施被诉侵权行为的网络服务器所在地、计算机终端设备所在地。侵权行为地和被告住所地均难以确定或者在境外的，原告发现侵权内容的计算机终端等设备所在地可以视为侵权行为地。"据此，我国当前有权受理侵害信息网络传播权案件的法院由被告住所地法院、实施侵权行为的相关设备所在地法院、发现侵权内容的相关设备所在地法院构成。

本案侵权行为属于网络侵权行为，侵权结果发生地自然也包括被侵权人住所地，即某软件有限公司的住所地可认定为侵权结果发生地，因此，某区法院作为侵权行为地法院依法享有管辖权。

法律建议

我国知识产权司法保护的对象包括著作权（版权）、专利权、商标权以及反不正当竞争权等。在市场竞争中企业要做大做强，既要持续快速发展，又要保护好自己的无形资产，依法加强知识产权管理，防止侵权行为的发生。

当网络服务提供者涉及的作品侵犯自己的信息网络传播权时，市场主体可以向该网络服务提供者提交书面通知，要求网络服务提供者删除该作品或者断开与该作品的链接。运营主体要加强对合作的内容服务提供商（ICP）使用作品及制作内容著作权合法性的审查和管理，高度重视信息网络传播权的保护，积极培育自主知识产权。

著作权人在将自己的作品授权给他人使用时，可以签订许可使用合同，出于保护自身权益的需要，可以在合同中根据自己的情况协议约定最为合适的管辖法院。在有约定的情况下可以排除其他管辖法院的管辖权。在没有合同关系的情况下，著作权人发现自己的合法权益被侵犯后，可以选择侵权行为地或者被告住所地人民法院管辖。侵权行为地包括实施被诉侵权行为的网络服务器、计算机终端等设备所在地。在难以确定侵权行为地和被告住所地的情况下，发现侵权内容的计算机终端等设备所在地可以视为侵权行为地。

特别提示

《中华人民共和国民事诉讼法》(2013 年 1 月 1 日起施行)

第二十八条规定："因侵权行为提起的诉讼，由侵权行为地或者被告住所地人民法院管辖。"

《最高人民法院关于适用〈中华人民共和国民事诉讼法〉的解释》(2015 年 2 月 4 日起施行)

第二十四条规定："民事诉讼法第二十八条规定的侵权行为地，包括侵权行为实施地、侵权结果发生地。"

第二十五条规定："信息网络侵权行为实施地包括实施被诉侵权行为的计算机等信息设备所在地，侵权结果发生地包括被侵权人住所地。"

《最高人民法院关于审理利用信息网络侵害人身权益民事纠纷案件适用法律若干问题的规定》(2014 年 10 月 10 日起施行)

第二条规定："利用信息网络侵害人身权益提起的诉讼，由侵权行为地或者被告住所地人民法院管辖。侵权行为实施地包括实施被诉侵权行为的计算机等终端设备所在地，侵权结果发生地包括被侵权人住所地。除上述情况外，网络侵权案件的管辖法院通常不包括被侵权人住所地人民法院。"

14. 信息网络传播权的侵权认定及其赔偿责任

——甲公司与乙公司侵犯信息网络传播权纠纷案

基本案情

2005年10月8日，国家广播电影电视总局电影事业管理局颁发某影片公映许可证，载明影片《关于爱的一切》（匿名）的出品单位为甲公司（本案原告）。

2009年，某县公证处出具的公证书载明，甲公司的委托代理人刘某到该公证处申请保全证据公证；2009年10月19日，在公证员及工作人员的监督下，操作人员在该公证处使用公证处的电脑登录乙公司（本案被告）互联网访问www.某6.com首页，输入“关于爱的一切”进行搜索，在搜索结果中随机选择视频文件点播，开始播放影片《关于爱的一切》，均能播放。该公证书所附视频文件显示，上述搜索结果列表中，每个搜索结果均显示有片名、会员名、时长、标识、人气、发布等信息。在上述搜索结果列表中随机选择视频文件进行播放的同时，播放页面会显示上传者、人气等信息。审判过程中，乙公司确认公证保全的涉案影片内容与甲公司主张权利的同名影片内容一致。

乙公司是从事计算机软硬件、电子产品的研究、开发、技术服务、网页设计、文化传播活动策划等业务的企业，已领取中华人民共和国增值电信业务经营许可证，业务种类为因特网接入服务、信息服务业务等。乙公司领取的信息网络传播视听节目许可证显示，某6视频的登录地址之一为www.某6.com，开办单位为乙公司。乙公司提交了公证书，用以证明某6网用户上传视频以及视频播放的流程，并由用户自行决定是否将视频公开；某6网的服务条款已经明确版权保护提示义务，要求用户遵守相关法律法规；某6网通过首页版权指引等明确表示其存储空间是为服务对象所提供，并公开了乙公司的联系方式，符合对网络服务提供者的法律要求。乙公司另提交公证书，显示 2011 年 10 月 25 日登录某 6 网，在搜索栏中输入关键词“关于爱的一切”进行搜索，已无相关视频存在。

甲公司向法院起诉，称乙公司的行为侵犯了其信息网络传播权。请求判令：一、乙公司立即停止对电影《关于爱的一切》的侵权行为；二、乙公司在其网站首页和指定报纸上做出道歉公告；三、乙公司赔偿甲公司经济损失及为制止侵权所支出的合理费用共计 5 万元；四、乙公司承担本案诉讼费用。

一审法院认为，根据某县公证处出具的公证书，乙公司经营的网站上提供在线播放的视频内容与甲公司主张权利的电影内容一致，该在线播放的行为并未经甲公司或其他权利人的准许，侵犯了甲公司就涉案影片所享有的信息网络传播权。根据公证书及所附视频显示，甲公司从涉案网站搜索到由会员上传的视频，但在该网站首页、其他页面的首页或其他明显可见的位置均未显示有涉案电影的相关信息，乙公司作为提供信息存储空间的网络服务提供者，对侵权事实并不知情，也没有合理的理由应当知道其网站中存在涉案电影视频，主观上不具有过错，故乙公司的行为符合免责条件，对甲公司要求乙公司赔偿经济损失和合理费用的诉讼请求不予支持。鉴于乙公司已删除涉案电影视频，甲公司要求乙公司停止侵权的诉讼请求已实际得到满足，故对甲公司的该项请求不再予以支持。乙公司作为提供信息存储空间的网络服务提供者，并未改变涉案电影，其侵权行为并未侵犯甲公司就影片所享有的著作权中的人身权利，故对于甲公司要求乙公司在其网站首页和指定报纸上作出道歉公告的诉讼请求亦不予支持。

一审法院依照《中华人民共和国著作权法》第十条第（十二）项，《信息网络传播权保护条例》第二十二条之规定，判决驳回甲公司的诉讼请求。

一审判决后，甲公司不服，向市中级人民法院提起上诉，请求撤销原判。

二审法院经审理认为，原判认定事实清楚、适用法律正确，依法判决驳回上诉，维持原判。

裁判解析

本案的争议焦点有以下三点：

一、信息网络传播权的侵权行为认定。

《中华人民共和国著作权法》第十条第一款第十二项规定："信息网络传播权，即以有线或者无线方式向公众提供作品，使公众可以在其个人选定的时间和地点获得作品的权利。"故信息网络传播权是著作财产权的一种。

《中华人民共和国著作权法》第四十八条第一款规定："有下列侵权行为的，应当根据情况，承担停止侵害、消除影响、赔礼道歉、赔偿损失等民事责任；同时损害公共利益的，可以由著作权行政管理部门责令停止侵权行为，没收违法所得，没收、销毁侵权复制品，并可处以罚款；情节严重的，著作权行政管理部门还可以没收主要用于制作侵权复制品的材料、工具、设备等；构成犯罪的，依法追究刑事责任：（一）未经著作权人许可，复制、发行、表演、放映、广播、汇编、通过信息网络向公众传播其作品的，本法另有规定的除外。"

本案中，某县公证处出具的公证书显示，乙公司经营的网站上提供在线播放的视频内容与甲公司主张权利的电影内容一致，该在线播放的行为并未经甲公司或其他权利人的准许，侵犯了甲公司就涉案影片所享有的信息网络传播权。一审法院对于乙公司侵犯甲公司信息网络传播权这一认定符合法律规定。

二、网络服务提供者的免责条件。

网络服务提供者是指通过信息网络向公众提供信息或者为获取网络信息等目的提供服务的机构，包括网络上的一切提供设施、信息和中介、接入等技术服务的个人用户、网络服务商以及非营利组织。

《信息网络传播权保护条例》第二十二条规定："网络服务提供者为服务对象提供信息存储空间，供服务对象通过信息网络向公众提供作品、表演、录音录像制品，并具备下列条件的，不承担赔偿责任：（一）明确标示该信息存储空间是为服务对象所提供，并公开网络服务提供者的名称、联系人、网络地址；（二）未改变服务对象所提供的作品、表演、录音录像制品；（三）不知道也没有合理的理由应当知道服务对象提供的作品、表演、录音录像制品侵权；（四）未从服务对象提供作品、表演、录音录像制品中直接获得经济利益；（五）在接到权利人的通知书后，根据本条例规定删除权利人认为侵权的作品、表演、录音录像制品。”

本案中乙公司旗下的某6网站通过首页版权指引等，明确表示了其存储空间是为服务对象所提供，并公开了乙公司的联系方式，符合对网络服务提供者的法律要求。而甲公司提供的某县公证处公证的证据，未发现乙公司对甲公司影片有任何改编行为。根据公证书及所附视频显示，甲公司虽从涉案网站搜索到了由会员上传的视频，但网站首页或其他明显可见的位置均未显示涉案电影信息，不存在乙公司作为网络服务提供者应当知道被服务对象提供的作品侵权的理由。某6网站上的《关于爱的一切》影片片头的广告，无证据表明广告与涉案影视作品有关联，无法认定乙公司从播放涉案影视作品中直接获得经济利益。乙公司在审判过程中提交的公证书显示其于2011年10月25日登录网站时已搜索不到涉案视频，甲公司对此并无异议。故乙公司的行为符合法定免责条件。

三、侵犯信息网络传播权的民事责任。

根据《中华人民共和国著作权法》第四十八条的规定，侵犯著作权的行为应当根据情况承担下列民事责任：（一）停止侵害。停止侵害是指责令侵权人立即停止正在实施的侵犯他人著作权的行为。侵权行为人无论在主观上有无过错，都必须停止侵权，防止侵害扩大，以保护受害人的合法权益。（二）消除影响和赔礼道歉。这主要是指侵犯著作权行为给权利人造成人身权利侵害而适用的责任方式。这种责任方式可以单独适用，也可以与其他责任方式一起适用。（三）赔偿损失。赔偿损失是侵权行为人以自己的财产补偿因其行为给著作权人所造成的经济损失。它以侵权行为给权利人造成实际经济损失作为前提。因此若未造成经济损失，则不使用该责任方式。

本案中，乙公司已删除涉案电影视频，甲公司要求乙公司停止侵权的诉讼请求已得到满足，因此一审法院对甲公司要求乙公司立即停止对电影《关于爱的一切》的侵权行为的申请不再予以支持，判决无误。

关于甲公司要求乙公司在其网络首页和指定报纸上做出道歉公告的问题。赔礼道歉是侵犯著作权行为给权利人造成人身权利侵害而适用的责任方式。根据《中华人民共和国著作权法》第十条第一款至第四款的规定，著作人身权包括下列内容：（一）发表权，即决定作品是否公之于众的权利；（二）署名权，即表明作者身份，在作品上署名的权利；（三）修改权，即修改或者授权他人修改作品的权利；（四）保护作品完整权，即保护作品不受歪曲、篡改的权利。本案中，影片《关于爱的一切》已于2009年前公映，不存在被告侵犯原告发表权的问题，乙公司作为提供信息存储空间的网络服务提供者，并未改编涉案电影，其侵权行为并未侵犯甲公司就影片享有的著作权中的人身权利。一审法院驳回甲公司要求乙公司做出道歉公告的诉讼请求符合法律规定。

关于甲公司要求乙公司赔偿5万元经济损失的诉讼请求，因前述内容已说明乙公司的情况符合《信息网络传播权保护条例》第二十二条规定免责条款，故不赘述。

综上，本案法院判决正确无误。

法律建议

我国《信息网络传播保护条例》规定了网络服务提供者在提供网络存储空间服务时可享受“避风港”原则，从而保护网络服务提供者不承担赔偿责任。该规定的目的是为了在保护知识产权权利人的合法权益与促进互联网络发展和维护公众利益之间维持一种平衡。为此，建议网络服务提供者在提供存储空间服务时，首先应当明确提示存储空间是为服务对象所提供，并公开网络服务提供者的名称、联系人、网络地址；对于服务对象所提供的作品、表演、录音录像制品不得做任何改编。其次，鉴于服务上传的作品很可能涉嫌侵权，网络服务提供者在提供存储空间服务时，应采取一定的预防、制止侵权的合理措施，如设置明显、可行的侵权举报通道以及防止服务对象重复上传侵权作品的程序等。

15. 信息网络传播权

——陈某诉某数图公司侵犯著作权纠纷案

基本案情

原告陈某为《当代中国刑法新视界》《刑法适用总论》《正当防卫论》的作者，其中《当代中国刑法新视界》由甲大学出版社出版，《刑法适用总论》由法律出版社出版，《正当防卫论》由乙大学出版社出版。被告某数图公司于 2000 年 1 月 17 日成立，经营范围为计算机软件的技术开发、技术转让、电子商务（未取得专项许可的项目除外）、制作发布网络广告等，该公司于 2002 年 3 月 11 日进行了工商年检登记。该公司所设“某数字图书馆”网站以搜集、整理和发布他人作品为主。被告某数图公司的“某数字图书馆”网站的访问方式为：使用联网主机，启动 IE 浏览器 5.5 版，在地址栏中键入 www.d—library.com.cn，可进入“某数字图书馆”主页，主页上注明“(c)版权所有”；点击该页面中“下载标准版浏览器”，新网页中显示“某数图浏览器 Beta 1.01 版是数图公司为网上图书馆开发的专用浏览器，读者通过它足不出户即可方便地进入网上图书馆读书借阅，同时以独特的方式对网上著作权进行了保护”；同时，读者浏览、借阅图书需办理读书证——利用网上或卡式方式付费，并通过用户注册获得用户名和密码。在“某数字图书馆”网站主页上使用“高级检索”系统，检索词语为“陈某”，检索途径为“责任者”，检索结果包括涉及本案的三部著作，即《当代中国刑法新视界》《刑法适用总论》《正当防卫论》，同时包括有关著作的专门信息。如关于《当代中国刑法新视界》的信息是，题名责任者为“《当代中国刑法新视界》/ 陈某著”，主题为“刑法—研究—中国”，中图分类号为知识产权经典判例“D924.04”，科图分类号为“35.26”。

2002年3月，案外人张某注册成为“某数字图书馆”的用户，注册信息包括：用户名为“张呆”，注册号码为459757，使用期限为2002年3月13日至2002年6月11日，身份证号码为×××，感兴趣的图书要目为“法律”。同年3月15日，张某使用其网卡，在线阅读了“某数字图书馆”中与本案有关的三部著作，并对部分网页进行了现场打印。

陈某诉至法院，请求判令被告某数图公司立即停止侵权并赔偿经济损失40万元以及为制止侵权行为而支出的合理费用8000元。

被告某数图公司辩称：建立数字图书馆的目的是适应信息时代广大公众的需求，其公司基本上属于公益型事业，请求法院依据某数字图书馆的实际情况，结合我国国情，作出裁判。

一审法院经审理后判决如下：一、某数图公司在其“某数字图书馆”网站（网址为http://www.d—library.com.cn）上使用原告陈某的作品《当代中国刑法新视界》、《刑法适用总论》、《正当防卫论》；二、某数图公司赔偿原告陈某经济损失8万元及因诉讼支出的合理费用4800元。宣判后，双方当事人均未提起上诉，一审判决发生法律效力。

裁判解析

本案争议的焦点是侵害著作权行为的认定。

《中华人民共和国著作权法》第十条规定：“著作权包括下列人身权和财产权：……（十二）信息网络传播权，即以有线或者无线方式向公众提供作品，使公众可以在其个人选定的时间和地点获得作品的权利；……著作权人可以许可他人行使前款第（五）项至第（十七）项规定的权利，并依照约定或者本法有关规定获得报酬。著作权人可以全部或者部分转让本条第一款第（五）项至第（十七）项规定的权利，并依照约定或者本法有关规定获得报酬。”据此，著作权人可以许可他人行使信息网络传播权，并依照约定或者有关规定获得报酬，但未经允许将他人文字作品上载到互联网上的行为，未向作者支付合理报酬的，侵犯了作者对自己作品享有的信息网络传播权。由于信息网络传播权是著作权之一，因此，侵害行为是侵犯他人著作权的行为，依法应当根据情况，承担停止侵害、消除影响、赔礼道歉、赔偿损失等民事责任。《中华人民共和国著作权法》第四十八条规定：“有下列侵权行为的，应当根据情况，承担停止侵害、消除影响、赔礼道歉、赔偿损失等民事责任；同时损害公共利益的，可以由著作权行政管理部门责令停止侵权行为，没收违法所得，没收、销毁侵权复制品，并可处以罚款；情节严重的，著作权行政管理部门还可以没收主要用于制作侵权复制品的材料、工具、设备等；构成犯罪的，依法追究刑事责任：（一）未经著作权人许可，复制、发行、表演、放映、广播、汇编、通过信息网络向公众传播其作品的，本法另有规定的除外……”第四十九条规定：“侵犯著作权或者与著作权有关的权利的，侵权人应当按照权利人的实际损失给予赔偿；实际损失难以计算的，可以按照侵权人的违法所得给予赔偿。赔偿数额还应当包括权利人为制止侵权行为所支付的合理开支。权利人的实际损失或者侵权人的违法所得不能确定的，由人民法院根据侵权行为的情节，判决给予五十万元以下的赔偿。”

本案中，陈某对《当代中国刑法新视界》、《刑法适用总论》、《正当防卫论》三部作品享有著作权，即使许可出版社出版发行作品，也不能当然视为允许在互联网上发布，在网络上传播应专指信息网络传播这项专门著作权，需得到专门许可。《中华人民共和国著作权法》第二十二条规定：“在下列情况下使用作品，可以不经著作权人许可，不向其支付报酬，但应当指明作者姓名、作品名称，并且不得侵犯著作权人依照本法享有的其他权利：……（八）图书馆、档案馆、纪念馆、博物馆、美术馆等为陈列或者保存版本的需要，复制本馆收藏的作品……”本案中某数图公司作为企业法人将陈某的作品上载到国际互联网上，不能认定为著作权法第二十二条规定的“图书馆”，其名字虽称为图书馆，但著作权法规定的图书馆应是特指一般意义上的图书馆，不应扩大解释。并且，一般意义上的图书馆与网络上的图书馆无论形式和影响已不可同日而语，网络上的图书馆传播对象更广，保护权利的方式也不同。因此，某数图公司的行为侵犯了陈某信息网络传播权，应立即停止侵权并依法承担侵权责任。当事人对自己提出的主张负有举证责任，但在陈某不能举证证明其实际损失、侵权人的违法所得时，法院依某数图公司侵权行为的情节依法确定赔偿数额，亦合情合理。

法律建议

《中华人民共和国著作权法》第二章第四节“权利限制”，规定了可以不经著作权人许可，不向其支付报酬使用作品的情形，体现了对作者专有权和社会共有权的平衡，具有合理性。各类主体需注意对上述法律规定的正确理解和适用，平衡作者、传播者和使用者的利益，确保公众能够接触和使用作品。

16. 侵犯信息网络传播权的责任构成

——激动网络股份有限公司与某广播影视局、某网络电视股份有限公司侵害信息网络传播权纠纷案

基本案情

激动公司经权利人许可，取得电视剧《老大的幸福》的独家信息网络传播权。激动公司与新浪公司就电视剧《老大的幸福》的著作权授权事宜签订影视作品授权使用合同。新浪公司授权若博佰思公司对新浪云视频项目进行推广和服务。若博佰思公司将某广播影视局（以下简称“某广电局”）作为媒体合作伙伴。此间，博柏思公司员工向某广电局员工通过腾讯 QQ 聊天方式发送了新浪视频播放授权书、新浪云视频项目合作 PPT、新浪云视频代码汇总及代码放置方法等电子文件。激动公司的委托代理人在公证处对相关网络证据予以保全，涉案作品的播放器页面左上角有中文“新浪视频”、英文“Sina”的文字及一图标，右上角另有一图标，上述两处图标的主要特征与新浪云视频项目合作宣传资料中使用的图标相同。播放器页面之上还固定保留有“黄鹤 TV 某网络电视”、“某会客厅”等网站或栏目标志。

激动公司向法院起诉，某广电局主办、某网络电视股份有限公司（以下简称“某网格电视”）实际经营的互联网站未经许可在互联网上传播了电视剧《老大的幸福》，侵害了其对该作品享有的信息网络传播权。请求判令某广电局、某网络电视刊登启事消除影响，并赔偿侵权损失及律师代理费合计 55000 元。

某广电局辩称，其不负责被控侵权网站的具体经营，不应承担民事责任。

某网络电视辩称，被控侵权网站没有直接向互联网上传涉案电视剧，其播放行为系使用新浪云视频技术的结果，且向其提供作品的新浪公司也已取得使用该剧的合法授权，请求驳回诉讼请求。

一审法院认为，激动公司享有电视剧《老大的幸福》的信息网络传播权。被控侵权网站播放电视剧《老大的幸福》系利用新浪公司提供的云视频视听服务的结果。新浪公司在与激动公司签订相关合同并取得电视剧《老大的幸福》一定期限的信息网络传播权后，有权在互联网上传播该作品。判决驳回激动公司的诉讼请求。

激动公司不服，提起上诉。

二审期间，激动公司申请撤回上诉。

裁判解析

本案的争议焦点有以下两点：

一、关于本案云视频作品传播方式属信息网络传播权的法定权利范围的认定。

《中华人民共和国著作权法》第十条第一款第（十二）项规定："信息网络传播权，即以有线或者无线方式向公众提供作品，使公众可以在其个人选定的时间和地点获得作品的权利。"该条第二款规定："著作权人可以许可他人行使前款第（五）项至第（十七）项规定的权利，并依照约定或者本法有关规定获得报酬。"第三款规定："著作权人可以全部或者部分转让本条第一款第（五）项至第（十七）项规定的权利，并依照约定或者本法有关规定获得报酬。"据此，信息网络传播权是著作权人享有的一项财产性权利，著作权人可以将该种权利许可他人行使，也可全部或者部分转让该权利，并依照约定或者著作权法有关规定获得报酬。《中华人民共和国信息网络传播权保护条例》第二十六条第一款规定："信息网络传播权，是指以有线或者无线方式向公众提供作品、表演或者录音录像制品，使公众可以在其个人选定的时间和地点获得作品、表演或者录音录像制品的权利。"《最高人民法院关于审理侵害信息网络传播权民事纠纷案件适用法律若干问题的规定》（以下简称《司法解释》）第2条规定："本规定所称信息网络，包括以计算机、电视机、固定电话机、移动电话机等电子设备为终端的计算机互联网、广播电视网、固定通信网、移动通信网等信息网络，以及向公众开放的局域网络。"

云视频技术的作品传播方式离不开一定的网络环境，传播作品的行为和云视频用户接受作品的行为也具有交互式特点，因此，由云视频作品传播方式引发的知识产权侵权纠纷，本质上仍属于侵犯信息网络传播权案件。

二、关于侵犯信息网络传播权的责任构成。

《中华人民共和国著作权法》第四十八条规定；“有下列侵权行为的，应当根据情况，承担停止侵害、消除影响、赔礼道歉、赔偿损失等民事责任；同时损害公共利益的，可以由著作权行政管理部门责令停止侵权行为，没收违法所得，没收、销毁侵权复制品，并可处以罚款；情节严重的，著作权行政管理部门还可以没收主要用于制作侵权复制品的材料、工具、设备等;构成犯罪的，依法追究刑事责任：（一）未经著作权人许可，复制、发行、表演、放映、广播、汇编、通过信息网络向公众传播其作品的，本法另有规定的除外；（二）出版他人享有专有出版权的图书的；（三）未经表演者许可，复制、发行录有其表演的录音录像制品，或者通过信息网络向公众传播其表演的，本法另有规定的除外；（四）未经录音录像制作者许可，复制、发行、通过信息网络向公众传播其制作的录音录像制品的，本法另有规定的除外；（五）未经许可，播放或者复制广播、电视的，本法另有规定的除外；（六）未经著作权人或者与著作权有关的权利人许可，故意避开或者破坏权利人为其作品、录音录像制品等采取的保护著作权或者与著作权有关的权利的技术措施的，法律、行政法规另有规定的除外；（七）未经著作权人或者与著作权有关的权利人许可，故意删除或者改变作品、录音录像制品等的权利管理电子信息的，法律、行政法规另有规定的除外;（八）制作、出售假冒他人署名的作品的。”据此，对被控侵权行为性质的判断标准应该是看该行为是否是法定的作品传播行为并直接导致侵权结果的发生。

本案中，涉案作品系通过新浪公司的服务器上传至互联网，故新浪公司是涉案影视作品法律意义上的信息网络传播行为人。新浪公司通过该技术，许可被控侵权网站在其原有网页边框和网站地址均不改变的情况下访问新浪公司的网站，从而实现了将新浪公司服务器中的影视作品嵌入到被控侵权网站直接播放的技术效果。由于新浪公司与激动公司签订合同后已取得涉案影视作品的信息网络传播权，所以新浪公司在合同有效期内将涉案作品在互联网上传播的行为属合法行为，包括被控侵权网站在内的任何第三方均有权通过搜索、链接等技术手段从新浪公司的网络服务器中获取该作品，而激动公司对任何第三方的上述搜索、链接行为均已无权干涉。据此，被控侵权网站提供涉案影视作品在线播放服务的行为合法，并未侵犯激动公司对其享有的信息网络传播权。

法律建议

信息网络传播作为无纸化传播方式，发展日新月异，但无论是有纸化还是无纸化，都要遵守我国民法通则规定的诚实信用原则，避免故意侵犯他人的权利。同时，在涉及信息网络传播权侵权行为的司法认定中，云视频作品传播是新的方式，审理思路和裁判方法也应当及时跟上以顺应信息技术发展趋势并引导发展文化产业多样形态。

17. “避风港原则”的适用

——韩伟公司与全景公司侵犯作品信息网络传播权纠纷案

基本案情

1997 年，某公司作为委托人与受托人袁某、褚某、王某签订委托创作合同。合同约定在合同有效期内，受托人所创作的摄影作品的著作权、署名权、摄影作品的原件和底片属于委托人；委托人有权将著作权转让，或者许可他人使用。2002 年，某公司以协议的形式，将其所有的《某图片库》的著作权转让给全景公司（本案原告），《某图片库》中包含全景公司在之后的诉讼中主张权利的 50 张照片。2009 年 11 月 19 日，全景公司取得著作权登记证书。某图网由韩伟公司（本案被告）经营，网站注册用户可将照片等上传至该网站，供他人下载或购买，韩伟公司按照卖家作品销售金额的 10% 至 25% 收取服务费。2013 年 8 月，某公证处依全景公司申请，进行证据保全公证，经公证显示，某图网上存在全景公司主张权利的 50 张图片。

2013 年 9 月，全景公司对韩伟公司提起诉讼，指控韩伟公司侵犯了其 50 张摄影作品的著作权，后因证据提交不全等原因，确认在该案中只主张其中的 5 张摄影作品的权利，撤回对其他作品的侵权主张。法院在该案审理中组织双方上网勘验，勘验中可见某图网“注册”页面中的《某图网注册服务协议及声明》含有以下文字：“用户申明和保证对在某图网网络平台内所提供的所有视觉作品拥有完整的合法的版权。用户视觉作品不应涉及侵犯他人著作权、商标、名誉、隐私及其他一切违法内容。如因视觉作品版权等问题，给某图网及购买用户造成的一切损失，由用户承担完全责任。”网站首页公告中含有标题为“通知—网站上传会员”

的一则公告，通知会员删除与全景公司的作品相同或相似的图片，并附若干链接。公告发布于 2013 年 9 月 23 日。韩伟公司陈述，权利人发现侵权，可通过网站底部标示的客服电话、官方微博、官方空间和网站上的“企业 QQ”进行侵权举报。但实际情况是，客服电话、官方微博、官方空间均不处理侵权投诉。“企业 QQ”中亦无处理侵权举报的设置。联系其中的“售前咨询”，被告知“不负责该块”，但转给了相关人员处理。2014 年 3 月，法院判决认定，韩伟公司侵犯了全景公司 5 张摄影作品的著作权，赔偿全景公司经济损失共计 14000 元。

2014 年 4 月 29 日，全景公司再次诉至法院，称韩伟公司未经许可，擅自将其享有著作权的 50 张照片刊载在自己经营的网站上，侵犯了其对涉案摄影作品享有的信息网络传播权，据此请求法院判令韩伟公司承担停止侵权、赔偿损失人民币 15 万元（以下币种相同）的民事责任。法院审理中，全景公司撤回了要求韩伟公司承担停止侵权民事责任的诉讼请求以及对其中 5 张照片的侵权主张。

韩伟公司在审判中辩称：一、在前案判决后，其已优化了网站设置，加强了投诉处理流程及培训，增加了对用户设置进行严厉处理的措施，故其应适用“避风港原则”的保护。二、全景公司提交的委托创作合同存在瑕疵，此后的著作权转让协议、著作权登记证书也均无合法依据，故全景公司不享有著作权，无诉讼主体资格。

原审法院认为，本案中，全景公司提供了委托创作合同、照片底片、《某图片库》的著作权登记证书以及某公司与全景公司之间的著作权转让协议等，上述证据相互佐证，足以认定全景公司享有诉争摄影作品的著作权，韩伟公司否认全景公司的权利，没有事实及法律依据，法院不予采纳；韩伟公司所经营的某图网，在未得到权利人授权的情况下，向不特定的公众传播侵权图片，使公众可以在选定的时间和地点查看或下载，足以认定韩伟公司与上传侵权作品的用户共同侵犯了涉案作品的信息网络传播权；关于韩伟公司能否受到“避风港原则”的保护，法院认为，判断韩伟公司应否对其网站上的侵权图片承担责任，应以侵权行为发生及持续时的情况进行判断，韩伟公司在类似案件中被判决承担责任后，完善了管理机制，并不能免除其在本案侵权行为发生及持续的当时所应当承担的责任，故对于韩伟公司的上述意见，法院不予采纳，韩伟公司不能受到“避风港原则”的保护；关于赔偿数额，由于全景公司未能举证证明其因韩伟公司侵权行为所遭受的实际损失或韩伟公司因侵权所获得的利润，法院将结合涉案作品的类型、创作难度、韩伟公司网站上侵权作品的使用方式、下载次数等情节酌情确定。综上所述，法院判决韩伟公司于判决生效之日起十日内赔偿全景公司经济损失67500元。

判决后，韩伟公司不服，向中级人民法院提起上诉，请求撤销原审判决。

二审法院经审理查明，原审法院认定事实清楚，适用法律正确，应予维持。判决驳回上诉，维持原判。

裁判解析

本案的争议焦点有以下两点：

一、韩伟公司能否适用“避风港原则”。

所谓“避风港原则”，是指在ISP（网络服务提供商）只提供空间服务，并不制作网页内容的情形下，如果ISP被告知侵权，则有删除的义务，否则就被视为侵权。如果侵权内容既不在ISP的服务器上存储，又没有被告知哪些内容应该删除，则ISP不承担侵权责任。后来“避风港原则”也被应用在搜索引擎、网络存储、在线图书馆等方面。

我国《信息网络传播权保护条例》第二十二条规定：“网络服务提供者为服务对象提供信息存储空间，供服务对象通过信息网络向公众提供作品、表演、录音录像制品，并具备下列条件的，不承担赔偿责任：（一）明确标示该信息存储空间是为服务对象所提供，并公开网络服务提供者的名称、联系人、网络地址；（二）未改变服务对象所提供的作品、表演、录音录像制品；（三）不知道也没有合理的理由应当知道服务对象提供的作品、表演、录音录像制品侵权；（四）未从服务对象提供作品、表演、录音录像制品中直接获得经济利益；（五）在接到权利人的通知书后，根据本条例规定删除权利人认为侵权的作品、表演、录音录像制品。”同时，《中华人民共和国侵权责任法》第三十六条规定：“网络用户利用网络服务实施侵权行为的，被侵权人有权通知网络服务提供者采取删除、屏蔽、断开链接等必要措施。网络服务提供者接到通知后未及时采取必要措施的，对损害的扩大部分与该网络用户承担连带责任。”

上述规定表明，网络服务提供者享受“避风港原则”的保护需要满足两个条件：其一，网络服务提供者应当满足《信息网络传播权保护条例》第二十二条规定的条件；其二，网络服务提供商应采取一定的预防、制止侵权的合理措施，设置明确、便捷的通知、删除程序以及制止同一用户重复侵权的程序。而后者实际上是服务商在提供网络存储空间服务时享受“避风港原则”保护的门槛。

本案中，韩伟公司所经营的网站上存在大量用户上传的图片，其中难免会有图片侵犯他人的著作权，韩伟公司网站极有可能被用户作为实施侵权并且获利的便利场所。因此韩伟公司应当采取预防、制止侵权的合理措施。然而韩伟公司网站上的《某图网注册服务协议及声明》，仅规定了用户的责任及韩伟公司的权利，且该协议仅是韩伟公司与注册用户之间的协议，并不涉及通知—删除程序的流程或制止重复侵权的对策或措施。韩伟公司陈述了多个接收侵权举报的途径，但实际上除“企业QQ”外，其他途径并不处理侵权举报事宜。虽然通过韩伟公司网站“企业QQ”中的“售前咨询”可达到一定的通知目的，但“售前咨询”本身并不处理侵权事宜，只是转告他人处理，因此不能认定韩伟公司设置了便捷的通知—删除程序。

综上，韩伟公司在提供存储空间服务时，未设置明确、便捷的通知—删除程序及制止重复侵权的对策和措施，不具备适用“避风港原则”的资格，不能免除侵权赔偿责任。

二、韩伟公司侵犯信息网络传播权的行为能否免除赔偿责任。

《中华人民共和国侵权责任法》第三十六条规定：“网络用户、网络服务提供者利用网络侵害他人民事权益的，应当承担侵权责任。网络用户利用网络服务实施侵权行为的，被侵权人有权通知网络服务提供者采取删除、屏蔽、断开链接等必要措施。网络服务提供者接到通知后未及时采取必要措施的，对损害的扩大部分与该网络用户承担连带责任。网络服务提供者知道网络用户利用其网络服务侵害他人民事权益，未采取必要措施的，与该网络用户承担连带责任。”《最高人民法院关于审理侵害信息网络传播权民事纠纷案件适用法律若干问题的规定》第八条规定：“人民法院应当根据网络服务提供者的过错，确定其是否承担教唆、帮助侵权责任。网络服务提供者的过错包括对于网络用户侵害信息网络传播权行为的明知或者应知。”第九条第一、二、四、五款规定：“人民法院应当根据网络用户侵害信息网络传播权的具体事实是否明显，综合考虑以下因素，认定网络服务提供者是否构成应知：（一）基于网络服务提供者提供服务的性质、方式及其引发侵权的可能性大小，应当具备的管理信息的能力；（二）传播的作品、表演、录音录像制品的类型、知名度及侵权信息的明显程度；（四）网络服务提供者是否积极采取了预防侵权的合理措施；（五）网络服务提供者是否设置便捷程序接收侵权通知并及时对侵权通知作出合理的反应。”

本案中，被告韩伟公司网站提供的服务为有偿服务，出现如此之多用户上传、供免费下载的图片，显然不符合常理，被告应当可以预见该部分图片极有可能引发著作权侵权纠纷。对于交易图片，被告按照图片的成交价格收取一定比例的费用，应该更加严格管理，采取积极合理的措施来预防侵权的发生。而本案涉诉图片之多，足见被告管理之懈怠。又有证据表明，被告并没有专门的通知—删除程序或针对权利人发现侵权后通知上诉人的公告或说明，其提供的渠道也无法处理侵权举报。故被告的侵权行为并不能通过适用“避风港原则”来免除赔偿责任。

综上，法院的判决符合法律规定。

法律建议

在网络存储空间服务中，鉴于用户上传的作品很可能涉嫌侵权，服务商应注意采取一定的预防、制止侵权的合理措施，设置明确、便捷的通知—删除程序，并对发送侵权通知的联系方式予以公示，既方便权利人进行侵权举报，也便于服务商及时对侵权通知做出合理反应。同时，由于网络存储空间网站很可能被用户作为侵权的手段，服务商还应采取积极措施制止同一用户重复侵权。只有符合上述要求，网络存储空间服务提供商才能更好地受到“避风港原则”的保护。

18. 改编权、摄制权

——余某等与陈某侵害著作权纠纷案

基本案情

剧本《梅》于1992年10月创作完成，依据该剧本拍摄的电视剧《梅》内容与该剧本高度一致，于1993年10月13日起在台湾地区首次电视播出，并于1994年4月13日起在中国大陆地区（某电视一台）首次电视播出。小说《梅》系根据剧本《梅》改编而来，于1993年6月30日创作完成，1993年9月15日起在台湾地区公开发行，同年起在中国大陆地区公开发表，主要情节与剧本《梅》基本一致，作者是陈某。

2012年至2013年间，余某未经陈某许可，擅自采用涉案作品核心独创情节进行改编，创作电视剧剧本《宫》，甲公司、乙公司、丙公司、丁公司共同摄制了电视剧《宫》(又名《凤还巢之连城》)。在发现侵权之前，陈某正在根据其作品《梅》潜心改编新的电视剧本《梅传奇》，侵权行为给陈某的剧本创作与后续的电视剧摄制造成了实质性妨碍。侵权人却获得巨大收益。陈某向法院起诉，请求判令认定余某及甲、乙、丙、丁四公司侵害了涉案作品的改编权、摄制权；停止电视剧《宫》的一切电视播映、信息网络传播、音像制售活动；余某在四个指定网站显著位置发表经陈某书面认可的公开道歉声明；余某及甲、乙、丙、丁四公司连带赔偿陈某人民币2000万元。

余某及乙公司共同辩称：陈某主张的人物关系、相关情节、情节整体均不受著作权法保护，剧本及电视剧《宫》的具体情节表达与涉案作品并不相似，情节顺序也不一致，即便有相似之处，也不属于著作权法的保护范畴。

甲公司辩称：甲公司并没有参与剧本《宫》的创作，没有侵害陈某的改编权。陈某主张的作品对比方式不科学，是按照自己的诉讼需要进行任意拼凑。陈某总结的人物关系、桥段等都属于思想和事实层面，不应受到著作权法的保护。剧本及电视剧《宫》在人物关系、情节表达、故事线索等方面均比涉案作品更加复杂。

丙公司辩称：丙公司仅对电视剧《宫》进行了投资，不享有该剧的著作权，也没有参加该剧的报批宣传等，主观和客观上没有侵权的故意和事实。剧本及电视剧《宫》与涉案作品存在很多差异。《宫》明显具有独创性的特点，不构成侵害涉案作品的著作权。

丁公司辩称：同意余某及甲、乙、丙公司的答辩意见。

一审法院认为：剧本《宫》就各情节的设置与涉案作品的独创安排高度相似，仅在相关细节上与涉案作品设计存在差异，而此类差异并不代表差异化元素的戏剧功能发生实质变更，依法应当承担相应的侵权责任。甲、乙、丙、丁公司作为电视剧《宫》的制片者，深入介入了剧本《宫》的创作工作，存在着明知或应知剧本《宫》侵害他人著作权的共同过错，依法应当承担连带责任。根据涉案作品的性质、类型、影响力、侵权使用情况、侵权作品的传播时间与传播范围、各侵权方应有的获利情况以及陈某为本案支出的律师费、公证费等因素综合考虑，酌情确定余某、甲、乙、丙、丁公司赔偿陈某经济损失及诉讼合理支出的数额。综上，一审法院判决甲、乙、丙、丁公司于判决生效之日起立即停止电视剧《宫》的复制、发行和传播行为；余某在四个指定网站显著位置刊登致歉声明，向陈某公开赔礼道歉，消除影响（致歉声明的内容须送法院审核，逾期不履行，法院将在《法制日报》上刊登判决主要内容，所需费用由余某承担）；余某及甲、乙、丙、丁公司连带赔偿陈某经济损失及诉讼合理开支共计人民币五百万元。

余某及甲、乙、丙、丁公司均不服，提起上诉。

二审法院认为，原审认定事实清楚，适用法律正确，判决驳回上诉，维持原判。

裁判解析

本案的争议焦点有以下四点：

一、涉案著作权中改编权的认定。

《中华人民共和国著作权法》第十一条规定："著作权属于作者，另有规定的除外。创作作品的公民是作者。由法人或者其他组织主持，代表法人或者其他组织意志创作，并由法人或者其他组织承担责任的作品，法人或者其他组织视为作者。如无相反证明，在作品上署名的公民、法人或者其他组织为作者。"《最高人民法院关于审理著作权民事纠纷案件适用法律若干问题的解释》第七条规定："当事人提供的涉及著作权的底稿、原件、合法出版物、著作权登记证书、认证机构出具的证明、取得权利的合同等，可以作为证据。在作品或者制品上署名的自然人、法人或者其他组织视为著作权、与著作权有关权益的权利人，但有相反证明的除外。"小说《梅》的署名为陈某，在无相反证据的情况下，其对该作品享有著作权。

《中华人民共和国著作权法》第十条第一款第（十四）项规定："改编权即改变作品，创作出具有独创性的新作品的权利。"除法律另有规定外，未经许可利用他人的原作品实施改编行为，构成对原作品著作权人改编权的侵犯。判断被诉行为是否侵犯权利人的改编权，通常需要满足接触和实质性相似两个要件。余某微博中的表述清楚地表明其观看过电视剧《梅》，电视剧《梅》的公开播放可以视为剧本《梅》的发表，据此推定余某及甲、乙、丙、丁公司接触了剧本《梅》。对于人物设置和人物关系的相关认定，结合人物与情节的互动及情节的推进来进行比对，剧本《宫》中的人物设置更为丰富，故事线索更为复杂，但由于其包含了剧本《梅》的主要人物设置和人物关系，故剧本《宫》的人物设置和人物关系是在涉案作品的基础上进行的改编及再创作。因此，剧本《宫》侵犯了陈某对涉案作品享有的改编权。

二、涉案著作权摄制权的认定

《中华人民共和国著作权法》第十条第一款第（十三）项规定："摄制权即以摄制电影或者类似电影的方法将作品固定在载体上的权利。"第十二条规定："改编、翻译、注释、整理已有作品而产生的作品，其著作权由改编、翻译、注释、整理人享有，但行使著作权时不得侵犯原作品的著作权。"

改编权指的是改变作品、创作出新作品的行为，如果改编人将未经许可改编的作品以摄制方式予以利用，则违反了《中华人民共和国著作权法》第十二条的规定，或者即使改编人经原作品著作权人许可进行改编，但对于改编作品的后续利用，比如摄制，在未取得原作品著作权人许可的情况下，依然违反了《中华人民共和国著作权法》第十二条的规定。基于我国著作权法对于著作财产权具体权能的架构，摄制未经许可改编的新作品，构成对原作品权利人摄制权的侵害。本案中，电视剧《宫》系根据剧本《宫》拍摄而成。剧本《宫》基于上述分析，系未经许可对涉案作品进行改编而成，作为改编作品的剧本《宫》，未经陈某许可即被摄制为电视剧，构成对涉案作品著作权人陈某所享有的摄制权的侵害。

三、侵害著作权责任主体和方式的认定。

《中华人民共和国侵权责任法》第八条规定："二人以上共同实施侵权行为，造成他人损害的，应当承担连带责任。"余某作为剧本《宫》的作者、著作权人，直接实施了侵害改编权的行为，应承担相应的侵权责任。甲、乙、丁公司实际参与到剧本《宫》的创作之中，存在共同的意思联络，其相互之间的行为共同侵害了陈某的改编权，构成了共同加害行为，应承担连带责任。同时，《中华人民共和国侵权责任法》第九条第一款规定："教唆、帮助他人实施侵权行为的，应当与行为人承担连带责任。"据此，帮助共同侵权也属共同侵权的类型之一。理论上，帮助他人实施侵权是指行为人通过给予协助、配合或者提供便利条件等使他人易于实施侵权行为，通常帮助人对其帮助行为具有主观故意，即其可以预见到其帮助行为可能造成的损害后果。甲、乙、丁公司是电视剧《宫》的制片者，应承担相应的侵害摄制权的责任；余某作为编剧，拍摄电视剧《宫》已得到其许可，且其以该剧的制片人、出品人等身份，为电视剧《宫》的拍摄提供了实质性的帮助，与甲、乙、丁公司构成共同侵权，应承担连带责任。《中华人民共和国著作权法》第十五条规定："电影作品和以类似摄制电影方式制作的作品的著作权由制片者享有。"著作权法对"制片者"并未作出明确规定，根据影视行业惯例和通常的署名方式，一般将出品方认定为制片者，署名为出品方的单位可以提供相反证据来推翻署名的推定效力。丙公司系电视剧《宫》署名的出品方，故应对侵犯改编权、摄制权的行为承担连带责任。

四、侵害著作权损害赔偿的认定

《中华人民共和国著作权法》第四十九条规定："侵犯著作权或者与著作权有关的权利的，侵权人应当按照权利人的实际损失给予赔偿；实际损失难以计算的，可以按照侵权人的违法所得给予赔偿。赔偿数额还应当包括权利人为制止侵权行为所支付的合理开支。权利人的实际损失或者侵权人的违法所得不能确定的，由人民法院根据侵权行为的情节，判决给予五十万元以下的赔偿。"本案应适用酌定赔偿来确定赔偿数额。酌定赔偿是在加大知识产权保护力度的背景下，法官在一定事实和证据的基础上，根据案件具体情况和自由心证，酌情裁量给予权利人充分赔偿的损失赔偿方法。

法律建议

在我国加大知识产权保护力度的背景下，改编、摄制作品时，应注意与著作权人进行沟通，依法取得著作权人的理解和认可，既保证作品来源合法，又保证著作权人的人身和财产性权利。

19. 汇编作品著作权

——某电子杂志社与赵某著作权纠纷案

基本案情

某电子杂志社（本案原告）自1999年起编辑《中国优秀博硕士学位论文全文数据库》电子杂志，通过网站以CAJ格式出版发行，以包库、镜像站点和发行阅读卡的方式向用户提供该数据库的检索和全文内容服务。题录摘要和论文全文是《中国优秀博硕士学位论文全文数据库》的主要组成部分，其中题录摘要部分设置有中英文题名、中英文的论文摘要、作者、作者的学校、专业、学位年度、论文级别、网络出版时间等条目。题录摘要供免费检索、阅看；论文全文需付费下载，下载论文的费用为每页0.28元。赵某（本案被告）登记设立蜂朝网，在网站公布了供检索的论文题录摘要并出售论文，题录摘要包括论文中英文题名、中英文摘要、作者、论文价格等条目。这些条目的顺序排列与原告不同，但摘要中的中英文题名、中英文论文摘要系从原告数据库中供免费检索的题录摘要页面复制而来。

原告在发现被告设立网站的行为后，向法院起诉称：被告设立的网站销售数据库论文全文，复制、传播论文题录摘要，既侵犯了原告对数据库享有的汇编作品著作权，也侵犯了原告的版式权。故请求法院判令被告停止侵权、公开赔礼道歉并赔偿经济损失30万元。

被告辩称：原告对整所学校毕业生的论文并未进行选择，而是全盘录用，故原告对数据库没有著作权。被告设立的网站从原告处下载CAJ格式的论文是通过出资购买的方式取得的，将论文出售是转让对论文的使用权，转让后即予以删除，并未将购买所得的论文复制保留，故没有侵犯原告汇编作品的著作权和版式权。

被告设立的网站对复制的题录摘要重新编制了不同于原告编排方式的数据库，且摘要内容是作者所写，故也不构成对原告汇编作品著作权的侵犯。

一审法院查明，2005年7月29日，原告委托人员在公证人员见证下，通过E-mail向被告网站以每篇200元的价格购买了博士论文1篇、以每篇150元的价格购买了硕士论文4篇，被告网站在收到汇款后通过E-mail告知购买者取得论文全文的路径，购买者按照该路径取得了论文全文。原告购买的上述5篇论文共计626页，平均每篇125页。被告赵某确认其在网站上出售论文的价格是硕士论文每篇150元左右、博士论文每篇200—250元。被告赵某使用的购买原告论文的机构卡在2005年的支出费用是人民币5605元。

一审法院经审理认为，原告从全国众多高等院校中选取了300多家院校的博士、硕士学位论文，按照不同的专业、门类进行编排，开发成可供检索、查阅、下载的论文数据库，构成汇编作品，享有著作权。被告赵某从原告处付费下载论文全文后再向他人出售，原告没有证据表明被告另有一个论文全文数据库这样一个汇编作品存在。因此，原告认为被告出售论文的行为侵犯了原告对论文全文部分作为汇编作品的著作权的主张，缺乏依据。被告赵某买论文是合法取得，该论文使用CAJ数据格式也是原告的行为，被告并没有对论文进行电子数据格式的转换，被告下载的论文保持了原作者的论文版式，故原告主张被告侵犯了原告论文全文的版式权和CAJ格式专用权的主张，缺乏依据。原告的题录摘要是《中国优秀博硕士学位论文全文数据库》的一部分，该题录摘要根据需要设置了相关的条目和检索项，体现了编制该题录摘要的独创性，故其本身也构成汇编作品。被告赵某在网站上将原告的汇编作品中的主要内容复制后编入自己的题录摘要数据库，放在自己的网站上供免费检索、阅看，侵犯了原告作为汇编作品著作权人的权利，应承担相应的民事责任。综上，根据著作权法的相关规定，一审法院判决被告赵某停止侵犯原告汇编作品著作权的行为，赔偿原告经济损失人民币9万元，在《中国青年报》刊登声明向原告赔礼道歉。

宣判后，原告不服一审判决，提起上诉。二审法院判决驳回上诉，维持原判。

裁判解析

本案的争议焦点有以下两点：

一、被告的行为是否侵犯原告汇编作品著作权。

（一）原告对涉案数据库是否享有汇编作品著作权。

《中华人民共和国著作权法》第十四条规定："汇编若干作品、作品的片断或者不构成作品的数据或者其他材料，对其内容的选择或者编排体现独创性的作品，为汇编作品。"据此，汇编作品主要突出的是对内容的选择和编排方面的独创性，作品、作品的片断、不构成作品的数据或其他材料，只要汇编者对其进行了独创性的选择，并进行了独创性的编排，就构成具有独创性的汇编作品。

本案中，原告从全国众多高等院校中选取了三百多家院校，将这些院校的博士、硕士毕业生的学位论文收集起来，按照不同的专业、门类进行编排，开发成可供检索、查阅、下载的论文数据库，并经相关主管部门批准，将数据库编制成电子期刊出版物在网上出版、发行，该数据库体现了原告在对数据库内容的选择、编排方面的独创性。故原告的《中国优秀博硕士学位论文全文数据库》构成汇编作品，享有汇编作品著作权。

（二）汇编作品著作权的权利范围。

从立法目的来看，法律保护汇编者的是其对内容的独创性选择和编排，而经精挑细排的内容一旦分散成独立的作品、作品片断、不构成作品的数据或其他材料后，汇编者的独创性就无从体现。因此汇编者享有的是对汇编作品的整体性权利，该权利不及于被汇编的作品本身。如杂志、期刊是比较典型的汇编作品，杂志、期刊的主办者对杂志、期刊整体上享有汇编作品著作权。而被选作品作为单个作品时无从体现选择、编排的独创性，汇编者的权利就不存在了，单个作品的著作权仍然属于作者本人。他人使用单个作品仅侵犯作者的著作权，而不侵犯汇编者的著作权。

（三）本案中被告行为的认定。

本案原告主张被告侵犯其汇编作品著作权主要是指两方面的行为：一是被告侵犯原告论文数据库中论文全文部分的汇编作品；二是被告侵犯原告论文数据库

中题录摘要部分的汇编作品。

关于原告主张的被告侵犯原告数据库中论文全文作为汇编作品的著作权的问题，法院认为论文全文部分是原告整个数据库的重要组成部分，其本身也是汇编作品，原告当然享有著作权。但被告只是从原告处付费下载论文全文后再向他人出售，而论文本身的著作权是属于论文作者本人的，原告没有证据表明被告另有一个论文全文数据库这样一个汇编作品存在。被告出售论文只牵涉到该篇论文作为可单独使用的作品的著作权问题，原告以收录有某篇论文的数据库汇编作品著作权人的身份主张他人对该篇论文的使用行为构成侵权，尚缺乏作者明确授权或者相应的法律依据。因此，原告认为被告出售论文的行为侵犯了原告对论文全文部分作为汇编作品的著作权的主张，缺乏依据。

关于原告主张的被告侵犯原告题录摘要作为汇编作品著作权的问题，法院认为原告的题录摘要是《中国优秀博硕士学位论文全文数据库》的一部分，该题录摘要根据需要设置了相关的条目和检索项，便于读者阅读和选择需要的论文，体现了编制该题录摘要的独创性，故其本身也构成汇编作品。被告赵某在网站上将原告的汇编作品中的主要内容复制后，编入自己的题录摘要数据库，放在自己的网站上供人免费检索、阅看，侵犯了原告作为汇编作品著作权人的权利。

二、被告的行为是否侵犯原告的版式权。

2001年《中华人民共和国著作权法》第三十五条第一款规定："出版者有权许可或者禁止他人使用其出版的图书、期刊的版式设计。"（现已改为第三十六条）理论上，版式权即版式设计权，版式设计是指对图书、报纸、杂志的排版格式，如版心、字体、字号、页眉、插图、报头等版面布局造型的设计和安排。不同的出版社出版同一部作品时，在版面格式上往往有不小的区别，这体现了出版社的劳动和设计成果，故著作权法特设版式设计权从而对出版社的这种劳动成果予以保护。

本案中，原告指控被告赵某侵犯版式权，主要指被告将下载所得论文出售和论文采用CAJ数据格式。那么，就要分析原告的CAJ格式是不是版式以及被告的行为是不是出版。

CAJ 格式是否为版式设计，是确定被告是否侵犯版式权的前提。如前所述，版式权主要是保护出版者为出版物的排版格式和版面布局设计的劳动成果，而 CAJ 格式是一种文件的数据格式，并不涉及文字排版和版面布局。原告使用 CAJ 格式的目的是防止他人任意复制文件，因此，CAJ 格式是原告为保护其汇编作品而采取的一种技术措施，并不是对汇编作品文字排版和版面布局的设计。从被告的行为看，被告赵某通过付费购买的方式从原告处合法取得论文全文，该论文全文使用 CAJ 数据格式是原告的行为，被告并没有对论文进行电子数据格式的转换。被告从原告网站下载 CAJ Viewer，既是原告网站免费提供给用户予以下载的，也是使用、阅看付费取得的论文的必要工具，因此，被告也并没有实施故意避开或破坏该技术措施的行为。故原告认为数据格式是一种版式设计，缺乏法律依据。

关于被告的行为，庭审审理已经查明，被告赵某网站上并不存在论文全文数据库，其系在有人购买论文后才从原告处付费下载，再将下载的论文经压缩后暂时存放在网站上，以 E-mail 告知购买人取得论文的路径，等数天后确定购买人取得论文时即予删除。所以，出售论文并不是出版论文，不能认为被告出售论文侵犯了原告的版式权。

综上，原告的 CAJ 格式不是版式，被告出售论文的行为也不是出版，因此，原告认为被告侵犯其版式设计权的主张难以成立，本案中法院的判决并无不当。

法律建议

实践中，应正确理解数据库享有的汇编作品著作权。从《中华人民共和国著作权法》第十四条规定的立法目的来看，法律保护的是数据库的汇编者对内容的独创性选择和编排，即汇编作品的整体性权利，该权利不及于被汇编的作品本身，单个作品的著作权仍然属于作者本人。

20. 著作权或者与著作权有关的权利

——《美术研究》杂志社诉某公司侵犯著作权及版式设计专有使用权纠纷案

基本案情

《美术研究》杂志社（本案原告）是《美术研究》杂志的编辑和出版者，某公司（本案被告）是《中文科技期刊数据库》的制作者和发行者，2011年1月，《中文科技期刊数据库》更名为《中文期刊数据库》（以下简称"《数据库》"）。某公司的《数据库》以扫描录入方式，收录了《美术研究》杂志2011年第1期所载29篇文章中的20篇78页，共171600字，该杂志的字体设计、格式编排等也一并被原样收录。《数据库》使用《美术研究》杂志的文章量占该杂志2011年第1期所载29篇文章的69%。

《美术研究》杂志社在获知上述事实后，认为某公司侵犯了其编辑作品著作权，故向法院提起诉讼。请求法院判令：一、某公司停止对《美术研究》杂志的复制、发行；二、某公司赔偿《美术研究》杂志社人民币10000元；三、某公司承担财产保全费120元以及本案的诉讼费用共计5000元。

某公司答辩称：一、某公司在国家和地方版权行政管理部门指导和帮助下，依据国家版权行政管理部门的规章，就《数据库》制品与某市版权局、中国著作权使用报酬收转中心某市代理处签订了《著作权委托书》，与中国版权保护中心集体管理部签订了《制作数字化制品许可合同》，履行了应尽的保护著作权人合法权益的法定义务；二、某公司无侵权的故意或过失，且《数据库》使用的是过期刊物，没有给原告造成损失，某公司不应承担赔偿责任。故请求法院驳回原告的诉讼请求。

一审法院经审理查明，2011年4月，某市版权局受国家版权局的委托，对某公司未经著作权人许可，擅自将他人期刊刊载文章汇编制作成《数据库》的行为进行处罚，并要求某公司取得著作权人授权，向著作权人支付报酬，与著作权集体管理组织联系处理版权事宜。2011 年 5 月 16 日，某公司与某市版权局、中国著作权使用报酬收转中心某市代理处签订著作权委托书，委托某市版权局、中国著作权使用报酬收转中心某市代理处全权处理其著作权事宜。2011 年 12 月 4 日，某公司与中国版权保护中心版权集体管理部就制作《数据库》的许可问题签订《制作数字化制品许可合同》，约定中国版权保护中心版权集体管理部许可某公司使用中国版权保护中心版权集体管理部管理的作品制作数字化制品，某公司向中国版权保护中心版权集体管理部支付著作权使用费。同年 12 月 26 日，某公司以支付版税的名义向中国著作权使用报酬收转中心电汇 411999 元。

一审法院认为，《美术研究》杂志社是该杂志的著作权人。某公司未经许可亦未支付报酬，以营利为目的，将《美术研究》杂志中的 20 篇文字扫描录入制作为《数据库》光盘，侵犯了《美术研究》杂志社编辑作品著作权。某公司在制作《数据库》光盘的同时，亦将《美术研究》杂志的字体设计、格式编排等一并原样收录，构成对《美术研究》杂志社版式设计专有使用权的侵犯。依据 1999 年国家版权局《出版文字作品报酬规定》关于“编辑作品的付酬标准为每千字 3-10 元”的规定［现已改为《使用文字作品支付报酬办法》第五条：基本稿酬标准和计算方法：（一）原创作品：每千字 80-300 元，注释部分参照该标准执行。（二）演绎作品：1. 改编：每千字 20-100 元；2. 汇编：每千字 10-20 元；3. 翻译：每千字 50-200 元］，并考虑侵犯版式设计专有使用权的赔偿，对于《美术研究》杂志社要求某公司赔偿 10000 元的请求不予全额支持。依据著作权法的规定，一审法院判决：一、某公司停止对《美术研究》杂志的复制、发行；二、某公司赔偿《美术研究》杂志社人民币 4128.4 元；三、驳回《美术研究》杂志社的其他诉讼请求。案件受理费 410 元、财产保全费 120 元由某公司承担。

某公司不服一审判决，提起上诉，要求撤销一审判决，予以改判。

二审法院经审理认为，一审判决认定事实清楚、适用法律正确。判决驳回上诉，维持原判。

裁判解析

本案的争议焦点有以下两点：

一、被告侵权行为的认定。

（一）侵犯了原告的著作权。

《中华人民共和国著作权法》第十四条规定："汇编若干作品、作品的片段或者不构成作品的数据或者其他材料，对其内容的选择或者编排体现独创性的作品，为汇编作品，其著作权由汇编人享有，但行使著作权时，不得侵犯原作品的著作权。"据此，汇编作品主要突出的是对内容的选择和编排方面的独创性。对于作品、作品的片断、不构成作品的数据或其他材料，只要汇编者对其进行了独创性的选择，并进行了独创性的编排，就构成汇编作品。

本案中，《美术研究》杂志社作为《美术研究》杂志的汇编者，对作品进行选择、编排，付出了独创性劳动，《美术研究》杂志是受著作权法保护的汇编作品，《美术研究》杂志社是该杂志的著作权人，享有该杂志的著作权。

某公司未经许可亦未支付报酬，以营利为目的，将《美术研究》杂志 2011 年第 1 期 29 篇文章中的 20 篇共 171600 字扫描录入制作为《数据库》光盘，使用量占所刊载文章的 69%，毫无疑问，侵犯了《美术研究》杂志社汇编作品著作权。

（二）侵犯了原告的版式设计权。

《中华人民共和国著作权法》第三十六条规定："出版者有权许可或者禁止他人使用其出版的图书、期刊的版式设计。"所谓版式设计，是指在版面上将有限的视觉元素进行有机的排列组合，将理性思维个性化地表现出来。它是一种具有个人风格和艺术特色的视觉传达方式，在传达信息的同时，也产生一定感官上的美感。版式设计的范围涉及设计报纸、刊物、书籍（画册）、产品样本、挂历、招贴画、唱片封套和网页页面等平面设计各个领域。

本案中，《美术研究》作为杂志，必然包含着对于作品的编排、设计，传达着编者的个人风格和艺术特色。《美术研究》杂志社作为该杂志的汇编者，享有该杂志的版式设计权，是该杂志的版式设计专有使用权人。

某公司在制作《数据库》光盘的同时，亦将《美术研究》杂志的字体设计、格式编排等一并原样收录，以营利为目的使用《美术研究》杂志文章，无偿占有了《美术研究》杂志社付出的创造性劳动，因此构成对《美术研究》杂志社版式设计专有使用权的侵犯。

（三）被告抗辩理由的认定。

《中华人民共和国著作权集体管理条例》第二条规定："本条例所称著作权集体管理，是指著作权集体管理组织经权利人授权，集中行使权利人的有关权利并以自己的名义进行的下列活动：（一）与使用者订立著作权或者与著作权有关的权利许可使用合同（以下简称"许可使用合同"）；（二）向使用者收取使用费；（三）向权利人转付使用费；（四）进行涉及著作权或者与著作权有关的权利的诉讼、仲裁等。"根据本条，著作权集体管理组织行使著作权人的权利的前提是"经权利人授权"。

本案中，某公司未经《美术研究》杂志社的许可而使用《美术研究》杂志制作《数据库》，其虽在事后就制作《数据库》的许可问题与某市版权局、中国著作权使用报酬收转中心某市代理处、中国版权保护中心版权集体管理部签订了有关合同，并向中国著作权使用报酬收转中心、中国版权保护中心版权集体管理部支付了著作权使用费，但《美术研究》杂志社没有授权上述机构行使著作权和版式设计专有使用权，某公司也未能提供证据证明上述机构得到了《美术研究》杂志社的授权，故某公司使用《美术研究》杂志的行为仍然是未经著作权人许可的行为。某公司使用《美术研究》杂志制作《数据库》侵犯了《美术研究》杂志社的著作权及版式设计专有使用权，应当承担停止侵权、赔偿损失的民事责任。

二、赔偿数额的裁量。

《中华人民共和国著作权法》第四十九条规定："侵犯著作权或者与著作权有关的权利的，侵权人应当按照权利人的实际损失给予赔偿；实际损失难以计算的，可以按照侵权人的违法所得给予赔偿。赔偿数额还应当包括权利人为制止侵权行为所支付的合理开支。权利人的实际损失或者侵权人的违法所得不能确定的，由人民法院根据侵权行为的情节，判决给予五十万元以下的赔偿。"依据该条，在权利人的实际损失和侵权人的违法所得都无法确定时，人民法院可以依职权适用该条确定赔偿数额。当确定赔偿数额时，可由人民法院根据具体情况，综合参考以下因素酌情推定：作品类型，合理使用费，侵权行为的性质、后果等。

本案中，在著作权人的实际损失、侵权人的违法所得无法确定的情况下，法院根据《数据库》使用《美术研究》杂志的字数、某公司侵犯版式设计专有使用权的情况、参照国家版权局的《出版文字作品报酬规定》，酌情确定某公司的赔偿数额并无不当。

综上所述，本案中法院判决认定事实清楚、适用法律正确。

法律建议

实践中应注意，中国版权保护中心的主要职责虽然是实施《中华人民共和国著作权法》以及有关法规和规章，为著作权人和与著作权有关的权利人以及使用者提供著作权专业服务，但前提是必须得到著作权人的授权后才能行使相关权利，因此，当事人需做好查询工作。

21. 版式设计专有使用权

——某研究所与某杂志社侵犯版式设计专有使用权纠纷案

基本案情

《汽车杂志》(以下简称“《汽》”)由杂志社出版。《中国汽车画报》(以下简称“《中》”)主办单位系研究所。德润中心与德润公司是两个不同的独立法人。杂志社与德润中心签订了《汽车杂志委托制作合同》，约定由德润中心进行图文制作和印务咨询服务。德润中心整个设计刊标为矩形红底白字“汽车杂志”及“AUTO MAGAZINE”组成，杂志社使用了该刊标。德润中心为杂志社进行的封面版式设计为：“封面故事”中车型，有冲击力，突出主题；标题文字，汉仪中等线简，文字大小根据图片来定；副标题，本期重点介绍，汉仪中黑简；标志固定位置左上角，尺寸为 14mm × 50mm。

杂志社与德润公司签订《汽车杂志委托制作合同》，约定德润公司提供独家图文制作及制版和印刷服务。《汽》开始使用德润公司制作的刊标及其他版式设计。德润公司设计的刊标与德润中心设计的刊标相比有所改动，即“杂志”二字向左移动约半个字的位置，英文变为斜体并移至“杂志”二字的下行偏右位置，其他则维持不变。德润公司为杂志社进行的封面版式设计为：封面中车型，有冲击力，突出主题；主题文字，字体汉仪中等线简和汉仪大黑简，文字大小根据图片来定；标题下的装饰英文为厂家和车名，字体为 Arial Black；次标题，为本期中重点介绍，标题文字同上，图片则根据版式要求灵活掌握；标志固定位置，距左边 6.5mm，距上边 15mm，尺寸 108.5mm × 51.5mm；本期出现的重点车型，字体汉仪中黑简 + Arial，字号为 14pt；本期出现的测试与驾驶，字体汉仪中等线简和汉仪大黑简，颜色随版式而变。

德润中心与德润公司签订关于图文制作转让协议及补充协议，约定：德润中心因执行图文制作业务而产生的著作权转让给德润公司，德润公司依法享有德润中心的全部著作权。后杂志社通知德润公司终止合同，德润公司予以确认，其后《汽》并未更换刊标。再后德润公司出具授权委托书写明：授权《中》2002年9月第9期独家使用由德润公司设计的刊名LOGO、封面和内文版式样式。2002年第7、8期《汽》与2002年第9期《中》相比较有以下特点：(1)刊名：两刊刊名均为红底白字，位于封面左上方。刊名上为汉字，下为英文，且都突出“汽车”二字，字体亦相同，页眉与页脚——两刊页眉均为白色横线上方用3号黑体字标注本期主要车（底色上显白字），页脚均为标注本期部分测试车型（车型标注用字为白色与红色相间）；出版日期和国际标准刊号、总期数——两刊出版日期均为白色小4黑，又以红色加大变斜突出月份，置于刊名底框右上方；国际标准刊号、总期数置于刊名左侧；条码——两刊均置于封面右上角，封面设计上均使用车辆的摄影作品置于显著位置。(2)版权页：两刊均是左为卷首语，占大半篇幅，右为版权页，占小半篇幅。(3)内页版面设计：两刊内页页眉部分都有栏目中英文字，页脚部分有页码、年份标注。页码标注中有缩小为6mm×3mm的红底白字刊名较为独特，两刊均使用。两刊的设计创作人员相同。

杂志社向一审法院起诉称：研究所未经杂志社许可，在其出版的2002年第9期《中》在刊标等版式设计上抄袭了杂志社出版的《汽》，侵犯了杂志社在《汽》上拥有的版式设计专用权。请求判令：研究所停止侵犯杂志社的《汽》的版式设计专用权；研究所在《中国汽车报》、《汽车杂志》上赔礼道歉；研究所赔偿杂志社经济损失290万元。

被告研究所辩称：杂志社并不享有其所主张的版式设计专用权。杂志社出版的《汽》所称的刊标及封面系美术作品，故其著作权应属受托创作作品的德润中心所有；研究所经德润中心授权合法使用并未侵犯杂志社的著作权；版式设计侵权的认定应当以是否原样复制为标准，但2002年第9期《中》在具体组合形式、颜色与图文的搭配方式上均存在差异，并未达到复制使用《汽》版式设计的程度；

对杂志社所诉称的损失，杂志社未举出相应证据予以支持。据此，研究所请求法院判令驳回杂志社的诉讼请求。

一审法院经审理判决如下：一、研究所立即停止侵犯杂志社版式设计专用权的行为；二、研究所赔偿杂志社经济损失 80000 元。

研究所不服，提起上诉，二审法院经审查认为，一审查明事实基本清楚，判案理由与一审基本相同，判决驳回上诉，维持原判。

裁判解析

本案争议的焦点有以下四点：

一、版式设计专有使用权的概念。

《中华人民共和国著作权法》第三十五条规定："出版者有权许可或者禁止他人使用其出版的图书、期刊的版式设计。"本案中，原告请求判令研究所停止侵犯杂志社的《汽》的版式设计专用权，首先需要对版式设计的法律概念进行界定。版式设计是指图书、报纸、杂志的排版格式，如版心、字体、字号、行距、花边、页眉、插图、报头等版面布局造型的设计。本案还需要区分版式设计与美术作品之区别，《中华人民共和国著作权法》第三条第一款第（四）项规定："美术作品是指绘画、书法、雕刻等以线条、色彩或其他方式构成的有审美意义的平面或者立体的造型艺术作品。"杂志社主张的刊标为矩形红底白字"汽车杂志"及"AUTO MAGAZINE"组成。该刊标系用笔等工具及颜料等物质材料在纸等平面上形成的造型、构图、色彩，因此，本案刊标应为可视的、形象的绘画作品。本案中，杂志社还主张封面应为版式设计，封面包括期刊号字体、条形码的位置、内文在封面提示的字体、字号，封面车辆与背景的安排与布局、封面页眉与页脚的设计；版式设计突出的是排版格式，除刊标外的其余内容均属于版式设计的范畴。

二、关于本案涉及相关知识产权的法律关系分析。

《中华人民共和国著作权法》第十七条规定："受委托创作的作品，著作权的归属由委托人和受托人通过合同约定。合同未作明确约定或者没有订立合同的，著作权属于受托人。"本案认定刊标属绘画作品，应适用第十七条规定，据此，本案涉案刊标的著作权应由受托人德润中心或德润公司享有。杂志社主张研究所使用刊标构成侵权自然不能成立。

《中华人民共和国著作权法》第三十五条规定："出版者有权许可或者禁止他人使用其出版的图书、期刊的版式设计。"上述认定除刊标外的其余内容均属于版式设计，应适用第三十五条规定，据此，版式设计专用权的权利主体应为出版者。故本案《汽》的版式设计专用权应由出版者杂志社享有。《中华人民共和国著作权法》第四十六条第一款第（九）项规定："未经出版者许可，使用其出版的图书、期刊的版式设计的系侵权行为。"故研究所未经杂志社的许可使用其出版的期刊的版式设计的行为已侵犯了杂志社的版式设计专用权。德润中心和德润公司均非版式设计专用权人，无权许可他人使用。

三、关于本案法律责任的认定。

《中华人民共和国著作权法》第四十六条规定："未经出版者许可，使用其出版的图书、期刊的版式设计的侵权行为，侵权者应当承担停止侵害、赔偿损失等民事责任。"据此，研究所应承担停止侵权、赔偿杂志社损失的民事责任。《中华人民共和国著作权法》第四十八条规定："权利人的实际损失或者侵权人的违法所得不能确定的，由人民法院根据侵权行为的情节，判决给予50万元以下的赔偿。"本案中，杂志社未举证证明其实际损失和研究所的违法所得，综合考虑本案版式设计的费用、《中》及《汽》的售价、侵权时间、研究所侵权的主观过错等因素，法院决定由研究所给予杂志社80000元的赔偿并无不妥。

四、认定侵犯版式设计权利的法律思维。

版式设计审查的关注点在于排版格式，用以区别对美术作品的审查。知识产权案件难在专业术语的分析，由于此类纠纷往往涉及智力成果形成的权利，因此需要进行细致的观察，并与主张的相应著作权利关注点进行一一核实，同时还要结合生活经验和常理作出基本判断。当然每个案件都有其自身独特的特点，为掩盖侵权事实，侵权人往往会进行一定的改动，因此需要裁判者明察秋毫，更需要裁判者多年积累的经验和专业知识。此类案件在确定赔偿数额时往往需要运用司法裁量权，《最高人民法院关于民事诉讼证据的若干规定》第六十四条规定："审判人员应当依照法定程序全面、客观地审核证据，依据法律的规定，遵循法官职业道德，运用逻辑推理和日常生活经验，对证据有无证明力和证明力大小独立进行判断，并公开判断的理由和结果。”关于本案裁判侵权数额的认定即体现了上述法律规定的要求。

法律建议

我国著作权法对版式设计规定不多，随着出版行业的不断发展，与版式设计有关的著作权纠纷日益增多。因此，实践中应注意把握以下三点：

一、版式设计权的保护期限。

《中华人民共和国著作权》第三十六条规定：“出版者有权许可或者禁止他人使用其出版的图书、期刊的版式设计。 前款规定的权利的保护期为十年，截止于使用该版式设计的图书、期刊首次出版后第十年的 12 月 31 日。”

二、版式设计权的主体。

根据前述法律规定，版式设计保护的权利人主要是出版者，如果特别标注了不同于出版者的其他人，那么在无相反证据的情况下，应当将被标注的人认定为版式设计专有权利人。所谓出版者，《出版管理条例》第九条规定：“报纸、期刊、图书、音像制品和电子出版物等应当由出版单位出版。 本条例所称出版单位，包括报社、期刊社、图书出版社、音像出版社和电子出版物出版社等。法人出版报纸、期刊，不设立报社、期刊社的，其设立的报纸编辑部、期刊编辑部视为出版单位。”

三、网络环境下保护版式设计权的途径。

《信息网络传播权保护条例》第一条规定：“为保护著作权人、表演者、录音录像制作者的信息网络传播权，鼓励有益于社会主义精神文明、物质文明建设的作品的创作和传播，根据《中华人民共和国著作权法》，制定本条例。”第二十六条第一款规定：“信息网络传播权，是指以有线或者无线方式向公众提供作品、表演或者录音录像制品，使公众可以在其个人选定的时间和地点获得作品、表演或者录音录像制品的权利。”上述规定表明我国信息网络传播权的保护对象仅限于作品、表演或者录音录像制品。实践中，如果版式设计在网络上传播构成复制，出版社可以以侵犯复制权主张自己的权利。

22. 合理使用

——毕某诉某实验高级中学侵犯著作权纠纷案

基本案情

毕某为图书《红处方》的作者，对《红处方》享有著作权。该书经某出版社出版发行，定价为 24 元。网址为 http：//www.hbsz.cn、中文域名为某实验中学的网站，系某实验中学所有并实际维护管理的网站，该网站未经毕某的许可即登载《红处方》。2008 年 4 月 16 日，毕某的代理人林某在市公证处公证人员的监督下，使用公证处 201 室计算机，通过局域网登录互联网，进入“某实验中学”网站首页。公证书证明：林某在页面中右键点击“红处方”显示出页面，再点击“目标另存为”进入下载保存，并将文章内容保存于计算机。公证处未打印附后此操作显示出的页面，现场记录表述的“林杨在上述页面中右键点击‘红处方’显示出页面，再点击‘目标另存为’进入下载保存”，其中“红处方”和“目标另存为”字样未出现在公证文书所附的相应打印页面中。

毕某向法院起诉称：要求某实验中学立即停止侵权，公开赔礼道歉，赔偿经济损失及合理支出并承担诉讼费用。

被告某实验中学辩称：公证书所附页面第 2 页头部缺少属被告校内资源的字样，认为是未完整保存的页面，请求驳回原告的诉讼请求。

一审法院认为：毕某是《红处方》的著作权人，其权利应受法律保护。毕某提交的公证书所附《现场记录》中，关于某实验中学网站《红处方》阅读、下载操作的核心页面（即显示“目标另存为”的页面），公证处没有打印留存，不能与公证书所附《现场记录》的操作过程一一对应，无法显示从某实验中学网站上阅读、下载《红处方》的完整过程。证据保全公证非公证员亲自操作计算机，在上述核心页面缺失的情况下，公证书并不能证明下载《红处方》的客观过程。某实验中学抗辩其网站的数字图书馆需输入用户名和密码才能进入，庭审演示的结果是：进入实验中学网站不需要输入用户名和密码，但进入实验中学网站显示“实验中学—电子图书系统”页面后，“实验中学在线电子图书馆”标题下排列了包含“红处方”在内若干文学作品名称，点击“红处方”后出现页面显示需输入用户名和密码，不输入用户名和密码不能阅读和下载。因此，毕某称某实验中学网站登载《红处方》向网络不特定用户提供浏览或者下载服务的主张，证据不足。某实验中学作为以教学为目的的公益性教育机构，在其网站刊载《红处方》是为充实本校网站数字图书馆的内容，为学校教学供本校特定教研人员阅读和下载使用，并非以传播作品和获利为目的，也无证据证明学校以此获取了利益，且学校对数字图书馆的相关作品采取需输入用户名和密码的必要保密措施，限定了使用作品的人员范围，未将该用户名和密码进入公知领域产生损害结果。因此，某实验中学使用毕某公开发表的《红处方》的行为不具有违法性，主观亦无过错，属合理使用，未侵犯原告毕某的著作权，不应承担侵权责任。综上，一审判决驳回毕某的全部诉讼请求。

一审判决后，毕某不服，提起上诉。

二审法院改判，判决某实验中学立即停止侵犯毕某著作权的侵权行为；在当地日报上登报向毕某赔礼道歉（内容须经法院审核）；赔偿毕某经济损失 26000 元。

裁判解析

本案的争议焦点有以下三点：

一、关于本案侵犯著作权事实的认定。

《最高人民法院关于民事诉讼证据的若干规定》第二条规定：“当事人对自己提出的诉讼请求所依据的事实或者反驳对方诉讼请求所依据的事实有责任提供证据加以证明。没有证据或者证据不足以证明当事人的事实主张的，由负有举证责任的当事人承担不利后果。”

本案中，毕某主张某实验中学网站所载《红处方》作品向网络不特定用户提供浏览或者下载服务，提供了证据保全公证书。该公证书记载了侵权文件的属性，可以清楚地看到侵权作品所在某实验中学网站服务器的具体位置，应该能够作为认定本案事实的证据。《中华人民共和国民事诉讼法》第六十七条规定："经过法定程序公证证明的法律行为、法律事实和文书，人民法院应当作为认定事实的依据。但有相反证据足以推翻公证证明的除外。"据此，本案中毕某的代理人在公证时操作计算机，部分页面未打印，经审查公证书原件，此属毕某委托代理人提交的公证书复印件没有完整复印所致。故不能以此当然地否认该公证书的证明效力，该公证书能够客观地证明在实验中学网站上浏览、下载《红处方》作品的过程。但是，原审庭审演示查明，要在某实验中学网站看到毕某作品《红处方》的内容需要用户名和密码，该演示与毕某提供的公证书证明的本案事实并非同一时间点,是在毕某公证之后。因而，某实验中学提供的证据不足以推翻毕某提供的公证书的证明效力，故应依法认定某实验中学通过网站并向不确定的网络用户提供涉案作品浏览、下载服务的事实成立。

二、关于本案侵犯著作权法律的认定。

《中华人民共和国著作权法》第二十二条第一款第（六）项规定限定了合理使用的情况之一即为学校课堂教学或者科学研究，翻译或者少量复制已经发表的作品，供教学或者科研人员使用。这种课堂教学应限定于教师与学生在教室、实验室等处所进行的现场教学，并且是为上述目的少量复制，这样的复制不应超过课堂教学的需要，也不应对作者作品的市场传播带来损失。本案中，某实验中学将毕某的涉案作品登载在网络上，不构成用于课堂教学的合理使用行为，不属于法定许可的合理使用范畴。故其属于合理使用的抗辩主张，不能成立。从法律上被告某实验中学亦侵犯了原告毕某的著作权。

三、关于本案侵犯著作权赔偿责任的认定。

《中华人民共和国著作权法》第四十八条第一款规定："有下列侵权行为的，应当根据情况，承担停止侵害、消除影响、赔礼道歉、赔偿损失等民事责任；同时损害公共利益的,可以由著作权行政管理部门责令停止侵权行为,没收违法所得，没收、销毁侵权复制品，并可处以罚款；情节严重的，著作权行政管理部门还可以没收主要用于制作侵权复制品的材料、工具、设备等；构成犯罪的，依法追究刑事责任：（一）未经著作权人许可，复制、发行、表演、放映、广播、汇编、通过信息网络向公众传播其作品的，本法另有规定的除外。”赔礼道歉的方式是适用于著作人身权侵权的救济方式。本案中，某实验中学未经毕某许可，在网络上登载毕某的涉案作品，且未署名，并通过网络向不确定的网络用户提供涉案作品的浏览或下载服务，其行为对毕某所享有著作权中的署名权造成了侵害，侵害了毕某著作权中的人身权利，应承担赔礼道歉的民事责任。赔礼道歉的形式应和侵权的情节、后果等相适应，故法院确定对侵犯毕某著作人身权的救济方式是由实验中学向毕某公开赔礼道歉。《中华人民共和国著作权法》第四十九条规定：“侵犯著作权或者与著作权有关的权利的，侵权人应当按照权利人的实际损失给予赔偿；实际损失难以计算的，可以按照侵权人的违法所得给予赔偿。赔偿数额还应当包括权利人为制止侵权行为所支付的合理开支。权利人的实际损失或者侵权人的违法所得不能确定的，由人民法院根据侵权行为的情节，判决给予五十万元以下的赔偿。”最高人民法院《关于审理著作权民事纠纷案件适用法律若干问题的解释》第二十六条规定：“著作权法第四十八条第一款规定的制止侵权行为所支付的合理开支，包括权利人或者委托代理人对侵权行为进行调查、取证的合理费用。人民法院根据当事人的诉讼请求和具体案情，可以将符合国家有关部门规定的律师费用计算在赔偿范围内。”本案中，毕某不能提供其实际损失的证明，法院综合考虑涉案作品类型、侵权行为性质、侵权的影响范围和后果等情节，参照国家版权局有关出版文字作品报酬规定和收取费用的计算方法，酌情确定某实验中学赔偿毕某经济损失和制止侵权行为支出的合理费用共计 26000 元，是适当的。

本案一审裁判事实认定错误，法律适用不当，二审予以改判，认定事实清楚，适用法律恰当，有利于保护著作权人的权益。

法律建议

实践中，保护著作权人的财产权利，越来越受到重视，因此，应正确理解并执行《中华人民共和国著作权法》中关于合理使用的法律规定，防止侵犯著作权人的权利。在出现侵犯他人合法权益时，应该积极避免侵权事实的进一步扩大，尽量减少权利人的损失。

23. 著作权合理使用

——天长地久公司与正途公司著作权权属、侵权纠纷案

基本案情

2011 年 4 月 19 日，某省版权局颁发了作登字 2011-D-323-01 号《作品登记证书》,主要内容:作品名称《"第一 . 费加罗"主题摄影作品》,作品类型为摄影作品，著作权人为某省某某摄影有限责任公司（以下简称某摄影公司），作品登记日期为 2011 年 4 月 19 日。上述《作品登记证书》附有作品编号及内容，该作品系以影星徐某、何某为人物造型的系列婚纱、礼服摄影作品，收录编号为：跃动之夏 07、若拉的晨 23、紫色邂逅 04、纯蓝 - 仙都蕾拉的合子 9、夏奈尔 14 等摄影作品。

2013 年 9 月 30 日,正途公司(本案原告)与某摄影公司签订一份版权转让合同，就某摄影公司转让"第一 . 费加罗"主题摄影作品及其配套的明星动态广告片版权与正途公司达成协议。某摄影公司确认该协议签署时，其所有对外授权都已到期终止。2013 年 11 月 11 日,正途公司向某市版权局申领《著作权合同备案证书》,该证书载明：备案号某著合备字 -2013-0671 号；作品名称："第一 . 费加罗"主题摄影作品；受让人：正途公司；转让人：某摄影公司；合同性质：转让；权利种类：全部权利；合同期限：2013 年 10 月 1 日至版权保护终止日止。

2013 年 12 月 5 日,正途公司向某公证处申请证据保全。同日,在公证员黄某、工作人员娄某的监督下，正途公司委托代理人陈某在上述公证处通过公证处提供的电脑打开浏览器,登录网址搜索"天长地久徐某"并浏览相关网页;同时使用"屏幕录像专家"软件录制相关网页浏览过程的实时电脑屏幕显示,录制生成得到"录像 1exe"文件。其操作过程显示：点击百度搜索结果第二行，"亚洲巨星徐某、何

某震撼代言天长地久婚纱摄影”，显示“天长地久婚纱摄影”主页，在天长地久婚纱摄影栏目下有一则图文报道：亚洲巨星徐某、何某震撼代言天长地久婚纱摄影，并附五张题为“亚洲影视巨星徐某 & 何某代言天长地久婚纱摄影”以徐某、何某为人物造型的摄影作品。同时显示：POSTTIME2010-02-09 09：08 来源：天长地久婚纱摄影 HIT12366 次。尾部显示：天长地久公司版权所有。站点备案信息：某 ICP 备 06067162 号。在某部域名信息备案管理系统查询网站域名 tcdj.com 的主办单位为天长地久公司，备案许可证号某 ICP 备 09017461 号。某公证处就上述取证过程出具了（2013）东证经字第 22257 号公证书。该公证书同时记载对五个网站内容进行证据保全公证过程。

正途公司认为天长地久公司未经其同意，擅自在网站中使用其享有版权的摄影作品已构成侵权，故将其诉至法院，请求天长地久公司赔偿其经济损失等。

庭审中，经比对，上述公证取证涉案网页使用的五张名为“亚洲影视巨星徐某 & 何某代言天长地久婚纱摄影”的图片，其内容分别与正途公司主张权利的 5 个摄影作品内容一致，其中一张为若拉的晨 23 摄影作品的水平翻转。一审中，天长地久公司向法院提交 2010 年 1 月 20 日由博某公司与徐某出具的版权声明及肖像许可使用声明复印件，称徐某在 2010 年至 2012 年期间参与博某公司及其加盟企业推出的广告拍摄和参与博某公司及其加盟企业组织的与品牌相关的公关活动，博某公司及其加盟商有权在中国大陆地区播放所有的电视广告、平面广告及根据协议制作的宣传性商业资料，所有版权为博某公司独家及绝对的财产。博某公司对所拍摄制作的带有徐某肖像的婚纱礼服作品享有版权及合同有效期间拥有肖像使用权。正途公司对其真实性不予认可。

一审法院认为：依照法律规定，在作品或者制品上署名的自然人、法人或者其他组织视为著作权、与著作权有关权益的权利人，但有相反证明的除外；当事人提供的涉及著作权的著作权登记证书、取得权利的合同等，可以作为著作权权利的证据。综合案件事实，法院依法判决如下：一、天长地久公司应于判决生效之日起十日内赔偿正途公司经济损失 20000 元；二、驳回正途公司的其他诉讼请求。如果未按本判决指定的期间履行给付金钱义务，应当依照《中华人民共和国民事诉讼法》第二百五十三条之规定，加倍支付迟延履行期间的债务利息。案件受理费共计 250 元（已由正途公司交纳），由天长地久公司负担。

一审判决后，天长地久公司不服，提起上诉，请求撤销原判，依法驳回被上诉人的诉讼请求。二审法院经审理认为，原判认定事实清楚、适用法律正确。判决驳回上诉，维持原判。

裁判解析

本案的争议焦点包括以下两点：

一、天长地久公司使用涉案作品的行为是否构成侵权。

《中华人民共和国著作权法》第九条规定："著作权人包括：（一）作者；（二）其他依照本法享有著作权的公民、法人或者其他组织。"第十条规定："著作权包括下列人身权和财产权：……（五）复制权，即以印刷、复印、拓印、录音、录像、翻录、翻拍等方式将作品制作一份或者多份的权利；（六）发行权，即以出售或者赠与方式向公众提供作品的原件或者复制件的权利（七）出租权，即有偿许可他人临时使用电影作品和以类似摄制电影的方法创作的作品、计算机软件的权利，计算机软件不是出租的主要标的的除外；（八）展览权，即公开陈列美术作品、摄影作品的原件或者复制件的权利；（九）表演权，即公开表演作品，以及用各种手段公开播送作品的表演的权利；（十）放映权，即通过放映机、幻灯机等技术设备公开再现美术、摄影、电影和以类似摄制电影的方法创作的作品等的权利；（十一）广播权，即以无线方式公开广播或者传播作品，以有线传播或者转播的方式向公众传播广播的作品，以及通过扩音器或者其他传送符号、声音、图像的类似工具向公众传播广播的作品的权利；（十二）信息网络传播权，即以有线或者无线方式向公众提供作品，使公众可以在其个人选定的时间和地点获得作品的权利……著作权人可以许可他人行使前款第（五）项至第（十七）项规定的权利，并依照约定或者本法有关规定获得报酬。"

根据上述法律规定，在作品或者制品上署名的自然人、法人或者其他组织视为著作权、与著作权有关权益的权利人，但有相反证明的除外。本案中，2011 年

4 月 19 日，某省版权局出具《作品登记证书》，证明某摄影公司为《“第一 . 费加罗”主题摄影作品》的著作权人。《“第一 . 费加罗” 主题摄影作品》收录了涉案五幅摄影作品。2013 年 9 月 30 日，正途公司以版权转让的方式从某摄影公司处继受取得涉案五幅摄影作品的著作权，包括但不限于复制权、发行权、信息网络传播权等，且某摄影公司将涉案作品自完成之日起至 2013 年 10 月 1 日止期间的侵权维权权利、诉讼权利一并转让给正途公司，正途公司有权以自己的名义对侵权行为主张权利。因此，在天长地久公司未能举证相反证据证明的情况下，正途公司为涉案五幅摄影作品的著作权人。

涉案五幅摄影作品经公开发表后，天长地久公司有条件接触到上述摄影作品。在未经权利人正途公司许可的情况下，天长地久公司在其主办的公司网站上发布五张摄影图片进行广告宣传，经比对该五张图片与权利人所主张的五幅摄影作品相同，属同一作品，其行为侵害了正途公司的信息网络传播权。

至于天长地久公司主张其使用在先，正途公司获得作品权利在后，因此不存在需要正途公司许可的问题，基于天长地久公司使用涉案摄影作品虽在正途公司获得作品权利之前，但天长地久公司的侵权行为持续进行到正途公司获得作品权利之后，即在正途公司经继受取得涉案摄影作品的著作权后，天长地久公司仍在实施侵害其作品信息网络传播权的行为。同时根据某摄影公司与正途公司签订的《版权转让合同》，某摄影公司将涉案作品自完成之日起至 2013 年 10 月 1 日止期间的侵权维权权利、诉讼权利一并转让给正途公司。根据《著作权合同备案证书》显示，该《版权转让合同》的期限为 2013 年 10 月 1 日至版权保护终止日止。由此可知，正途公司有权就涉案作品自完成之日起至版权保护终止之日止，以自己的名义就他人对涉案作品实施的侵权行为主张权利。故天长地久公司主张其无需经过正途公司许可使用涉案摄影作品的理由不能成立，其未经许可使用的行为侵害了正途公司的信息网络传播权。

二、天长地久公司使用涉案摄影作品是否构成合理使用。

著作权合理使用是重要的著作权限制机制，它是指在特定的条件下，法律允许他人自由使用享有著作权的作品，而不必征得权利人的许可，不向其支付报酬的合法行为。著作权法中的合理使用，从著作权人方面来看，是对其著作权范围的限定；从著作权人以外的人（即使用者）方面来看，则是使用他人作品而享有利益的一项权利。根据我国著作权法第二十二条的规定，合理使用应包括五层含义：一是使用要有法律依据，二是使用是基于正当理由，三是不需经作者与著作权人同意，四是不支付报酬，五是不构成侵权，是合法行为。

本案中，天长地久公司以《版权声明》和《肖像权许可使用声明》为据主张其发布涉案摄影作品的行为属于合理使用，并为此支付了作品使用费 15 万元，但该两份证据并未授权天长地久公司使用涉案五幅摄影作品，且天长地久公司在一、二审期间均未能提交两份证据的原件，正途公司对复印件的真实性又不予认可，而天长地久公司所述的作品使用费亦无法证明与本案的关联性，故天长地久公司的合理使用主张不能成立。

综上，本案法院判决正确无误。

法律建议

著作权合理使用制度是指在某些情况下使用在著作权保护范围内的作品，未经著作权人许可，不需向其支付费用的制度。然而，当今数字网络技术的迅速发展，使得区分合理使用与著作权侵权比较困难。现实中，网络上存在着大量的私人复制行为，与商业复制界限模糊，并且具有分散性和隐蔽性的特点，因此，在遭遇侵犯著作权时，应注意区分著作权合理使用以及著作权侵权行为的界限。

特别提示

《最高人民法院关于审理著作权民事纠纷案件适用法律若干问题的解释》与 2010 年 2 月 26 日修正的《中华人民共和国著作权法》条款相冲突时，应依据后者。

24. 侵犯著作财产权

——宋氏企业公司诉乙出版社、某传媒连锁有限公司侵犯著作财产权纠纷案

基本案情

1958 年 9 月至 1966 年 10 月间，案外人熊某与甲出版社代表人宋乙签订《著作物权让与契约》六份，约定将《孤星传》、《玉骨传》(后更名为《湘妃剑》)、《铁血传奇》(后更名为《楚留香传奇》)、《情人箭》、《浣花洗剑录》、《大旗英雄传》六部著作的“著作权及一切权利”让与甲出版社，涉案作品用熊某之笔名“古龙”发表。双方还对“稿费”等事宜进行了约定。1982 年 8 月至 1986 年 1 月间，涉案作品中的 5 部作品著作财产权人变更为宋丙。

1995 年 12 月 2 日，乙出版社与甲出版社签订《协议书》，达成如下协议：甲出版社拥有涉案作品的著作权，乙出版社在 1995 年 3 月，未经许可，擅自出版的行为，侵犯了甲出版社的著作权，表示赔礼道歉，并即刻终止侵权行为，补交版税人民币 235000 元，该《协议书》有甲出版社负责人、案外人罗某的签字及乙出版社所盖公章。

1996 年 12 月 30 日，宋丙、甲出版社与宋氏企业公司签订《著作权让与契约书》，包括本案涉案作品 6 部。

尽管甲、乙出版社于 1995 年 12 月 2 日签订了协议书，但 2006 年 4 月 27 日、2007 年 11 月 27 日，宋氏企业公司却仍然先后在某传媒连锁有限公司下属的书城南京东路店及位于福州路 465 号的书城，购得乙出版社出版的《古龙作品集》各一套，单价人民币 1300 元整，其中包含本案涉案作品 6 部 13 册。

宋氏企业公司遂向法院起诉，请求判令被告乙出版社立即停止侵权、销毁侵

权产品并在报纸上向原告公开赔礼道歉；赔偿原告经济损失人民币532600元和因制止侵权而支出的合理费用人民币30000元；被告某传媒连锁有限公司对经济赔偿及合理费用的支出承担连带责任。

被告乙出版社辩称：已经尽了合理的注意义务，与案外人我国台湾省“古龙著作管理发展委员会”、“古龙著作发展工作室”的授权代表案外人赵某签订了《古龙作品集》的图书出版合同。

被告某传媒连锁有限公司辩称：该公司并不明知涉案图书侵权，且有合法来源。

一审法院认为：被告乙出版社、被告某传媒连锁有限公司应立即停止对原告宋氏企业公司享有的6部作品著作权的侵害；被告乙出版社向原告赔偿经济损失及合理开支总计人民币400000元。

被告乙出版社不服，提起上诉。二审期间，双方和解，被告撤回上诉。

裁判解析

本案的争议焦点有以下三点：

一、涉案作品的著作财产权归属问题。

《中华人民共和国著作权法》（2001年）第十条第三款规定：“著作权人可以全部或者部分转让本条第一款第（五）项至第（十七）项规定的权利，并依照约定或者本法有关规定获得报酬。”即著作权人可以全部或部分转让包括复制权、发行权在内的著作财产权，并获得报酬。

本案中，涉案作品的作者熊某（即古龙）将涉案作品的著作财产权利转让予甲出版社，后者又将上述权利转让予本案原告宋氏企业公司，原告因此获得涉案作品的著作财产权利，因此其相关权益应受法律保护。

二、被告乙出版社是否构成侵权问题。

未经著作权人许可，复制、发行其作品的，构成侵权。

本案中，被告乙出版社与甲出版社签订的《协议书》证明被告乙出版社明知其出版的涉案作品的著作权并不属于古龙著作管理发展委员会、古龙著作管理发展工作室所有，在签订《图书出版合同》前，被告乙出版社作为专业的出版机构完全有能力也有义务，审核古龙著作管理发展委员会、古龙著作管理发展工作室对于涉案作品是否享有著作权，但未开展相关审查工作，因此被告乙出版社未经涉案作品的著作权人许可，复制、发行其作品，侵权故意明显，其行为构成对原告著作权之侵权。

三、两被告应当承担的法律责任问题。

《中华人民共和国著作权法》（2001 年）第四十八条（修改后第四十九条）规定："侵犯著作权或者与著作权有关的权利的，侵权人应当按照权利人的实际损失给予赔偿；实际损失难以计算的，可以按照侵权人的违法所得给予赔偿。赔偿数额还应当包括权利人为制止侵权行为所支付的合理开支。权利人的实际损失或者侵权人的违法所得不能确定的，由人民法院根据侵权行为的情节，判决给予五十万元以下的赔偿。"据此，法院根据作品的类型、知名度、被告的过错、侵权产品的数量、侵权行为的持续时间及原告为制止侵权行为的合理开支等因素来综合确定赔偿数额。

被告某传媒连锁有限公司销售侵权作品，其行为亦构成对原告著作权之侵犯，但其向法庭提供了所销售图书的合法来源，依法承担停止销售侵权产品的民事责任即可，不必承担赔偿责任。公开赔礼道歉是在人身权遭受侵害情况下的民事责任的承担方式，本案不涉及人身权，故原告该项诉讼请求，缺乏法律依据。

书店销售侵权作品的，其行为一定程度上为侵权行为目的的实现提供了便利。但是，在商品社会中，如果不加区分地对销售行为加以处罚，则不利于市场经济的发展。因此，只要书店没有主观上的故意，并提供了所售图书的合法来源，则应当只要求其承担停止销售侵权作品的责任，免除其赔偿权利人损失的责任。

法律建议

实践中，越来越多的著作权人懂得拿起法律武器维护自己的合法权益，值得鼓励。各类市场营销主体应注意保存能够证明所销售图书等来源合法的证据，否则，发生著作权侵权纠纷时，不仅须依法承担停止销售侵权产品的民事责任，还必须承担赔偿责任。

25. 职务作品

——某电影制片厂诉某文化传播有限公司等著作权纠纷案

基本案情

1945年，张某某创作漫画《西游漫记》，该作品共60幅，作品中孙悟空的形象为：头戴紧箍咒，颈围淡绿围巾，身着鹅黄上衣，腰束虎皮短裙，下穿大红裤子，足蹬一双黑靴。脸部图形为椭圆形，面部正中为心形红印，向上为弧形黑色眉毛，眼眶周围为一圈金黄色。1960—1964年，某电影制片厂根据《西游记》中的精彩段落“大闹天宫”创作完成了动画影片《大闹天宫》。其间，某电影制片厂邀请张某某参与影片形象设计，影片中的孙悟空人物形象与《西游漫记》大体一致。2001年6月18日，某电影制片厂与某文化传播公司签订电影放映权授让合同，约定某电影制片厂将动画片《大闹天宫》在美国的独家电影放映权授让给某文化传播公司，授权期限5年，自2001年8月1日至2006年7月31日。2008年4月14日，某文化传播有限公司法定代表人汤某以某文化传播有限公司为著作权人，在某省版权保护联合会自愿登记wukong系列卡通形象；2009年1月13日，某文化传播有限公司向国家商标总局申请在第25类以wukong形象注册了商标，并以营利为目的销售了印有wukong商标的商品。

原告某电影制片厂诉称：原告系动画影片《大闹天宫》的制作人，依法享有《大闹天宫》孙悟空人物形象美术作品的著作权。原告于2001年6月与被告某文化传播公司签订过一份电影放映权授让合同，将动画片《大闹天宫》在美国的独家电影放映权授让给某文化传播公司。2008年，原告发现被告某文化传播公司在其自有网站上擅自使用孙悟空人物形象及改编自该形象的众多变形形象，还将孙悟空人物形象申请注册为商标并授权许可被告某鞋业公司生产悟空牌童鞋。被告某服饰公司系由被告某文化传播公司投资设立，该公司主办了域名为 www.wukongkids.com 的网站，并在全国范围设立了销售代理商，在网站上和各地代理网点推销某鞋业公司生产的侵权产品，销售规模巨大。被告某贸易公司、某贸易发展公司共同实施了销售侵权产品的行为。被告某文化传播公司、某服饰公司、某鞋业公司、某贸易发展有限公司、某贸易公司还通过媒体和各自的网站在各种展销会、宣传会等大型活动中宣传、扩散侵犯原告著作权的行为，构成共同侵权。据此，要求各被告赔偿原告 515 万元，并支付因诉讼产生的合理费用。

某文化传播公司、某服饰公司、某鞋业公司辩称：孙悟空人物形象美术作品系由张某某设计，著作权归属于张某某，原告没有诉讼主体资格。被告设计的“悟空”卡通人物形象与原告主张权利的《大闹天宫》中的“孙悟空”人物形象不同，被告依法拥有“悟空”卡通人物形象的商标权和版权，被告没有侵犯原告享有的著作权。

某贸易发展有限公司、某贸易公司辩称：某贸易公司系商场的经营者，其将商场店铺出租给某贸易发展有限公司从事经营活动，某贸易发展公司销售的童鞋产品，进货渠道清楚，具有合法来源，依法不应当承担赔偿责任。

一审法院认为：首先，某电影制片厂依法享有本案的诉讼主体资格。理由是：张某某进行孙悟空动画人物形象的设计系为完成某电影制片厂《大闹天宫》动画影片的制作任务，该任务形象的定稿人严某某出具书面材料确认了孙悟空动画人物形象的著作权人为某电影制片厂，故《大闹天宫》动画影片中孙悟空人物形象的著作财产权应当由张某某和某电影制片厂共同享有。其次，某文化传播公司、某服饰公司、某鞋业公司的行为确实侵犯了某电影制片厂的著作权。理由是：张某某和某电影制片厂创作完成动画影片《大闹天宫》孙悟空人物形象的时间是在1960—1961 年，远远早于某文化传播公司法定代表人汤某设计完成 wukong 系列卡通形象的时间。经庭审比对，某文化传播公司和某鞋业公司网站上出现的孙悟空人物形象以及某贸易发展公司销售的悟空童鞋包装盒及挂件上的孙悟空人物形象与某电影制片厂主张保护的《大闹天宫》中的孙悟空人物形象在人物体貌、服饰特点等主要特征方面基本相同。综上，一审法院判决：某文化传播公司、某服饰公司、某鞋业公司、某贸易发展有限公司、某贸易公司于判决生效之日起停止对某电影制片厂享有的美术作品财产权的侵害；酌情确定，某文化传播有限公司、某服饰公司、某鞋业公司赔偿某电影制片厂的经济损失及合理开支50万元；依法驳回原告的其他诉讼请求。

某文化传播有限公司不服一审法院上述民事判决，向高级人民法院提起上诉。

二审法院经审理认为，原审法院的判决并无不当，判决驳回上诉，维持原判。

裁判解析

本案的争议焦点有以下两点：

一、职务作品的著作权归属。

《中华人民共和国著作权法》第十一条规定："由法人或者其他组织主持，代表法人或者其他组织意志创作，并由法人或者其他组织承担责任的作品，法人或者其他组织视为作者。如无相反证明，在作品上署名的公民、法人或者其他组织为作者。"据此，构成法人或者其他组织作品的要件有：一、必须由单位主持；二、作品必须代表单位意志；三、因作品产生的责任必须由单位承担；四、法人作品必须由法人署名，不能由别人署名。

《中华人民共和国著作权法》第十六条规定："公民为完成法人或者其他组织工作任务所创作的作品是职务作品，除本条第二款的规定以外，著作权由作者享有，但法人或者其他组织有权在其业务范围内优先使用。作品完成两年内，未经单位同意，作者不得许可第三人以与单位使用的相同方式使用该作品。有下列情形之一的职务作品，作者享有署名权，著作权的其他权利由法人或者其他组织享有，法人或者其他组织可以给予作者奖励：（一）主要是利用法人或者其他组织的物质技术条件创作，并由法人或者其他组织承担责任的工程设计图、产品设计图、地图、计算机软件等职务作品；（二）法律、行政法规规定或者合同约定著作权由法人或者其他组织享有的职务作品。"据此，职务作品的主要构成要件包括以下几点：一、作品的创作者是单位以签订合同的形式聘请的，或者作者虽然没有与单位签订书面劳动合同，但在事实上，却存在雇佣关系。此处的单位可以是法人，也可以是其他组织。二、作者所创作的作品，应属于工作任务，须属于作者的正常工作职责。这里的“工作任务”，指的是劳动者根据劳动合同规定或者单位指派而应当履行的职责。三、职务作品的内容应当包含作者的自由意志，系作者根据自身的价值观和写作水平进行独创性的创作，职务作品虽然是依照劳动者的工作性质所创造出来的，但是也应具备作品的一般属性——独创性。如果作品的创作所依据的仅仅是单位意志，没有体现作者的独创性，这样的成果不能称为职务作品。

本案中，某电影制片厂主张保护的是动画影片《大闹天宫》孙悟空人物形象的著作权，该人物形象系动画造型，属于美术作品的范畴。根据某电影制片厂提供的相关证据，该美术作品设计者为张某某。某电影制片厂在制作《大闹天宫》动画影片时，邀请了张某某作为工作人员参与了动漫中孙悟空人物形象的设计。某电影制片厂制作的动画电影《大闹天宫》中孙悟空人物形象的最终定稿由某电影制片厂职工严某某完成，最终定稿的孙悟空动画人物形象与张某某在《西游漫记》中创作的孙悟空漫画人物形象在人物造型、服饰装扮等方面基本要素相同，反映出创作思路的承继性，且张某某、严某某进行孙悟空动画人物形象的设计均系为完成某电影制片厂《大闹天宫》动画影片的制作任务，而严某某已明确表示该作品的著作财产权归属于某电影制片厂，故法院认为《大闹天宫》动画影片中孙悟空人物形象的著作财产权应当由张某某和某电影制片厂共同享有，符合上述法律规定。

二、著作权的侵权责任承担。

《中华人民共和国著作权法》第四十九条规定 ：“侵犯著作权或者与著作权有关的权利的，侵权人应当按照权利人的实际损失给予赔偿 ；实际损失难以计算的，可以按照侵权人的违法所得给予赔偿。赔偿数额还应当包括权利人为制止侵权行为所支付的合理开支。权利人的实际损失或者侵权人的违法所得不能确定的，由人民法院根据侵权行为的情节，判决给予五十万元以下的赔偿。”某电影制片厂主张根据三被告的违法所得予以赔偿，其诉请的 515 万元是三被告销售涉案童鞋的利润，但是，本案系侵害著作权纠纷，某电影制片厂不能将涉案童鞋销售利润直接作为复制、发行美术作品所获得的利润，因此，一审法院驳回了原告要求某文化传播公司、某鞋业公司、某服饰公司赔偿515万元的诉讼请求。根据著作权法第四十九条及相关司法解释的规定，著作权权利人的实际损失或者侵权人的违法所得不能确定的，由人民法院根据侵权行为的情节，判决给予五十万元以下的赔偿。本案中，某电影制片厂的涉案孙悟空人物形象美术作品知名度极高，市场价值巨大，在无证据证明某电影制片厂因侵权所受到的实际损失，也无证据证实侵权人的实际获利的情况下，法院根据本案作品的类型、知名度、市场价值以及侵权行为的性质、情节和后果、权利人为制止侵权而支出的合理费用等因素，酌情确定本案赔偿金额和合理费用共计50万元，符合事实和法律的规定。

《中华人民共和国著作权法》第五十三条规定："复制品的出版者、制作者不能证明其出版、制作有合法授权的，复制品的发行者或者电影作品或者以类似摄制电影的方法创作的作品、计算机软件、录音录像制品的复制品的出租者不能证明其发行、出租的复制品有合法来源的，应当承担法律责任。"本案中，某贸易发展公司提供的代销合同证明，某服饰公司作为甲方与某贸易发展公司作为乙方签订代销合同，双方约定由乙方在其门店销售甲方"wukong"品牌的童鞋；还约定甲方应将营业执照、税务登记证、组织机构代码证、质量检测证、商标注册证复印件加盖公章后提供给乙方，某贸易发展公司销售悟空童鞋来源于某服饰公司的授权，涉案悟空童鞋包装盒正面左上角标有"悟空形象由某传播机构授权"，相关商标则由某文化传播有限公司申请注册。因此，某贸易发展公司已经尽到了善意的注意义务，能够证明其销售的产品的合法来源，无需承担因前手的侵权行为产生的法律后果。据此，法院判决某贸易发展公司免于承担侵权责任，符合法律的规定。某贸易公司系商铺出租方，未实施著作权人专有权利控制的行为，故某电影制片厂有关某贸易公司侵犯著作权的主张不能成立。

法律建议

职务作品是指公民为完成法人或者其他组织工作任务所创作的作品。职务作品的构成要件有二：第一，作品的作者同单位之间必须是一种职务性的上下级关系，即劳动法（例如公司员工与公司之间的）或者类似劳动法（例如国家公务员同国家机关或者事业单位之间的）法律关系；第二，作品必须是履行单位工作任务的结果。根据上述《中华人民共和国著作权法》第十六条的规定，利用法人或者非法人单位的物质技术条件创作，并由法人或者非法人单位承担责任的工程设计、产品设计图纸及其说明、计算机软件、地图等职务作品以及法律、行政法规或者合同约定著作权由法人或者非法人单位享有的职务作品，著作权由单位享有，作者享有署名权。除上述两种情况以外，职务作品的著作权均归作者个人享有。但是，在作者向单位交付作品之日起的两年内，未经单位同意，作者不得许可第三人以与单位使用的相同方式使用该作品。但如果在作品完成两年内，单位在其业务范围内不使用的，作者可以要求单位同意由第三人以与单位使用的相同方式使用其作品，单位没有正当理由不得拒绝。在作品完成两年内，经单位同意，作者许可第三人以与单位使用的相同方式使用作品所获报酬，作者可与单位按约定比例分配。

26. 公证效力

——某文化创意有限公司与某音像著作权集体管理协会著作权纠纷案

基本案情

某唱片公司出版、某音像著作权集体管理协会监制的《流行歌曲经典·中国音像著作权集体管理协会会员作品精选集（第一辑）》收录了著作权人为甲国际文化传播有限公司的六首音乐电视作品和著作权人为乙国际文化传播公司的六首音乐电视作品，专辑的包装盒上标注了“某唱片公司出版”、“ISRC CN-A01-11-374-00/V.J6”及“本出版物内音乐电视作品的全部著作权分别归属于本出版物内页所标示的著作权人所有，未经许可，均不得使用，违者必究”等字样。2010年5月17日，某音像著作权集体管理协会与甲国际文化传播有限公司签订《音像著作权授权合同》一份。2009年12月16日，某音像著作权集体管理协会与乙国际文化传播有限公司签订《音像著作权授权合同》一份。上述两份合同均约定将本公司依法拥有的音像节目的放映权、出租权、复制权、广播权信托给某音像著作权集体管理协会；某音像著作权集体管理协会有权以自己的名义向侵权使用者提起诉讼；合同自签订之日起生效，有效期为三年，至期满前六十日未以书面形式提出异议，合同自动续展三年，之后亦照此办理。现某文化创意有限公司擅自以营利为目的，在其经营的场所内以卡拉OK方式向公众放映相关MTV音乐电视作品，侵犯了某音像著作权集体管理协会的合法权益。

某音像著作权集体管理协会向法院起诉称：其为涉案作品的著作权人，有权以自己的名义就本案被控侵权行为提起民事诉讼，是适格的原告。某文化创意有限公司在未经权利人许可的前提下，以营利为目的，擅自在其经营的场所内以卡拉 OK 的方式向公众放映涉案作品。该协会委托某市公证处对某文化创意有限公司经营性放映上述十二首音乐电视作品（以下简称涉案作品）的相关情况进行了证据保全。故要求被告某文化创意有限公司赔偿经济损失及合理费用。

某文化创意有限公司答辩称：公证点播的十二首歌曲中，有一首与某音像著作权集体管理协会主张权利的同名作品画面不同，对其他十一首作品的画面内容与某音像著作权集体管理协会主张权利的同名作品画面相同不持异议。

一审法院认为：根据涉案专辑光盘以及外包装盒、内页的署名，涉案音乐电视作品的著作权人分别为某文化传播有限公司和某国际文化传播有限公司，根据某音像著作权集体管理协会与两公司签订的《音像著作权授权合同》，某文化传播有限公司和某国际文化传播有限公司将其音乐电视作品的放映权等权利以专有方式授权给某音像著作权集体管理协会行使，且某音像著作权集体管理协会有权以自己的名义向侵权使用者提起诉讼。因此，某音像著作权集体管理协会对涉案音乐电视作品享有放映权，其诉讼主体适格，有权以自己的名义就本案被控侵权行为提起民事诉讼。且经对比，某文化创意有限公司答辩中主张的歌曲的画面与某音像著作权集体管理协会主张权利的同名作品画面相同。某文化创意有限公司未经权利人许可，以营利为目的，在其经营的 KTV 中向公众提供点播涉案音乐电视作品的服务，侵犯了某音像著作权集体管理协会对涉案音乐电视作品享有的放映权，应当承担停止侵权、赔偿损失的民事责任。综上，判决如下：一、某文化创意有限公司立即停止向公众提供点播涉案音乐电视作品的服务，并从曲库中删除上述音乐电视作品；二、某文化创意有限公司赔偿某音像著作权集体管理协会经济损失（含诉讼合理支出）5040 元，自本判决生效之日起七日内履行完毕；三、驳回某音像著作权集体管理协会的其他诉讼请求。

某文化创意有限公司不服一审判决，提起上诉。

某文化创意有限公司上诉称：某音像著作权集体管理协会提交的公证书中，委托人黄某的身份违法，并非本案某音像著作权集体管理协会的委托代理人所在的某律师事务所的工作人员，某律师事务所不应当委托黄某作为申请人申请公证，某文化创意有限公司已经提出了书面的公证复查申请。

二审法院认为：公证书的内容可以作为认定事实的依据。某文化创意有限公司虽然对某音像著作权管理协会提交的公证书的公证程序提出异议，认为办理保全证据的委托代理人黄某并非某律师事务所的律师，该公证行为无效。但是，经二审法院审查认为，某音像著作权集体管理协会委托的某律师事务所与公证事项存在利害关系，其在申请公证时委托他人代理，符合公证程序规则的规定。因此，原审判决并无不当，二审法院于2015年5月6日作出判决：驳回上诉，维持原判。

裁判解析

本案的争议焦点有以下三点：

一、公证的程序问题。

我国《公证程序规则》第九条规定："公证当事人是指与公证事项有利害关系并以自己的名义向公证机构提出公证申请，在公证活动中享有权利和承担义务的自然人、法人或者其他组织。"《公证程序规则》第十一条规定："当事人可以委托他人代理申办公证，但申办遗嘱、遗赠扶养协议、赠与、认领亲子、收养关系、解除收养关系、生存状况、委托、声明、保证及其他与自然人人身有密切关系的公证事项，应当由其本人亲自申办。"据此，本案中，某音像著作权集体管理协会委托某律师事务所代为办理公证事宜，且该公证事宜并非《公证程序规则》第十一条规定的与自然人人身有密切关系的事项，被授权人即取得了代为办理公证事宜的权利。

《中华人民共和国民法通则》第六十八条规定："委托代理人为被代理人的利益需要转托他人代理的，应当事先取得被代理人的同意。事先没有取得被代理人同意的，应当在事后及时告诉被代理人，如果被代理人不同意，由代理人对自己所转托的人的行为负民事责任，但在紧急情况下，为了保护被代理人的利益而转托他人代理的除外。"本案中，由于某音像著作权集体管理协会与公证事项本身存在利害关系，某律师事务所作为代为办理公证事宜的代理人，为了被代理人的需要委托非本单位执业律师黄某代为办理公证事宜，符合民法通则、公证程序规则的规定。

二、某公证处出具的公证书的效力问题。

《最高人民法院关于审理著作权民事纠纷案件适用法律若干问题的解释》第八条规定："当事人自行或委托他人以定购、现场交易等方式购买侵权复制品而取得的实物、发票等，可以作为证据。"《中华人民共和国公证法》第三十六条规定："经公证的民事法律行为、有法律意义的事实和文书，应当作为认定事实的根据，但有相反证据足以推翻该项公证的除外。"据此，公证文书法定证据效力的直接性应理解为"推定的证据力"，即本案中公证机构提供在某文化创意有限公司经营的营利性场所消费的发票，并能够出具当天消费时产生的公证书，且公证书中所附录音录像的部分片段与某音像著作权集体管理协会享有著作权的十二首音乐作品的相应部分完全一致，某文化创意有限公司又无法提出相反证据推翻该公证事实，故法院应当驳回某文化创意有限公司的上诉请求。

三、《音像著作权授权合同》能否证明某音像著作权集体管理协会的著作权人资格。

首先，根据著作权法第十条之规定，著作权人可以全部或者部分授权他人行使或转让包括复制权、放映权等在内的十三项财产权，并按照协议获得报酬。本案中，著作权人与某音像著作权集体管理协会分别签订《音像著作权授权合同》，约定某音像著作权集体管理协会在合同有效期内，享有本案讼争的十二首歌曲的放映权、复制权，因此该协议有效。

其次，《中华人民共和国著作权法》第八条规定："著作权人和与著作权有关的权利人可以授权著作权集体管理组织行使著作权或者与著作权有关的权利。著作权集体管理组织被授权后，可以以自己的名义为著作权人和与著作权有关的权利人主张权利，并可以作为当事人进行涉及著作权或者与著作权有关的权利的诉讼、仲裁活动。"《著作权集体管理条例》第二条规定："本条例所称著作权集体管理，是指著作权集体管理组织经权利人授权，集中行使权利人的有关权利并以自己的名义进行的下列活动：（一）与使用者订立著作权或者与著作权有关的权利许可使用合同（以下简称许可使用合同）；（二）向使用者收取使用费；（三）向权利人转付使用费；（四）进行涉及著作权或者与著作权有关的权利的诉讼、仲裁等。"

本案中，在协议本身没有侵犯国家、集体和任何第三人合法权益的前提下，《音像著作权授权合同》已经明确某音像著作权集体管理协会有权以自己的名义向侵权使用者提起诉讼。据此，某音像著作权集体管理协会以著作权人的身份，要求某文化创意有限公司承担侵权责任，符合法律规定。

法律建议

实践中，委托第三方办理公证事宜，固定相关的证据材料，并通过提起民事诉讼的方式维护自身享有的著作权，值得肯定。但在维护自身合法权益时，切勿仅关注实体而忽略了程序，在收集实体性证据时，务必使用符合程序性规定的方式，以规避可能由此产生的不必要的法律风险。

27. 涉及著作权的证据

——刘某等与某越剧院等侵害著作权纠纷案

基本案情

原告刘某等为越剧编剧刘某某之子，刘某某生于1921年、卒于1989年。刘某等主张，《梁山伯与祝英台——记得草桥两结拜》、《梁山伯与祝英台——回十八》、《梁山伯与祝英台——山伯临终》、《梁山伯与祝英台——我家有个小九妹》、《梁山伯与祝英台——记得草桥两结拜》等五部作品（以下简称"涉案作品"）的著作权人系刘某某。但是，2005年5月27日，某越剧院与某音像有限公司联合录制并交由某出版社出版发行的《某越剧院建院五十周年——流派唱腔荟萃》十片装CD并附有唱词，唱词署名均为"改编：徐某"。原告刘某等认为，某越剧院、某音像有限公司、某出版社的行为侵犯了刘某某的署名权、表演权及获得报酬权，遂起诉。

原告刘某等诉称：刘某某系涉案作品的著作权人，应当依法享有上述作品的署名权、表演权及获得报酬权。原告刘某等提供了下列证据证明自己的诉讼主张：一、1950年，某越艺社演出《梁祝哀史》时，任编导一职的系刘某某。二、1951年11月5日，某出版社出版的《戏曲报》刊登了《梁山伯与祝英台》剧本全文，对创作过程的介绍是：该剧本系根据原剧本及刘某某改编本集体汇编而成，该剧本基本上根据越剧原来的本子改编而成，其中，也还保存和发展了刘某某剧本中的优秀部分。三、1951年12月1日，某出版社出版的《人民文学》上也刊登了前述《梁山伯与祝英台》越剧剧本（文字上有细微的差别），剧本署名为刘某某改编。四、1952年1月11日出版的《文汇报》副页第四版上记载道："某越剧院的戏，是刘某某编导的。"五、某越剧院保存的档案材料中，标明立卷年份为1954年的档案中有某剧团记录本《梁祝哀史》；刘某某改编的《梁祝哀史》；某戏曲研究院编审室在刘某某改编的《梁祝哀史》基础上再次进行改编的《梁山伯与祝英台》三个剧本的对照本。六、1994—2004 年期间，其他案外人的回忆文章及相关选段。

被告某越剧院、某出版社、某音像有限公司辩称：原告诉请中主张被控侵权 CD 中的几个唱段的内容系刘某某所创作依据尚不充分。

一审法院认为：三被告制作、发行的《某越剧院建院五十周年——流派唱腔荟萃》十片装 CD 中，收录了越剧《梁祝》中的涉案作品的几个唱段。判断三被告是否侵权，首先需要查明上述几个唱段是否属于原告之父刘某某所创作，或者是否使用了刘某某创作的作品中具有独创性的部分。首先，《人民文学》上所刊剧本并非刘某某所创作，且与刘某某的改编本有较大差异，因而即便被控侵权 CD 中的唱词与《人民文学》所刊剧本中部分内容实质性相似，也需要进一步考察所使用的内容是否属于刘某某所独创。其次，刘某某的改编本应当是在已有《梁祝》作品基础上的再创作，因而还需要考察《人民文学》所刊剧本之前的其他《梁祝》作品的内容，才能够确定被控侵权的唱段是否源自于刘某某的独创。第三，以前述两方面认识为基础，结合在案的其他证据，尚难以认定与被控侵权 CD 上的五个唱段相关的内容系刘某某所创作。最后，原告提交的其他证据，如案外人的回忆文章等，只能证明刘某某曾经改编过越剧《梁山伯与祝英台》，而不能证明刘某某创作的具体内容。虽然有部分案外人在文章中提到刘某某对改编《梁祝哀史》的贡献，但是这些证据都不能说明刘某某改编本的具体内容，不能说明刘某某到底在哪些部分对越剧《梁祝》剧本具有创造性的贡献，更不能进一步说明本案中被控侵权 CD 中的唱词是否是复制、抄袭、援用、修改或借鉴了刘某某的创作。综上所述，一审法院认为，本案中，刘某等提供的证据不足以证明某越剧院、某音像有限公司、某出版社的行为侵犯了刘某某的署名权、表演权及获得报酬权，故驳回了原告刘某等的全部诉讼请求。

一审判决后，刘某等不服一审法院上述民事判决，向高级人民法院提起上诉。

二审法院经审理认为，原审法院的判决并无不当，判决驳回上诉，维持原判。

裁判解析

本案的争议焦点有以下两点：

一、涉案作品是否为著作权法保护的作品。

《中华人民共和国著作权法实施条例》第二条规定："著作权法所称作品，是指文学、艺术和科学领域内具有独创性并能以某种有形形式复制的智力成果。"第三条规定："著作权法所称创作，是指直接产生文学、艺术和科学作品的智力活动。为他人创作进行组织工作，提供咨询意见、物质条件，或者进行其他辅助工作，均不视为创作。"本案中，梁祝故事系民间传说，早在刘某某开始从事越剧编导工作之前，越剧《梁祝》就已是很多剧团表演的传统剧目，刘某某并不是越剧《梁祝》的首创者，刘某某的《梁祝》剧本也是在已有《梁祝》作品上的再创作。但是，刘某某在改编过程中已经投入了大量的智力劳动，作品中也包含着刘某某的辛勤劳动，是刘某某个人性格、理解、表达的体现，应当被认定为著作权法保护的作品。

二、原告提供的证据的证明力问题。

最高人民法院《关于民事诉讼证据的若干规定》第二条规定："当事人对自己提出的诉讼请求所依据的事实或者反驳对方诉讼请求所依据的事实有责任提供证据加以证明。没有证据或者证据不足以证明当事人的事实主张的，由负有举证责任的当事人承担不利后果。"由此条可以看出，举证责任是指当事人对其负有证明责任的主张提供证据加以证明的义务，并且当案件处于真伪不明时，由该当事人承担诉讼上的不利后果。著作权侵权诉讼属于民事诉讼的一种，自然要遵循民事诉讼的一般规则，在认定著作权人的过程中亦不例外。最高人民法院《关于审理著作权民事纠纷案件适用法律若干问题的解释》第七条规定："当事人提供的涉及著作权的底稿、原件、合法出版物、著作权登记证书、认证机构出具的证明等，可以作为证据。"也就说，原告能够提交作品的底稿、原件、合法出版物、著作权登记证书认证机构出具的证明等，可以认定原告为著作权人。但是，本案中，原告并未提供著作权的底稿，甚至无法明确刘某某创作的"涉案作品"的具体内容，其仅能提供一系列的间接证据进行证明。根据本案现有证据以及原告的陈述，刘某某并未参加《人民文学》所刊《梁山伯与祝英台》剧本的创作，一审查明的事实表明,《人民文学》刊登《梁山伯与祝英台》剧本时，同期还刊登了参与《人民文学》所刊《梁山伯与祝英台》剧本编著工作的徐某所著《〈梁山伯与祝英台〉的再改编》一文，徐某在文中明白无误地介绍是“我（即徐某本人）与其他四位同志接受了这个重新改编梁祝剧本的任务”,刘某某并没有参加。而该期《人民文学》出版之前的一个月,《戏曲报》也刊登了内容相差无几的剧本全文。在《戏曲报》剧本的前言中，也明确表明刘某某没有参与此次改编。结合以上材料，可以认定刘某某确实没有参与此次改编。事实上,《人民文学》所刊剧本与刘某某的改编本有较大差异，该剧本是第三人根据旧本以及刘某某等人的改编本进行再改编而创作完成，应当属于第三人的智力成果。因此，该剧本中可能含有刘某某享有独创性的内容,也可能含有旧本中早已存在的内容,更有第三人等人再改编创作的内容。故根据现有证据，很难认定涉案作品系刘某某的独创作品。

法律建议

在信息交流日益发达的今天，著作权侵权的形式和手段也日益多样化。民事诉讼本身遵循的是“谁主张、谁举证”的证明原则，因此，著作权人在创作或取得著作权之时，应当树立权利保护意识，保留权属证明，否则很容易出现“举证不能”的情况。对于通过转让合同取得著作权的受让人以及通过专有许可成为与著作权相关的权利人而言，一定要在合同中写明合同的性质是“转让著作权”还是“许可他人使用著作权作品”。许可他人使用的，应当标明许可的方式为独占许可或排他许可或普通许可。此外，合同中还应当明确受让的权利种类（如表演权、传播权、网络传播权、改编权等）、受让人使用著作权的地域范围、时间等等。合同依法生效后，还应当到著作权行政管理部门备案，以防著作权转让人以及许可人违反合同约定，将著作权另行转让或许可给善意第三人。对于创作取得著作权的著作权人而言，应当尽量保留文字作品、美术作品的原稿、底稿，在条件允许的情况下还应当向相关部门申请办理著作权所有权登记。

二、商标权篇

1. 商标近似

——甲公司与乙公司侵害商标权纠纷案

基本案情

乙公司取得国家商标局核发的以下4个商标专用权：一、第9310542号（以下简称A图形）商标之注册商标专用权，商标核定服务项目第43类；二、第9310608号商标之注册商标专用权，商标核定使用服务项目第35类；三、第9310575号商标之注册商标专用权，商标核定使用商品第30类；四、第9896868号商标之注册商标专用权，商标核定商品第32类。2013年12月13日，国家商标局核准乙公司将上述4个商标转让给甲公司。

2014年4月9日，甲公司发现乙公司在其自营店、网站、网店宣传推广过程中使用的B图形标识与甲公司A图形商标极为相似，存在侵犯商标权的行为，遂向法院起诉，请求判令被告承担停止侵权、消除影响、赔偿损失等民事责任。

一审法院经审理查明：甲公司举证的某市地税及国税局出具的《纳税证明》证明了甲公司在某市有三十多家自营店或加盟店，从甲公司及其自营店或加盟店的纳税额可以看出甲公司的经营规模较大，其加盟或直营店网络遍布某市。

一审法院认为：甲公司作为第9310542号、第9310608号、第9310575号、第9896868号商标的注册商标专用权人，享有上述注册商标的专用权。乙公司的公司网站及某网网店上均使用了B图形标识，门店的招牌及装潢上也使用该标识，乙公司网站及某网网店推介的奶茶产品上也印有上述标识。将乙公司使用的B图形与甲公司A图形权利商标进行比对，两者图形构成近似，属于在同一种商品上使用与甲公司注册商标相近似的商标。乙公司作为经营奶茶连锁店的企业，应当知道甲公司四权利商标的存在。乙公司主观上具有明显攀附及“搭便车”的故意，其在自营店或授权经营场所内、公司网站及某网网店上使用B图形行为及生产销售的奶茶产品行为，侵犯了甲公司四权利商标的商标专用权，应承担民事责任。

一审法院根据《中华人民共和国商标法》(2001年修正)，判决：一、乙公司在本判决发生法律效力之日起立即停止侵犯第9310542号、第9310608号、第9310575号、第9896868号注册商标专用权行为，即乙公司停止在其自营或授权经营场所中使用与甲公司商标相近似的标识及停止在其生产、销售奶茶产品等食品上使用与甲公司商标相近似的标识；二、乙公司在本判决发生法律效力之日起30日内在某日报上刊登消除影响声明；三、乙公司在本判决生效之日起10日内向甲公司赔偿经济损失及维权支出合理费用合共500000元。

判决后，乙公司不服，提起上诉。

二审法院认为：将乙公司使用的被诉商标与涉案商标对比，两者均是以卷形曲线抽象描述“杯子+飘香雾气”图案，相似性是显而易见的，故原审将两者认定近似是正确的。因此，乙公司在同一种商品上使用近似商标，侵害了甲公司的商标专用权，依法应承担相应的侵权责任。上诉人乙公司的上诉理由不成立，予以驳回;原审法院查明事实清楚,适用法律正确,予以维持。二审法院判决驳回上诉，维持原判。

裁判解析

本案的争议焦点有以下两点：

一、关于商标法的适用问题。

《最高人民法院关于商标法修改决定施行后商标案件管辖和法律适用问题的解释》第九条规定：“除本解释另行规定外，商标法修改决定施行后人民法院受理的商标民事案件，涉及该决定施行前发生的行为的，适用修改前商标法的规定；涉及该决定施行前发生，持续到该决定施行后的行为的，适用修改后商标法的规定。”商标法修改决定指的是《全国人民代表大会常务委员会关于修改〈中华人民共和国商标法〉的决定》,该决定自2014年5月1日起施行。修改前商标法指的是《中华人民共和国商标法》(2001 年修正),修改后商标法指的是《中华人民共和国商标法》(2013 年修正)。本案中,甲公司举证乙公司的侵权事实发生在 2014 年 4 月 9 日,发生在商标法修改决定施行前,甲公司没有举证乙公司在商标法修改决定施行后仍存在侵权行为,因此本案应适用《中华人民共和国商标法》(2001 年修正)。

二、关于商标侵权行为的认定问题。

所谓商标,是指商品的生产者、经营者或者服务的提供者在其商品或者服务上使用的,由文字、图形、颜色、三维标志或其组合构成的,具有显著特征、便于识别商品或服务来源并能被视觉所感知的标记。本案中,甲公司通过受让成为第 9310542 号、第 9310608 号、第 9310575 号、第 9896868 号商标的注册商标专用权人,享有上述注册商标的专用权。

《中华人民共和国商标法》(2001 年修正)第五十一条规定:"注册商标的专用权,以核准注册的商标和核定使用的商品为限。"本案中,他人未经甲公司许可,不得在第 43 类餐馆、流动饮食供应、第 35 类特许经营的商业管理、第 30 类茶饮料、第 32 类奶茶上使用上述商标。乙公司开办了网站,招商加盟经营奶茶店,生产、销售茶饮料及奶茶商品,服务类别属于特许经营的商业管理及餐馆服务。

《中华人民共和国商标法》(2001 年修正)第五十二条规定:"有下列行为之一的,均属侵犯注册商标专用权:(一)未经商标注册人的许可,在同一种商品或者类似商品上使用与其注册商标相同或者近似的商标的;(二)销售侵犯注册商标专用权的商品的;(三)伪造、擅自制造他人注册商标标识或者销售伪造、擅自制造的注册商标标识的;(四)未经商标注册人同意,更换其注册商标并将该更换商标的商品又投入市场的;(五)给他人的注册商标专用权造成其他损害的。"所谓商标相同,《最高人民法院关于审理商标民事纠纷案件适用法律若干问题的解释》第九条第一款规定:"商标法第五十二条第(一)项规定的商标相同,是指被控侵权的商标与原告的注册商标相比较,二者在视觉上基本无差别。"所谓商标近似,《最高人民法院关于审理商标民事纠纷案件适用法律若干问题的解释》第九条第二款规定:"商标法第五十二条第(一)项规定的商标近似,是指被控侵权的商标与原告的注册商标相比较,其文字的字形、读音、含义或者图形的构图及颜色,或者其各要素组合后的整体结构相似，或者其立体形状、颜色组合近似，易使相关公众对商品的来源产生误认或者认为其来源与原告注册商标的商品有特定的联系。”在判断两个商标是否相同或者近似时，《最高人民法院关于审理商标民事纠纷案件适用法律若干问题的解释》第十条规定：“人民法院依据商标法第五十二条第（一）项的规定，认定商标相同或者近似按照以下原则进行：（一）以相关公众的一般注意力为标准；（二）既要进行对商标的整体比对，又要进行对商标主要部分的比对，比对应当在比对对象隔离的状态下分别进行；（三）判断商标是否近似，应当考虑请求保护注册商标的显著性和知名度。”

本案中，甲公司将A图形商标用于贡茶、奶茶产品，乙公司将B图形用于贡茶、奶茶产品，将乙公司使用的B图形与甲公司A图形权利商标进行比对，两者图形构成近似，可以认定乙公司在其网站、网店上宣传推广过程中使用的B图形标识与甲公司四权利商标整体上构成近似，属于在同一种商品上使用与甲公司注册商标相近似的商标。依据公众的一般注意力，很容易将B图形标识误认为A图形商标，足以使准备投资加盟经营奶茶店的投资者及消费者对被加盟主体、奶茶商品来源产生混淆。此外，从甲公司及其自营店或加盟店的纳税额可以看出甲公司的经营规模较大，其加盟或直营店网络遍布某市，可以认定甲公司的贡茶产品在某市同行业和普通消费者中具有相当的知名度。因此，乙公司使用B图形的行为符合“未经商标注册人的许可，在同一种商品上使用与其注册商标近似的商标”的规定，构成对甲公司商标权的侵权。并且，乙公司还将其使用B图形的贡茶产品进行销售，符合“销售侵犯注册商标专用权的商品”的规定。

综上，乙公司侵犯了甲公司涉案四权利商标的商标专用权，应当承担民事责任。

法律建议

公民、法人和其他组织在注册商标以及使用某一图形作为商标时，应首先登录商标局的相关网站，查询本图形是否已被他人作为商标注册，以及已注册商标核准使用的商品范围，避免发生侵犯他人注册商标专用权的行为。

特别提示

现行有效商标法关于侵犯注册商标专用权的规定。

《中华人民共和国商标法》（2013 年修正）第五十七条规定：“有下列行为之一的，均属侵犯注册商标专用权：（一）未经商标注册人的许可，在同一种商品上使用与其注册商标相同的商标的；（二）未经商标注册人的许可，在同一种商品上使用与其注册商标近似的商标，或者在类似商品上使用与其注册商标相同或者近似的商标，容易导致混淆的；（三）销售侵犯注册商标专用权的商品的；（四）伪造、擅自制造他人注册商标标识或者销售伪造、擅自制造的注册商标标识的；（五）未经商标注册人同意，更换其注册商标并将该更换商标的商品又投入市场的；（六）故意为侵犯他人商标专用权行为提供便利条件，帮助他人实施侵犯商标专用权行为的；（七）给他人的注册商标专用权造成其他损害的。”

2. 驰名商标的保护及虚假宣传不正当竞争行为

——某卡公司与铭坤、金丝公司及章某等侵害商标权及不正当竞争纠纷案

基本案情

"某 C"商标于 1983 年在我国注册，"某卡"商标于 1995 年在我国注册，两个商标均核定使用在第 14 类商品上。原告某卡公司系该两个注册商标的权利人。之后，国家商标局曾多次在商标异议裁定书中认定，核定使用在宝石、首饰商品上的"某 C"、"某卡"商标为驰名商标。自 2000 年起，著名报刊、杂志等媒体对某 C、某卡品牌进行了报道。2009 年某著名博物院举办了"某卡珍宝艺术展"。某市中级人民法院于 2010 年作出民事判决认定，"某 C"商标以及"某卡"商标为驰名商标。

被告铭坤公司与被告金丝公司在其网站、宣传手册上使用被控侵权标识"某卡"、"某 K"，并宣传"某卡，世界珠宝界中最优秀的代表，被誉为'皇帝的珠宝商、珠宝商的皇帝'，金丝玉玛某卡系列产品以顶级珠宝的品位、高贵、坚贞、永恒作为设计灵魂，全力打造 k 金砖的 king"。2010 年 3 月，原告在被告章某经营的某市陶瓷经营部购买了陶瓷砖一片，价格人民币 210 元。该经营部开具的发货单及发票上注明"金丝玉玛某卡系列红色"等字样。

原告某卡公司诉称：某 C 品牌进入中国市场后，其产品和服务在相关公众中享有极高的知名度和美誉度，"某 C"以及"某卡"商标已成为驰名商标。被告在经营中将"某卡"作为其生产或销售的陶瓷类商品标识使用，并在网站及宣传手册中非法进行引人误解的虚假宣传，被告的行为侵犯了原告的注册商标专用权并对其构成不正当竞争。据此，请求法院判令三被告：一、立即停止商标侵权及不

正当竞争行为；二、共同赔偿原告经济损失人民币 50 万元；三、在指定的全国性报纸媒体及被告的经营场所公开说明事实、消除影响。

被告铭坤公司、金丝公司、章某共同辩称：一、原告提供的证据不足以证明原告的两项商标为驰名商标。被告将“某卡”作为涉讼产品商品类别的名称使用，该使用方式不是商标意义上的使用，属于正当使用。被告的行为亦不构成虚假宣传的不正当竞争。二、涉讼产品销售时间较短，原告要求赔偿经济损失 50 万元过高。据此，三被告请求驳回原告的诉讼请求。

一审法院经审理认为：原告核定使用在第 14 类商品上的“某 C”商标及“某卡”商标在涉案侵权行为发生时已为驰名商标。被告铭坤公司、金丝公司使用“某卡”或“某 K”字样进行宣传，侵犯了原告的两项注册商标专用权；被告章某销售了铭坤公司生产的金丝玉玛某卡系列产品，并在销售凭证上使用“某卡”字样，其行为亦侵犯了原告享有的“某卡”注册商标专用权；被告铭坤公司、金丝公司在宣传时使用将原告的“某卡”与其自己的“某卡”系列产品相提并论的宣传手段，主观上明显具有搭乘他人品牌知名度的故意，对原告构成不正当竞争。综合案件事实与法律规定，法院作出如下判决：一、被告铭坤公司、金丝公司于判决生效之日起停止侵犯原告某卡公司享有的“某 C”、“某卡”注册商标专用权；二、被告铭坤公司、金丝公司于判决生效之日起停止对原告某卡公司的不正当竞争行为；三、被告章某于判决生效之日起停止侵犯原告享有的“某卡”注册商标专用权；四、被告铭坤公司、金丝公司于判决生效之日起 10 日内共同赔偿原告经济损失人民币 45 万元；五、被告章某于判决生效之日起 10 日内赔偿原告经济损失人民币 5 万元；六、被告铭坤公司、金丝公司于判决生效之日起 30 日内在法院指定报纸上刊登声明，以消除因涉案商标侵权及不正当竞争行为给原告某卡公司造成的不良影响；七、驳回原告某卡公司的其他诉讼请求。

一审判决后，铭坤公司、金丝公司、章某均不服，提起上诉。

二审法院经审理认为，原审法院的判决并无不当，判决驳回上诉，维持原判。

裁判解析

本案的争议焦点主要有以下三点：

一、原告某卡公司在中国注册的“某卡”及“某C”商标是否为驰名商标。

“驰名商标”的概念来自于《保护工业产权巴黎公约》，该公约中规定成员国应承担对驰名商标给予大于普通商标保护的义务。驰名商标是指在一国内相当大的区域为公众熟知的商标。我国法律没有规定何为驰名商标，但规定了驰名商标的认定标准。《中华人民共和国商标法》第十四条规定：“驰名商标应当根据当事人的请求，作为处理涉及商标案件需要认定的事实进行认定。认定驰名商标应当考虑下列因素：（一）相关公众对该商标的知晓程度；（二）该商标使用的持续时间；（三）该商标的任何宣传工作的持续时间、程度和地理范围；（四）该商标作为驰名商标受保护的记录；（五）该商标驰名的其他因素。在商标注册审查、工商行政管理部门查处商标违法案件过程中，当事人依照本法第十三条规定主张权利的，商标局根据审查、处理案件的需要，可以对商标驰名情况作出认定。在商标争议处理过程中，当事人依照本法第十三条规定主张权利的，商标评审委员会根据处理案件的需要，可以对商标驰名情况作出认定。在商标民事、行政案件审理过程中，当事人依照本法第十三条规定主张权利的，最高人民法院指定的人民法院根据审理案件的需要，可以对商标驰名情况作出认定。生产、经营者不得将‘驰名商标’字样用于商品、商品包装或者容器上，或者用于广告宣传、展览以及其他商业活动中。”

综上，我国驰名商标的获得方式有三种：一是通过商标局认定；二是通过商标评审委员会认定；三是通过人民法院认定。三种认定方式都必须以当事人提出申请或请求为前提，并且该申请或请求必须建立在相关权益受损的基础上。驰名商标应当根据当事人的请求，作为处理涉及商标案件需要认定的事实进行认定。商标法明示了五条对驰名商标的判断标准。

本案中，商标“某C”和“某卡”分别于1983年12月15日和1995年10月14日在我国注册，某卡公司系该两个注册商标的权利人。自2000年起，报刊、杂志等媒体对某C、某卡品牌进行了报道。2005年至2010年，原告持续性地在多种杂志上展示了多款某C、某卡品牌的首饰，期间还于某博物院举办了“某卡珍宝艺术展”。此外，某市第二中级人民法院于2010年4月26日就已经作出民事判决认定，“某C”商标以及“某卡”商标为驰名商标。参考商标法第十四条，考虑到“某C”、“某卡”商标的公众知晓程度、适用持续时间、商标的宣传以及商标作为驰名商标的受保护记录等，一审法院的判决并无不妥。

二、本案被告铭坤、金丝公司及章某的行为是否构成侵犯注册商标专用权。

“注册商标专用权”是指商标所有人依法对其使用的商标所享有的权利，具体而言，包括专有使用权、禁止权、转让商标的权利、许可他人使用商标的权利。与未注册商标权相比，注册商标权易于得到国家法律甚至国际法的保护，具有自觉性、稳定性、专有性等特点。

《中华人民共和国商标法》第十三条规定：“为相关公众所熟知的商标，持有人认为其权利受到侵害时，可以依照本法规定请求驰名商标保护。就相同或者类似商品申请注册的商标是复制、模仿或者翻译他人未在中国注册的驰名商标，容易导致混淆的，不予注册并禁止使用。就不相同或者不相类似商品申请注册的商标是复制、模仿或者翻译他人已经在中国注册的驰名商标，误导公众，致使该驰名商标注册人的利益可能受到损害的，不予注册并禁止使用。”

根据上述法律规定，笔者整理出驰名商标侵权的两种情况，以便读者理解。

<table>
<tr><td rowspan="2">复制、模仿、翻译</td><td>相同或相似商品</td><td>未在中国注册</td><td>容易导致混淆的</td><td rowspan="2">不予注册并禁止使用</td></tr>
<tr><td>不相同或不类似商品</td><td>已在中国注册</td><td>误导公众，致使该驰名商标注册人的利益可能受到损害的</td></tr>
</table>

本案被告铭坤、金丝公司生产销售以“金丝玉玛某卡系列”为名的产品，并在其网站页面、宣传手册上使用被控侵权标识，宣传“某卡，世界珠宝界中最优秀的代表，被誉为‘皇帝的珠宝商、珠宝商的皇帝’，金丝玉玛某卡系列产品以顶级珠宝的品位、高贵、坚贞、永恒作为设计灵魂，全力打造k金砖的king”，上述

行为表明两被告是明知“某卡”品牌的国际地位仍故意为之的，而被告章某也是在明知的情况下销售被诉侵权产品。被诉商标侵权的产品虽然与原告注册商标类别不同，但原告商标已被法院认定为驰名商标。被告使用原告的“某卡”与其自己的“某卡”系列产品相提并论并宣传，已构成误导公众，显然对原告商标构成侵权。

三、虚假宣传的不正当竞争行为的认定。

《中华人民共和国反不正当竞争法》第二条规定：“经营者在市场交易中，应当遵循自愿、平等、公平、诚实信用的原则，遵守公认的商业道德。本法所称的不正当竞争，是指经营者违反本法规定，损害其他经营者的合法权益，扰乱社会经济秩序的行为。本法所称的经营者，是指从事商品经营或者营利性服务（以下所称商品包括服务）的法人、其他经济组织和个人。”

本案被告在生产、销售的产品名称中使用与他人注册商标相同的文字并在宣传中使用他人驰名商标，这种行为其目的在于“搭便车”，其结果势必导致消费者对产品的来源产生混淆或者误认为不同的经营者之间具有某种关联关系，因此，侵害了他人商业信誉，应当属不正当竞争行为。

《中华人民共和国民法通则》第一百三十条规定：“二人以上共同侵权造成他人损害的，应当承担连带责任。”《中华人民共和国反不正当竞争法》第二十条规定：“经营者违反本法规定，给被侵害的经营者造成损害的，应当承担损害赔偿责任，被侵害的经营者的损失难以计算的，赔偿额为侵权人在侵权期间因侵权所获得的利润；并应当承担被侵害的经营者因调查该经营者侵害其合法权益的不正当竞争行为所支付的合理费用。被侵害的经营者的合法权益受到不正当竞争行为损害的，可以向人民法院提起诉讼。”《最高人民法院关于审理涉及驰名商标保护的民事纠纷案件应用法律若干问题的解释》第十条规定：“原告请求禁止被告在不相类似商品上使用与原告驰名的注册商标相同或者近似的商标或者企业名称的，人民法院应当根据案件具体情况，综合考虑以下因素后作出裁判：（一）该驰名商标的显著程度；（二）该驰名商标在使用被诉商标或者企业名称的商品的相关公众中的知晓程度；（三）使用驰名商标的商品与使用被诉商标或者企业名称的商品之间的关联程度；（四）其他相关因素。”

综上，本案法院判决正确无误。

法律建议

首先，由于我国对驰名商标的保护程度和排他性要高于普通商标，因此企业应当重视驰名商标作为企业知识产权的价值，在经营过程中，努力提高其商标的知名度和公众知晓范围，合理对商标进行宣传，将普通商标提升为驰名商标。其次，当企业认为自己所有的商标已具有一定公众知晓程度和一定的市场竞争力时，应积极通过行政认定的方式核准企业商标为驰名商标，但需注意的是，驰名商标的认定应建立在相关权益受损的基础上。第三，当企业驰名商标的注册专用权受到侵犯时，企业可通过司法认定的方式认定驰名商标，司法认定驰名商标可以在地方中级人民法院完成，从而使驰名商标的认定更为便利。

3. 侵害商标权及不正当竞争

——某知名公司与某投资公司、某报社侵害商标权及不正当竞争纠纷案

基本案情

1994年7月29日某知名公司成立。2011年12月12日商标局注册证明某知名公司在18类商品上使用的“PRADAMILANO”商标已经在商标局注册，核定使用商品为《类似商品和服务区分表》第18类的“包、手提包、旅行袋、钱包、小钱包、书包、文件包、男用手提包、箱子毛皮、毛皮制品、皮革及其制品、人造毛皮及人造皮革以及这些材料的制品”。另某知名公司在《世界时装之苑》、《时尚芭莎》、《商业周刊》、《中国纺织报》等报刊进行了广告宣传。

2012年8月29日某报社刊登了某投资公司推介房产项目和推销店铺的招租广告，广告中的“PRADA”女款手提包使用了“PRADAMILANO”文字和图案商标，广告语为“全球顶级奢侈品牌进驻，引领国际奢侈生活潮流”；广告中突出使用了“PRADA”。PRADA是意大利时尚品牌，创始于1913年，产品主要有皮革尼龙制品、高级时装、鞋、配件、眼镜、化妆品等，深受欧洲王公贵族们青睐，很多欧洲皇室成员都是它的忠实顾客，著名的倒三角标志已成为时尚与品位的代名词。时装价格为二千二百到六千美元不等。在中国的专卖店中，一只尼龙材质的背包售价超过五千元，相当于一个普通中学生两年的零用钱，如果购买普通钱夹，可以买两百只。某投资公司在广告中宣称“国际潮牌街、餐饮大食代”。

某知名公司将某投资公司、某报社诉至法院，请求判令：一、停止侵犯该公司“PRADA”文字及图案商标专用权行为；二、停止擅自使用该公司“PRADA”字号及其他不正当竞争行为；三、于《某报》刊登更正声明，以消除其侵权及不

正当竞争行为导致的不良影响；四、赔偿该公司损失人民币 50 万元；五、赔偿该公司为本案支出的律师费及其他费用共计人民币 56780 元（暂计算至起诉之日已发生的费用）；六、承担本案的诉讼费用。

被告某投资公司辩称：某投资公司属于适当的合理使用行为，且该商业房产项目未能开业经营，不存在使用商标的商品，未给某知名公司造成实际损失，不存在违法使用某知名公司“PRADA”文字及图案商标进行商业房产项目广告宣传的侵权行为。在某报社刊登商业房产项目商铺招商宣传广告未使用某知名公司的企业名称，只使用过其字号“PRADA”，并不构成不正当竞争行为。

被告某报社辩称：报社认真核对了广告主本身详细情况及广告内容的真实性，尽到了法律规定的审核义务，不应承担侵权责任。

一审法院查明：某投资公司以其通过与某商业地产公司签订项目商铺代理招商服务合同、某商业地产公司与某服饰公司签订合作协议、已经免费取得涉案商标使用权、不构成侵权行为为由，申请追加某商业地产公司、某服饰公司为本案共同被告。某知名公司则以申请追加的被告并非必要的共同诉讼人，也不影响本案事实认定及民事责任承担为由，不同意追加被告。某知名公司称其从未授权某服饰公司销售知名商品。某投资公司称其销售商品和使用商标是经合法授权，但未能提供某知名公司授权某服饰公司使用其注册商标的证据。某报社在发布广告时审查了某商业地产公司、某服饰公司的企业法人营业执照、相关合同书、商标使用授权委托书、工作联系单等与广告发布有关的证明文件。

一审法院判决，某投资公司立即停止擅自使用某知名公司争讼之注册商标及企业字号的不正当竞争行为；某投资公司赔偿某知名公司（含为制止侵权行为所支出的合理开支）损失人民币三万元；驳回某知名公司其他诉讼请求。

宣判后，双方当事人均未提起上诉，一审判决发生法律效力。

裁判解析

本案的争议焦点有以下两点：

一、本案是否构成侵害商标权。

《中华人民共和国商标法》第五十一条规定："注册商标的专用权，以核准注册的商标和核定使用的商品为限。"第五十二条规定："有下列行为之一的，均属侵犯注册商标专用权：（一）未经商标注册人的许可，在同一种商品或者类似商品上使用与其注册商标相同或者近似的商标的；（二）销售侵犯注册商标专用权的商品的；（三）伪造、擅自制造他人注册商标标识或者销售伪造、擅自制造的注册商标标识的；（四）未经商标注册人同意，更换其注册商标并将该更换商标的商品又投入市场的；（五）给他人的注册商标专用权造成其他损害的。"其中第（一）项规定未经商标注册人许可，在同一种商品或者类似商品上使用与其注册商标相同或者近似的商标，属侵犯注册商标专用权。"商标的使用"是针对注册商标而言的，《中华人民共和国商标法实施细则》第三条规定："商标的使用，包括将商标用于商品、商品包装或者容器以及商品交易文书上，或者将商标用于广告宣传、展览以及其他商业活动中。"

就本案而言，某知名公司在中国依法对"PRADA"、"PRADAMILANO"享有注册商标专有使用权，根据上述法律规定，如果符合上述侵犯商标专用权的要件，应认定构成侵害商标权，并应承担停止侵害、损害赔偿的相应法律责任。商标受保护的基础最终体现在具有识别功能，避免造成公众误解。本案中，某报社刊登的房产项目和推销店铺的招租广告中使用了"PRADAMILANO"文字和图案商标，但刊登广告的目的应是推介房产项目和推销店铺，引进商户，并未表明自己是提供者，对房产项目和推销店铺并没有商标性标识作用，并非商标意义上的使用，另房产项目尚未开业经营，不存在使用商标的商品，故不构成侵害商标权的行为。某知名公司认为侵犯了其注册商标专用权，应承担举证责任，现有事实及法律依据不足，法院对此不予支持是正确的。故某投资公司不构成侵害商标权，某报社发布广告的行为当然也不构成侵害商标权的行为。

二、本案是否构成不正当竞争。

《中华人民共和国反不正当竞争法》第二条规定："本法所称的不正当竞争，是指经营者违反本法规定，损害其他经营者的合法权益，扰乱社会经济秩序的行为。"

本案中，某知名公司先后在《世界时装之苑》、《时尚芭莎》、《商业周刊》、《中国纺织报》等报刊进行了广告宣传，投入巨额资金，商品已为公众所认知、接受以及利用。由于“PRADA”享有极高的知名度，某知名公司在店铺选址方面具有严格的标准，以防止降低品牌的商业形象、减损商标声誉。本案广告无法避免给消费者造成某知名公司商铺与中低端餐饮品牌混同在一起经营的印象。某投资公司违反了诚实信用和公平竞争的原则，损害了商标权人的合法权益，破坏了正常的市场竞争秩序，构成不正当竞争行为。某投资公司虽辩称取得涉案商标使用权及字号的合法授权，但因其并未提供充分的证据证明其主张，应承担举证不利的法律后果，即主张不能被法院采信。

某报社受某投资公司的委托发布广告，作为广告发布者，已经审查了某商业公司、某服饰公司的企业法人营业执照、合同书、商标使用授权委托书、工作联系单等与广告发布有关的证明文件，提供了广告主的真实姓名，尽到了合理的注意义务，主观上没有侵权的故意或者过错，故不构成不正当竞争。

反不正当竞争法提供一种兜底性的保护，有人曾形象地把传统知识产权的三项主要法律（专利法、商标法、著作权法）比作三座浮在海面上的冰山，而把反不正当竞争法比作在下面托着这三座山的水，这种比喻方式有一定道理。我国商标法在原则上是只保护注册商标，不保护未注册商标，但实践中未注册商标的现象大量存在，其存在也有其合理性，而反不正当竞争法则完全可以补充商标法的缺陷，对未注册商标提供保护。当然注册商标也受反不正当竞争法的调整，只要违反了诚实信用和公平竞争的原则，损害了商标权人的合法权益，这种行为就不正当地利用了商标所有人的经营成果和竞争利益，扰乱了竞争秩序，当然属于不正当竞争的范畴。本案中被告的行为虽不构成侵害商标权的行为，但构成不正当竞争，仍要按照不正当竞争的法律后果承担责任。

法律建议

根据我国反不正当竞争法的相关规定，实践中应注意把握不正当竞争行为的以下特征：首先，不正当竞争行为的主体是经营者。所谓经营者，是指从事商品经营或营利性服务的法人、其他经济组织和个人。需要注意的是，在有些情况下，非经营者的某些行为也会妨害经营者的正当经营活动，侵害经营者的合法权益，这种行为也是反不正当竞争法的规制对象。其次，不正当竞争行为是违法行为。其违法性主要表现在违反了反不正当竞争法的规定，既包括违反了第二章关于禁止各种不正当竞争行为的具体规定，也包括违反了该法第二条的原则规定。值得注意的是，经营者的某些行为虽然表面上难以确认为该法明确规定的不正当竞争行为，但是只要违反了自愿、平等、公平、诚实信用原则或违反了公认的商业道德，损害了其他经营者的合法权益，扰乱了社会经济秩序，也应认定为不正当竞争行为。最后，不正当竞争侵害的客体是其他经营者的合法权益和正常社会经济秩序。

4. 使用他人企业名称进行宣传

——泥人张世家绘塑老作坊、张某与陈某、雅观研究所、天盈九州公司擅自使用他人企业名称及虚假宣传纠纷案

基本案情

张某系泥人张彩塑艺术创始人张明山的第六代孙，张某投资成立个人独资企业泥人张世家老作坊。“泥人张”是经过长期创作积累和宣传成为知名彩塑艺术品的特有名称。张氏家族中从事彩塑的创作人员与天津泥人张彩塑工作室共同享有“泥人张”这一知名彩塑艺术品特有名称的专有权。陈某十多岁开始师从天津泥人张彩塑工作室两位高级工艺美术师逯某、杨某学习泥彩塑，系二人亲传弟子，后就职于天津泥人张彩塑工作室。雅观研究所所属的《收藏界》杂志社出版了《陈某彩塑》，该书系统介绍陈某的作品，由张氏家族泥人张第四代传人张甲作序、陈某的老师逯某撰写后记。天盈九州公司开办的网站“文化大视野”栏目曾刊发网络文章，标题为：“‘泥人张’第六代传人陈某作客城市会客厅”。文章介绍青年艺术家陈某系“泥人张”彩塑第六代传人，他以纯熟的技法、深刻的体悟形成了自己独具特色的艺术形式，作品屡屡获奖，为天津彩塑界争取不少荣誉。

原告泥人张世家老作坊和张某向法院起诉，主张其享有“泥人张”及“泥人张”第六代传人专有名称权、姓名权，陈某、雅观研究所、天盈九州公司侵犯其权利并存在虚假宣传构成不正当竞争。

被告陈某、雅观研究所、天盈九州公司答辩请求驳回原告的诉讼请求。

一审法院认为：张氏家族中从事彩塑创作的人员与天津泥人张彩塑工作室均有权使用“泥人张”称谓，二者共同负有“泥人张”彩塑艺术的传承责任。陈某应具备“泥人张第六代传人”的身份，雅观研究所所属的《收藏界》杂志社出版

的《陈某彩塑》一书以及天盈九州公司所属的网站在对陈某的宣传文稿中称陈某是“泥人张第六代传人”，仅是对陈某身份的描述，用以表明陈某的艺术成就。故判决驳回天津市泥人张世家绘塑老作坊、张某的诉讼请求。

泥人张世家老作坊、张某不服，提起上诉。

二审法院经审查，认为一审事实清楚，法律适用正确，遂判决驳回上诉，维持原判。

裁判解析

本案争议焦点有以下三点：

一、关于涉案事实的认定。

陈某、雅观研究所、天盈九州公司并未将“泥人张”作为商标、商品名称及企业名称或服务标记等商业标识单独进行使用，而是在有关陈某及其作品的文章、访谈和宣传中，在介绍陈某身份时，将陈某的姓名与“泥人张第六代传人”这一称谓同时使用。由于历史因素，“泥人张”一词本身具有多种含义和用途，其在不同语境下亦承载着不同的民事权益。就本案而言，“泥人张第六代传人”这一称谓中的“泥人张”，应从特定彩塑技艺或艺术流派的角度理解，而非理解为上诉人所主张的专有名称或专有权。本案所涉“泥人张”称谓的使用争议，从案件事实来看，系泥人张世家老作坊、张某分别以企业名称权和姓名权作为权利依据，但实质是传人身份之争，即宣称陈某为“泥人张第六代传人”是否虚假的争议。

二、关于被上诉人使用“泥人张第六代传人”是否构成擅自使用泥人张世家企业名称的不正当竞争行为的认定。

《中华人民共和国反不正当竞争法》第五条第（三）项规定：“经营者不得采用下列不正当手段从事市场交易，损害竞争对手……（三）擅自使用他人的企业名称或者姓名，引人误认为是他人的商品。”《最高人民法院关于审理不正当竞争纠纷民事案件应用法律若干问题的解释》第六条规定：“企业登记主管机关依法登记注册的企业名称，以及在中国境内进行商业使用的外国（地区）企业名称，应当认定为反不正当竞争法第五条第（三）项规定的‘企业名称’。具有一定的市场知名度、为相关公众所知悉的企业名称中的字号，可以认定为反不正当竞争法第五条第（三）项规定的‘企业名称’。在商品经营中使用的自然人的姓名，应当认定为反不正当竞争法第五条第（三）项规定的‘姓名’。具有一定的市场知名度、为相关公众所知悉的自然人的笔名、艺名等，可以认定为反不正当竞争法第五条第（三）项规定的‘姓名’。”本案中，被上诉人只是在介绍陈某身份时使用了“泥人张第六代传人”的称谓，并未将“泥人张”、“泥人张世家”作为商标、商品名称或企业名称中的字号等商业标识单独或突出使用，显然不具有“搭他人商业成果便车”的主观恶意，亦不足以造成相关公众的混淆、误认。故被上诉人的使用行为未侵害泥人张世家老作坊的企业名称权，不构成对泥人张世家老作坊的不正当竞争。陈某作为天津泥人张彩塑工作室培养的年轻一代工艺美术家，其作品的表达方式体现了“泥人张”彩塑的艺术风格，并在秉承传统的基础上创新发展了“泥人张”彩塑艺术，按照民间艺术传承有序的传承方式，作为“泥人张”第五代传人逯某、杨某的亲传得意弟子，陈某应具备“泥人张第六代传人”的身份。

三、关于被上诉人使用“泥人张第六代传人”是否构成虚假宣传的不正当竞争行为。

《中华人民共和国反不正当竞争法》第九条明第一款确规定：“经营者不得利用广告或者其他方法，对商品的质量、制作成分、性能、用途、生产者、有效期限、产地等作引人误解的虚假宣传。”“传人”一词并非法律概念，从历史角度看，天津泥人张彩塑工作室培养出来的一些非张氏泥人张彩塑艺术传承人，已得到美术界和张氏家族泥人张传人的认可。从现实角度看，陈某系天津泥人张彩塑工作室高级工艺美术师，师从泥人张第五代传人逯某、杨某学习泥彩塑多年，曾获得“民间工艺美术家”、“市工艺美术大师”等称号，其作品也曾先后荣获诸多奖项。陈某及其彩塑作品在相关艺术领域已享有较高知名度。从主观上看，被上诉人没有攀附上诉人泥人张世家老作坊、张某的故意，亦没有冒充张氏家族泥人张传人的主观意图。被上诉人使用“泥人张第六代传人”这一称谓，主要是用于介绍陈某的身份，而且是与其个人姓名同时使用，根据日常生活经验及被宣传对象陈某的实际情况，不足以引起相关公众对其商品的来源产生与上诉人泥人张世家老作坊、张某有关联的误解，也不足以导致市场混淆，影响公平竞争的市场秩序。

因此，被上诉人使用“泥人张第六代传人”不构成《反不正当竞争法》第九条第一款所禁止的虚假宣传的不正当竞争行为。

法律建议

知名商标、商品名称或企业名称中的字号等商业标识被单独或突出使用，如果没有商业利用的主观恶意，又不足以造成相关公众的混淆、误认，不构成我国反不正当竞争法规定的不正当竞争行为。但实践中，应注意区分合法与非法的界限，依法保护好非物质文化遗产及其传承人。

5. 在先权利

——钱某诉某音乐厅侵害商标权纠纷案

基本案情

某音乐厅（本案被告）系某乐团所属事业单位。1993 年 10 月 15 日，某乐团作为甲方与作为乙方的赛洛公司签订《承包经营合同书》，约定甲方将其所属的某音乐厅及其附属设施承包给乙方经营管理，并就承包期限、承包费以及双方相关权利义务等进行了约定。钱某（本案原告）作为乙方赛洛公司的代表在上述《承包经营合同书》上签字，后乙方依据上述合同约定，派钱某出任某音乐厅总经理，并担任法定代表人。钱某在担任某音乐厅总经理期间，以该音乐厅名义先后组织策划了包括“打开音乐之门”在内的一系列音乐演出活动，并取得了一定影响。对此，某音乐厅曾于 2008 年 1 月 10 日出具证明，称“钱某在 1994 年 3 月至 2002 年 2 月承包经营某音乐厅期间，先后策划并精心组织实施了‘打开音乐之门’等系列演出项目，并认为上述演出活动引起社会巨大反响和广泛好评。之后，作为优秀的固定演出项目延续至今，从未间断。”

1999 年 11 月 24 日，钱某与某音乐堂签订《承包经营合同书》，由某音乐堂聘请钱某任总经理，将音乐堂所属经营场地交钱某承包经营。承包经营期从 1999 年 12 月 1 日开始至 2003 年 12 月 31 日止。某音乐堂曾于 2006 年 11 月 13 日出具证明，证明在承包音乐堂期间，“钱某策划了‘打开音乐之门’等众多演出，取得了较好的社会效益”。

1998 年至 2001 年期间，“打开音乐之门”暑期系列音乐会多次在各省市音乐厅举办。对于上述“打开音乐之门”演出活动的举办情况，原被告双方均予以认可，但均主张上述活动是自己对“打开音乐之门”的使用行为。

2006年11月23日，钱某向国家工商行政管理总局商标局（以下简称商标局）申请在第16类、第41类注册“打开音乐之门”文字商标。2009年12月28日，钱某就该商标取得注册号为第5742497号的商标注册证，核定使用商品为第16类，杂志（期刊）。注册有效期限自2009年12月28日至2019年12月27日止。2011年10月7日，钱某就该商标取得注册号为第5742496号的商标注册证，核定服务项目为第41类，包括：培训；组织竞赛（教育或娱乐）；图书出版（广告宣传册除外）；演出；健身俱乐部；电视文娱节目；节目制作；为艺术家提供模特；娱乐；提供在线电子出版物（非下载的）（截止到2019年12月27日）。

2009年至2013年期间，某音乐厅举办了“打开音乐之门”系列演出活动。2013年8月12日，钱某委托律师向某音乐厅发出《律师函》，要求某音乐厅停止使用“打开音乐之门”商标，在相关媒体上致歉。2014年，“打开音乐之门”某音乐厅暑期系列音乐会在某音乐厅举办。

钱某认为，其系第5742496号、5742497号“打开音乐之门”文字注册商标持有人，某音乐厅在某晚报上刊登“打开音乐之门”广告、在其公告栏和展示栏及地铁广告栏展示“打开音乐之门”系列节目海报以及向公众发放宣传册、节目单的行为，系未经许可使用了钱某的注册商标，故钱某诉至一审法院，请求判令：一、某音乐厅停止在相关报纸、公告栏、展示栏以及各种宣传册、节目册上使用钱某享有“打开音乐之门”商标专用权的标识进行宣传；二、停止以“打开音乐之门”的名义举办演出；三、某音乐厅赔偿因侵权行为给钱某造成的实际损失，包括调查取证费、交通费、律师代理费等约计4万元；四、某音乐厅在国内主要报刊刊登道歉声明、消除影响；五、某音乐厅承担本案全部诉讼费用。

某音乐厅一审答辩称：一、“打开音乐之门”这一语言符号在音乐、艺术、文化的传播和推广领域被社会公众普遍使用，某音乐厅使用该通用宣传语，不构成对钱某注册商标专用权的侵害；二、钱某所持有的“打开音乐之门”注册商标不具有显著性，与某音乐厅使用的“打开音乐之门”具有明显区别，某音乐厅不构成侵权；三、某音乐厅在北京地区在先持续使用“打开音乐之门”举办暑期公益性质音乐会，在广大音乐爱好者和社会公众中具有极高的知名度，某音乐厅依法享有“打开音乐之门”的在先使用权，不应受钱某恶意诉讼侵害。

一审法院认为：某音乐厅在钱某申请商标注册之前，已在同一种商品上先于商标注册人使用与注册商标近似并有一定影响的商标，钱某作为注册商标专用权人，无权禁止某音乐厅在原使用范围内继续使用涉案商标，钱某的诉讼请求没有事实和法律依据，不予支持。综合案件事实，法院依法判决如下：驳回钱某的诉讼请求。

一审判决后，钱某不服，提起上诉，请求撤销原判，发回重审或依法改判。二审法院经审理认为，原判认定事实清楚、适用法律正确。判决驳回上诉，维持原判。

裁判解析

本案的争议焦点包括以下三点：

一、新旧商标法的适用问题。

涉案第5742497号、第5742496号“打开音乐之门”文字商标经国家商标局核准，取得第16类、第41类商标注册，注册人钱某对涉案注册商标依法享有的注册商标专用权应受我国商标法保护。

根据《最高人民法院关于商标法修改决定施行后商标案件管辖和法律适用问题的解释》第九条规定：“商标法修改决定施行后人民法院受理的商标民事案件，涉及该决定施行前发生的行为的，适用修改前商标法的规定；涉及该决定施行前发生，持续到该决定施行后的行为的，适用修改后商标法的规定。”

本案中，某音乐厅被控侵权行为部分发生在2013年8月30日《中华人民共和国商标法》修改前，部分发生于修改后，故应分别适用修改前与修改后的法律，即《中华人民共和国商标法》（2001年修正）与《中华人民共和国商标法》（2013年修正）。

二、注册商标专用权侵权行为的认定。

《中华人民共和国商标法》（2001年修正）第五十二条第（一）项规定：“未经商标注册人的许可，在同一种商品或者类似商品上使用与其注册商标相同或者近似的商标的，属于侵犯注册商标专用权的行为。”《中华人民共和国商标法》（2013年修正）第五十七条第（一）项、第（二）项规定：“未经商标注册人的许可，在同一种商品上使用与其注册商标相同的商标的；在同一种商品上使用与其注册商标近似的商标，或者在类似商品上使用与其注册商标相同或者近似的商标，容易导致混淆的，均属于侵犯注册商标专用权的行为。”判断是否构成侵害注册商标专用权，应判断被控侵权人提供的商标或服务与注册商标核定使用的商品或服务是否相同或类似，被控侵权标识与该注册商标是否相同或近似，并判断是否造成相关公众的混淆和误认。

本案中，某音乐厅在一系列演出及相关的宣传活动中使用了“打开音乐之门”的标识，上述演出及相关活动与涉案第5742496号“打开音乐之门”注册商标核定使用的服务“演出”相同；此外，某音乐厅所使用的“打开音乐之门”与涉案注册商标唯一区别在于在部分宣传过程中对“音乐”二字进行了艺术变形，鉴于该标识与涉案注册商标相比，文字的读音、含义、完全相同，其视觉上的细微差异不影响二者整体结构的相似，易导致相关公众的混淆，属于近似标识，故某音乐厅上述行为属于侵犯注册商标专用权的行为。

三、某音乐厅在先使用“打开音乐之门”的认定。

《中华人民共和国商标法》（2001年修正）第三十一条规定：“申请商标注册不得损害他人现有的在先权利，也不得以不正当手段抢注他人已经使用并有一定影响的商标。”《中华人民共和国商标法》（2013年修正）第五十九条第三款规定：“商标注册人申请商标注册前，他人已经在同一种商品或者类似商品上先于商标注册人使用与注册商标相同或者近似并有一定影响的商标的，注册商标专用权人无权禁止该使用人在原使用范围内继续使用该商标，但可以要求附加适当区别标识。”

本案中，虽然某音乐厅使用“打开音乐之门”标识举办系列演出及宣传活动属于在相同服务上使用与涉案注册商标近似标识的行为，但自1998年起至2001年间，“打开音乐之门”便被作为标识性的用语用于在某音乐厅举办的一系列演出及宣传活动中，上述活动与涉案注册商标核准注册的服务属同一类别，时间亦早于涉案注册商标注册申请的2006年11月23日，故可确认“打开音乐之门”这一标识存在在先使用的情形。

鉴于某音乐厅在涉案注册商标申请日前，即依据其上级单位某乐团与赛洛公司签订的承包合同，在承包经营期间在先使用“打开音乐之门”标识在某音乐厅举行系列音乐演出活动，且相关活动广为宣传，知名度高，该标识的使用也具有一定影响，某音乐厅对于“打开音乐之门”标识的使用属于符合《中华人民共和国商标法》（2013 年修正）第五十九条第三款规定的行为，钱某无权禁止某音乐厅在涉案范围内继续使用上述标识。某音乐厅提出的在先使用抗辩成立，其被控侵权的涉案行为不构成对涉案注册商标专用权的侵犯。

综上，本案法院判决正确无误。

法律建议

在经济交往中，如果民商事纠纷涉及新旧法律适用问题，应结合具体行为适用相关法律规定来保障自己的合法权益。

6. 商标专用权

——珠宝首饰公司与乙嘉华旅游文化产业有限公司侵犯商标专用权纠纷案

基本案情

甲嘉华公司于 2002 年 9 月 21 日、2006 年 12 月 7 日经国家工商行政管理总局商标局核准注册了“嘉华”文字商标和“华”字图形商标。“嘉华”文字商标的注册号为第 1922756 号,注册有效期限自 2002 年 9 月 21 日至 2012 年 9 月 20 日止，核准使用商品为第 14 类：宝石、金刚石；“华”字图形商标的注册号为第 3944809 号，注册有效期限自 2006 年 12 月 7 日至 2016 年 12 月 6 日止，核准使用商品为第 14 类：宝石、金刚石、翡翠、电子钟表、铂（金属）、贵重金属酒具（托盘）。2008 年 3 月 7 日，甲嘉华公司将以上两商标转让给了珠宝首饰公司。乙嘉华旅游文化产业有限公司原名乙嘉华珠宝有限公司，于 2001 年 4 月 28 日登记成立，经营范围为零售珠宝（铂金）首饰、旅游工艺品、土特产品、家居礼品、黄金饰品等。2008 年 1 月 2 日，经市工商行政管理局核准，乙嘉华珠宝有限公司更名为“乙嘉华旅游文化产业有限公司”，其经营范围亦增加了文化用品的销售及开发等内容。

原告珠宝首饰公司诉称：乙嘉华旅游文化产业有限公司经营的珠宝商店中所售产品的“质保单”上印有“甲嘉华珠宝质保单”字样，其发送的“质保信誉、酬宾卡”上印有“甲嘉华珠宝”字样及珠宝首饰公司的“华”字图形商标。钻戒的包装盒上印有“嘉华珠宝”字样，手机吊坠包装上印有“嘉华珠宝”字样及珠宝首饰公司的“华”字图形商标，其经营的珠宝商店的门面招牌上有“嘉华珠宝”字样。珠宝首饰公司认为乙嘉华旅游文化产业有限公司未经授权或许可，擅自在其店面招牌及其销售的同类商品上假冒该公司所有的注册商标进行牟利，其行为严重侵犯了该公司的商标专用权及商誉。

被告乙嘉华旅游文化产业有限公司辩称：商品中使用的“嘉华珠宝”是对其在先已经取得的企业名称的合理使用，并没有超出合理范围。

一审法院认为：珠宝首饰公司受让取得的“嘉华”文字商标和“华”字图形商标，分别于2002年9月21日、2006年12月7日取得注册商标专用权。乙嘉华旅游文化产业有限公司于2001年4月28日经工商机关登记成立，取得“乙嘉华珠宝有限公司”企业名称，该企业名称一直公开使用至2008年1月2日，之后该企业名称虽然变更为现名“乙嘉华旅游文化产业有限公司”，但仍保留“嘉华”文字。根据《中华人民共和国商标法》的相关规定，乙嘉华旅游文化产业有限公司带有“嘉华”的企业名称的取得时间，早于珠宝首饰公司受让取得的“嘉华”注册商标的取得时间，乙嘉华旅游文化产业有限公司带有“嘉华”的企业名称权符合“在先权利”的法律规定，故乙嘉华旅游文化产业有限公司合法使用其企业名称的行为并不构成对珠宝首饰公司“嘉华”商标专用权的侵犯。但是，乙嘉华旅游文化产业有限公司在其广告宣传物、说明书、包装物上使用珠宝首饰公司“华”字图形商标的行为，无任何正当理由，构成对该公司“华”字图形商标专用权的侵犯。

珠宝首饰公司不服一审法院上述民事判决，向高级人民法院提起上诉。

二审法院经审理认为，原审法院的判决并无不当，判决驳回上诉，维持原判。

裁判解析

本案的争议焦点有以下两点：

一、乙嘉华旅游文化产业有限公司对其字号的使用是否侵犯珠宝首饰公司“嘉华”注册商标专用权。

国家工商行政管理局发布的《企业名称登记管理规定》第七条规定：“企业名称应当由以下部分依次组成：字号（或者商号，下同）、行业或者经营特点、组织形式。”第二十条规定：“从事商业、公共饮食、服务等行业的企业名称牌匾可适当简化”。国家工商行政管理局《关于解决商标与企业名称中若干问题的意见》第六条规定：“处理商标与企业名称的混淆，应当适用维护公平竞争和保护在先权利人利益的原则。”第七条规定：“在先权利人可以在‘自商标注册之日或者企业名称登记之日起五年内提出请求’来避免两者权利的混淆。”根据这一原则，在后权利的设立与行使不得侵犯或妨碍他人在先已经存在并受法律保护的权利。如果商标注册在先，企业名称登记在后，则商标权人的权利与利益就应该受到法律保护。但如果企业名称登记在先，商标注册在后，由于企业名称专用权有地域范围限制，因此，应视不同情况区别对待。

本案中，乙嘉华旅游文化产业有限公司及其前身乙嘉华珠宝有限公司名称中的“嘉华”字号是具有独创性的部分，因其自登记成立之日起将“嘉华”字号登记为企业字号并在经营场所内使用，因此享有合法的在先权，并无证据证明存在采取不正当手段使用他人知识产权以误导公众的恶意及攀附、搭便车之情形。乙嘉华旅游文化产业有限公司的前身乙嘉华珠宝有限公司自 2001 年 4 月核准登记以来，一直在使用含有“嘉华”字号的牌匾，其使用“嘉华”字样具有持续性和合法性。因此，法院驳回珠宝首饰公司的诉讼请求是正确的。

二、乙嘉华旅游文化产业有限公司的行为是否侵犯了珠宝首饰公司的“华”字图形商标专用权。

《中华人民共和国商标法》第五十七条规定：“有下列行为之一的，均属侵犯注册商标专用权：（一）未经商标注册人的许可，在同一种商品上使用与其注册商标相同的商标的；（二）未经商标注册人的许可，在同一种商品上使用与其注册商标近似的商标，或者在类似商品上使用与其注册商标相同或者近似的商标，容易导致混淆的；（三）销售侵犯注册商标专用权的商品的；（四）伪造、擅自制造他人注册商标标识或者销售伪造、擅自制造的注册商标标识的；（五）未经商标注册人同意，更换其注册商标并将该更换商标的商品又投入市场的；（六）故意为侵犯他人商标专用权行为提供便利条件，帮助他人实施侵犯商标专用权行为的；（七）给他人的注册商标专用权造成其他损害的。”

最高人民法院《关于审理商标民事纠纷案件适用法律若干问题的解释》第九条第一款规定：“商标法五十二条第（一）项规定的商标相同，是指被控侵权的商标与原告注册商标相比较，两者在视觉上基本无差别。”据此，所谓的相同商标是指两商标相比较，文字、图形或者文字与图形的组合相同或者在视觉上无差别。

最高人民法院《关于审理商标民事纠纷案件适用法律若干问题的解释》第九条第二款规定："商标法第五十二条第（一）项规定的商标近似，是指被控侵权的商标与原告的注册商标相比较，其文字的字形、读音、含义或者图形的构图及颜色，或者其各要素组合后的整体结构相似，或者其立体形状、颜色组合近似，易使相关公众对商品的来源产生误认或者认为其来源与原告注册商标的商品有特定的联系。"据此，存在下列情形之一的，可以认定为近似：字形不同但读音、含义相同的；文字不同但读音相同、字形近似且文字无含义，会给消费者造成误认的；由三个以上的字组成、无确定含义但排列顺序相同的；或者虽然排列顺序不同但发音相同，字形近似的；有外文字母组成的无含义商标，部分字母相同且排列顺序相同，或者虽然排列顺序不同但发音、字形相似，容易造成误认的。而类似商品，是指在功能、用途、生产部门、销售渠道、消费对象等方面相同，或者相关公众一般认为其存在特定联系，容易造成混淆的商品。类似服务，则是指在服务的目的、内容、方式、对象等方面相同，或者相关公众一般认为存在特定联系、容易造成混淆的服务。

本案中，乙嘉华旅游文化产业有限公司在同一种商品的广告宣传物、说明书、包装物上使用珠宝首饰公司"华"字图形商标的行为，无任何正当理由，故构成对该公司"华"字图形商标专用权的侵犯。

法律建议

商标一经注册后，申请人便可享有该商标的商标专用权。如何更好地保护商标专用权，是行政执法部门和有关市场主体的重要工作。防止他人侵犯、危害自己的注册商标专用权可以从以下三个方面着手：首先，把商标权保护列为品牌战略，及时审查商标是否到了续展期，还应当在条件允许的情况下尽快申请国际注册。其次，积累商标的基础资料，评估出商标的价值。产品销售、广告合同费用等方面的资料和数据都是验证一个品牌知名程度的重要基础性资料，在申报著名商标和驰名商标以及可能进行的商标侵权诉讼中，都有重要的意义。最后，对商标侵权行为要尽早采取法律措施。

7. 商标专用权

——渤海文化公司与某电视台侵犯商标专用权纠纷案

基本案情

2000 年 5 月 24 日,渤海文化公司(本案原告)提出第 1774209 号“周末喜相逢”商标注册申请，并于 2002 年 5 月 21 日获准注册，核定使用服务为第 41 类的表演制作、广播和电视节目制作、节目制作、戏剧制作，专用期限至 2012 年 5 月 20 日。

2000 年 7 月 31 日，渤海文化公司与某电视台文艺中心及某电视台广告部签订了“周末喜相逢”合作协议书（以下简称合作协议）。

2002 年 2 月 22 日，某电视台（本案被告）向渤海文化公司发出通知，载明：截至 2002 年 2 月 23 日，合作协议规定的 52 期广告权益已执行完毕，即同时终止本协议的全部条款。

2002 年 2 月 22 日，某电视台广告部与案外人幽默城公司就独家代理广告资源签订《广告协议书》，依据该协议，幽默城公司取得“周末喜相逢”栏目从 2002 年 3 月至 2003 年 2 月共 52 期的全部广告权利。该协议期满后，双方又继续按照该协议内容进行了广告代理合作,直至“周末喜相逢”栏目于 2004 年 5 月停播止。

渤海文化公司和某电视台均认可，某电视台的“周末喜相逢”栏目最早播出的时间为 2000 年 11 月份左右，该栏目于 2004 年 5 月停播，2006 年 10 月份又恢复播出。该栏目现已成为某电视台的知名品牌栏目，该栏目节目在播放状态下的左上角标示有“XTV-3”的频道标识，在节目的右下角有“周末喜相逢 XTV”的滚动状字样。渤海文化公司承认,其自 2006 年 10 月之后未再使用第 1774209 号“周末喜相逢”商标。后渤海文化公司将某电视台诉至法院,认为某电视台侵犯了其“周末喜相逢”的商标专用权，要求某电视台停止侵权，赔偿损失。

一审法院认为：某电视台的行为侵犯了原告对该商标所享有的注册商标专用权，依法应承担停止侵权、赔偿原告因侵权所受损失的法律责任。并认为由于本案诉讼的起因在于原、被告双方合作互益关系的破裂，故双方合作协议中约定的520万元广告代理费可以作为赔偿数额的主要参考因素。法院参照该数额、结合“周末喜相逢”栏目的知名度、被告侵权行为的性质、持续时间、后果、原告的合理诉讼支出等因素，综合确定赔偿额为300万元。综合案件事实，法院依法判决如下：一、某电视台于本判决生效之日起3个月内，停止使用渤海文化公司的“周末喜相逢”注册商标。二、某电视台于本判决生效之日起10日内，赔偿渤海文化公司经济损失300万元。三、驳回渤海文化公司的其他诉讼请求。

一审判决后，某电视台不服，提起上诉。

二审法院经审理认为：某电视台和渤海文化公司合作协议中约定了由渤海文化公司向某电视台支付520万元广告代理费，渤海文化公司之所以支付520万元广告代理费是因为其预期能够通过某电视台这一媒体和“周末喜相逢”这一栏目获得更高收益，这种收益的获得更多是源于某电视台本身的知名度而非第1774209号“周末喜相逢”商标的知名度，因此520万元广告代理费与某电视台的被控侵权行为之间不存在因果关系，不能作为计算侵权损害赔偿的主要参考因素。一审判决以合作协议中约定的520万元广告代理费作为赔偿数额的主要参考因素缺乏依据，予以纠正。遂判决：一、维持一审判决第一项，即某电视台于本判决生效之日起3个月内，停止使用渤海文化公司的“周末喜相逢”注册商标。二、撤销一审判决第二、三项，即某电视台于本判决生效之日起10日内，赔偿渤海文化公司经济损失300万元；驳回渤海文化公司的其他诉讼请求。三、某电视台于本判决生效后10日内赔偿渤海文化公司经济损失和合理开支人民币30万元。四、驳回渤海文化公司的其他诉讼请求。

裁判解析

本案的争议焦点有以下三点：

一、注册商标专用权是否受法律保护。

注册商标专用权，又称注册商标权，是商标权的相对成熟形态。它是经国家法律确定的权利，是各国法律明确予以保护的主要对象。注册商标权意味着权利人不仅在事实上拥有某个商标，而且还在法律上得到了国家的确认和社会的认可。与未注册商标权相比，注册商标权具有自觉性、稳定性、专有性等特点。《中华人民共和国商标法》第五十六条规定："注册商标的专用权，以核准注册的商标和核定使用的商品为限。"

本案中，渤海文化公司于2000年5月24日，提出第1774209号"周末喜相逢"商标注册申请，并于2002年5月21日获准注册，核定使用服务为第41类的表演制作、广播和电视节目制作、节目制作、戏剧制作，专用期限至2012年5月20日。即渤海文化公司从2002年5月21日起至2012年5月20日止，获得了"周末喜相逢"的注册商标专用权，在此期间，渤海文化公司的注册商标受法律保护。

二、注册商标专用权的侵权认定。

《中华人民共和国商标法》第五十七条规定："有下列行为之一的，均属侵犯注册商标专用权：（一）未经商标注册人的许可，在同一种商品上使用与其注册商标相同的商标的；（二）未经商标注册人的许可，在同一种商品上使用与其注册商标近似的商标，或者在类似商品上使用与其注册商标相同或者近似的商标，容易导致混淆的；（三）销售侵犯注册商标专用权的商品的；（四）伪造、擅自制造他人注册商标标识或者销售伪造、擅自制造的注册商标标识的；（五）未经商标注册人同意，更换其注册商标并将该更换商标的商品又投入市场的；（六）故意为侵犯他人商标专用权行为提供便利条件，帮助他人实施侵犯商标专用权行为的；（七）给他人的注册商标专用权造成其他损害的。"

本案中，渤海文化公司获得了"周末喜相逢"的注册商标专用权。2002年2月23日，某电视台与渤海文化公司合作协议终止。2002年2月22日，某电视台广告部与幽默城公司就独家代理广告自愿签订《广告协议书》，依据该协议，幽默城公司取得"周末喜相逢"栏目从2002年3月至2003年2月共52期的全部广告权利。该协议期满后，双方又继续按照该协议内容进行了广告代理合作，直至“周末喜相逢”栏目于2004年5月停止播出，2006年10月份又恢复播出。该栏目现已成为某电视台的知名品牌栏目，该栏目节目在播放状态下的左上角标示有“XTV-3”的频道标识,在节目的右下角有“周末喜相逢XTV”的滚动状字样。某电视台的上述行为，显然属于未经商标注册人的许可，在同一种商品上使用与其注册商标近似的商标，或者在类似商品上使用与其注册商标相同或者近似的商标，属于侵犯注册商标专用权的行为。

三、侵犯商标专用权损害赔偿数额的计算方式。

《中华人民共和国商标法》(2001年修正) 第五十六条规定 :“侵犯商标专用权的赔偿数额，为侵权人在侵权期间因侵权所获得的利益，或者被侵权人在被侵权期间因被侵权所受到的损失，包括被侵权人为制止侵权行为所支付的合理开支。前款所称侵权人因侵权所得利益，或者被侵权人因被侵权所受损失难以确定的，由人民法院根据侵权行为的情节判决给予五十万元以下的赔偿。销售不知道是侵犯注册商标专用权的商品，能证明该商品是自己合法取得的并说明提供者的，不承担赔偿责任。”

本案中，某电视台和渤海文化公司合作协议中约定了由渤海文化公司向某电视台支付520万元广告代理费，渤海文化公司之所以支付520万元广告代理费是因为其预期能够通过某电视台这一媒体和“周末喜相逢”这一栏目获得更高收益，这种收益的获得更多是源于某电视台本身的知名度而非“周末喜相逢”商标的知名度，因此520万元广告代理费与某电视台的被控侵权行为之间不存在因果关系，不能作为计算侵权损害赔偿的主要参考因素。故某电视台的赔偿数额应根据《中华人民共和国商标法》第六十三条规定合理确定。

综上，本案二审法院的判决符合商标法的相关规定。

法律建议

随着市场经济的进一步发展，人们对知识产权的保护也愈来愈重视，注册商标专用权作为知识产权的一种重要权利，值得关注。注册商标专用权是指注册商标的所有人对其所有的注册商标享有独占的使用权，未经其许可，任何人都不得在同一种商品或者类似商品上使用与其注册商标相同或近似的商标。未经商标注册人的许可在同一种商品或者类似商品上使用与其注册商标相同或者近似的商标的，销售侵犯注册商标专用权的商品的，伪造、擅自制造他人注册商标标识或者销售伪造、擅自制造的注册商标标识的，未经商标注册人同意更换其注册商标并将该更换商标的商品又投入市场的，给他人的注册商标专用权造成其他损害的，均属侵犯注册商标专用权的行为。实践中要注意识别注册商标专用权并了解其侵权行为的构成要件，避免不必要的纠纷。

特别提示

根据2013年8月30日第十二届全国人民代表大会常务委员会第四次会议的有关规定，商标法进行了第三次修正，侵犯注册商标专用权的行为得到了进一步明确，相关赔偿数额进行了调整。

《中华人民共和国商标法》第六十三条规定："侵犯商标专用权的赔偿数额，按照权利人因被侵权所受到的实际损失确定；实际损失难以确定的，可以按照侵权人因侵权所获得的利益确定；权利人的损失或者侵权人获得的利益难以确定的，参照该商标许可使用费的倍数合理确定。对恶意侵犯商标专用权，情节严重的，可以在按照上述方法确定数额的一倍以上三倍以下确定赔偿数额。赔偿数额应当包括权利人为制止侵权行为所支付的合理开支。人民法院为确定赔偿数额，在权利人已经尽力举证，而与侵权行为相关的账簿、资料主要由侵权人掌握的情况下，可以责令侵权人提供与侵权行为相关的账簿、资料；侵权人不提供或者提供虚假的账簿、资料的，人民法院可以参考权利人的主张和提供的证据判定赔偿数额。权利人因被侵权所受到的实际损失、侵权人因侵权所获得的利益、注册商标许可使用费难以确定的，由人民法院根据侵权行为的情节判决给予三百万元以下的赔偿。"

8. 注册商标专用权

——《家庭》杂志社诉里肯公司等12家单位侵犯注册商标专用权案

基本案情

《家庭》杂志社（本案原告）于1990年1月10日经核准注册了"家庭"文字商标，核定使用的商品为第16类杂志，并自1982年起出版、发行《家庭》杂志至今。该杂志全国统一刊号为CN44—1066/C，规格为16开，封面为128克进口铜版纸彩页，内页均为黑白页，共64页，封面的左上方印有杂志名称"家庭"，并有注册商标标记R。该杂志内容为介绍名人或普通人的家庭生活、命运悲欢、爱情故事、家庭生活新理念、心理咨询等。

里肯公司（本案被告）于2001年创办了《家庭OTC》杂志，至2002年6月共发行了4期。该杂志没有国内统一刊号，规格为大16开，封面为157克铜版纸彩页、覆亮膜，内页为105克铜版纸，大多为彩页，页数为90-128页不等，封面正上方印有杂志名称"家庭OTC"，其中"家庭"二字为艺术字体，字体颜色配合封面整体色调，有黑色及黄色两种，"OTC"三个英文字母均为白色，与"家庭"二字的大小相同，呈平行整齐排列（首刊号除外）。该杂志内容为家庭非处方药物用药指南、家庭非处方药物百科、家庭非处方药物市场、家庭保健常识等，其中有多页广告。在该杂志后面有征订函、广告刊例等，在征订函中其宣称每期发行5万份。

另查，《家庭OTC》杂志印有发起人为某药物协会（本案被告）、哈药总厂（本案被告）、杨森公司（本案被告）、先灵公司（本案被告）、桐君阁公司（本案被告），主办为里肯公司，承办为奥肯公司（本案被告），协办为绿叶公司（本案被告）、东药公司（本案被告）、双鹤公司（本案被告）、中药公司（本案被告）、体恒健公司（本案被告）等内容。

目前，在期刊市场上有多达四十余种带有“家庭”字样的杂志，如《家庭医药》、《家庭医生》、《家庭保健》等。1999 年 11 月 19 日，国家药品监督管理局发布国药管安 [1999]399 号《关于公布非处方药专有标识及管理规定的通知》，要求全国的非处方药都要在药品标签、使用说明书、包装以及药品分类销售中使用“OTC”非处方药专有标识。后《家庭》杂志社以里肯公司等单位侵犯商标注册权为由起诉至法院。

一审法院经审理认为：申请注册的商标在形、义或色彩上，应当有显著特征，便于消费者识别。原告注册的商标“家庭”二字，从其含义来讲是一个使用频率高、使用范围广的常用词语，从该商标的字体形式来看，区别特征也不强，只是经过原告将其作为杂志名称长期使用之后，使“家庭”二字有了特定的杂志名称的含义，经其注册为商标后，依法享有了专用权。但是，鉴于本案原告将一个区别特征不强的常用词语作为杂志名称且注册为商标，因此对该商标的保护应该严格限定在他人不得单独或突出地在相同或近似商品上使用该商标或名称的范围内。

被告创办的《家庭 OTC》杂志的名称中虽包含有“家庭”二字，但该名称的使用是呈整齐排列的整体结构，且在字体、字号上均与原告不同，从形式上看没有突出使用“家庭”二字。“OTC”作为“非处方药物”一词的英文缩写，虽是近几年来新兴的一个词语，但已经被广泛用于药物包装及药店柜台的标示牌等处，并被广泛宣传，而“家庭”二字只是一个常用词语，比较之下人们的注意力应更容易放在新兴的词汇上。从《家庭 OTC》杂志在名称的使用方式上看，以白颜色标识“OTC”，可认定为有意淡化该三个字母，故不存在所谓“‘家庭’二字构成显著部分”。因此原告所提“家庭”二字构成了该杂志名称中的显著部分，被告使用“家庭 OTC”的名称存在侵权的故意的主张不能成立。

综上，一审法院依据《商标法》第九条第一款、第五十二条第一款第四项之规定判决驳回原告诉讼请求。

一审判决后，原告不服，提起上诉。

二审法院经审理认为：由于缺乏显著性特征，注册商标专用人无权禁止他人正当、善意使用注册商标中包含的常用基本词汇，故依法驳回上诉，维持原判。

裁判解析

本案的争议焦点在于《家庭 OTC》作为杂志名称，是否对《家庭》杂志社注册在杂志类商品上的“家庭”注册商标构成侵权，即被告对“家庭”二字的使用是否属于合理使用。

2002 年《中华人民共和国商标法实施条例》第四十九条规定：“注册商标中含有的本商品的通用名称、图形、型号，或者直接表示商品的质量、主要原料、功能、用途、重量、数量及其他特点，或者含有地名，注册商标专用权人无权禁止他人正当使用。”（现行《中华人民共和国商标法》对于此内容规定在第五十九条）2002 年《最高人民法院关于审理商标民事纠纷案件适用法律若干问题的解释》第八条规定：“商标法所称相关公众，是指与商标所标识的某类商品或服务有关的消费者和与前述商品或者服务的营销有密切关系的其他经营者。”第九条规定：“《中华人民共和国商标法》第五十二条第（一）项规定的商标相同，是指被控侵权的商标与原告的注册商标相比较，二者在视觉上基本无差别；商标相似，是指被控侵权的商标与原告的注册商标相比较，其文字的字形、读音、含义或者图形的构图及颜色，或者其各要素组合后的整体结构相似，或者其立体形状、颜色组合近似，易使相关公众对商品的来源产生误认或者认为其来源与原告注册商标的商品有特定的联系。”第十条规定：“人民法院就依据商标法第五十二条第（一）项的规定，认定商标相同或者近似按照以下原则进行：（一）以相关公众的一般注意力为标准；（二）既要进行对商标的整体比对，又要进行对商标主要部分的比对，比对应当在比对对象隔离的状态下分别进行；（三）判断商标是否近似，应当考虑请求保护注册商标的显著性和知名度。”第十一条规定：“商标法第五十二条第（一）项规定的类似商品，是指在功能、用途、生产部门、销售渠道、消费对象等方面相同，或者相关公众一般认为其存在特定联系、容易造成混淆的商品。类似服务，是指在服务的目的、内容、方式、对象等方面相同，或者相关公众一般认为存在特定联系、容易造成混淆的服务。商品与服务类似，是指商品和服务之间存在特定联系，容易使相关公众混淆。”（现已改为第五十七条）

据此，对他人注册商标或者注册商标的一部分构成合理使用，应当具备以下要件：一、使用出于善意；二、不是作为商标使用；三、使用只是为了说明或者描述自己的商品或者服务；四、使用不会造成消费者对商品或者服务来源的混淆、误认。一般来说，合理使用行为包括使用注册商标中所含有的本商品的通用名称、图形、型号，使用注册商标中直接表示商品或者服务的性质、用途、质量、主要原料、种类及其他特征的标志，以及规范使用自己的企业名称、字号及所在地的地名等。

本案中“家庭”一词是人们在日常生活、工作和学习中使用的常用基本词汇，其作为杂志名称的一部分，具有说明刊物本身特点或者刊物读者群特点的功能和属性。《家庭》杂志社在选用“家庭”二字作为商标时，“家庭”一词表达的是商品或者服务本身的特征，因而它的显著性弱，只是经过《家庭》杂志社将其作为杂志名称长期使用后，才使“家庭”二字有了特定的杂志名称的含义，即在“家庭”二字的基本含义之外产生出第二含义，因此也才能够注册成为商标。但是拥有这种第二含义的商标的权利人并不能够以其注册商标专用权禁止他人对该商标文字的第一含义——即该文字本来意义的使用，除非该注册商标已经成为驰名商标，他人的使用造成了相关公众对两杂志的提供者产生联想而误认。故《家庭》杂志社虽经国家工商行政管理总局商标局核准在第16类杂志类商品上注册了“家庭”文字商标，成为该注册商标的专用权人，但不能阻止他人对“家庭”二字的合理使用。被告在其创办的《家庭OTC》杂志上使用“家庭”一词，其使用的是“家庭”的本来意义，是为了说明其杂志是向相关公众提供家庭中使用的非处方药（OTC）的相关知识，是善意地说明自己杂志的性质和特征，不是作为商标来使用，因此构成对“家庭”一词的合理使用，不应当认定为侵权。目前国内期刊市场上诸多带有“家庭”字样的杂志存在的客观事实，亦足以说明在报纸杂志类商品上确实存在着对“家庭”一词合理使用的情况。因此，原告对使用“家庭”一词本来含义的行为无权禁止，被告行为不构成对《家庭》杂志社所享有的“家庭”注册商标专用权的侵犯。

法律建议

实践中，申请注册的商标需在形、义或色彩上有显著特征，以便消费者识别。由于缺乏显著性特征，注册商标专用人当然无权禁止他人正当、善意使用注册商标中包含的常用基本词汇。

9. 未注册驰名商标

——某集团公司诉某酒业有限公司、林某不正当竞争及侵犯商标专用权纠纷案

基本案情

某集团公司的“诸葛酿”酒从2002年起具有一定知名度，在相关公众中则具有非常高的知名度。2007年“诸葛酿”商标被酿酒工业协会推荐为驰名商标。

某集团公司在林某经营的某市百货店公证购买了某酒业有限公司生产的被控侵权产品A，同一天，某集团公司在某市某公司公证购买了某酒业有限公司生产的被控侵权产品B。

某集团公司起诉称：“诸葛酿”为未注册驰名商标，“诸葛酿”酒为知名商品，“诸葛酿”酒的包装、装潢为知名商品的特有包装、装潢，请求判令林某立即停止销售侵犯某集团公司“诸葛酿”酒的知名商品特有名称“诸葛酿”及其包装、装潢和“诸葛酿”驰名商标的商品的行为，某酒业有限公司立即停止生产、销售侵犯某集团限公司“诸葛酿”酒的知名商品特有名称“诸葛酿”及其包装、装潢和“诸葛酿”驰名商标的商品的行为，并赔礼道歉、赔偿经济损失。

某酒业有限公司、林某答辩请求驳回原告的诉讼请求。

一审法院认为：本案属于不正当竞争及商标侵权纠纷。某集团公司的“诸葛酿”酒在市场上具有很高的知名度，并为相关消费者所知悉，故认定某集团公司“诸葛酿”酒为知名商品。某集团公司的“诸葛酿”酒的名称、包装、装潢为其所特有。被告的行为构成仿冒某集团公司知名商品特有的名称、包装、装潢的不正当竞争行为。某集团公司在其白酒类产品上所使用的“诸葛酿”未注册商标使用时间已经持续多年，其在国内市场上有较高的知名度，为产品宣传所做的广告已经遍及

全国范围，并先后多次获得了有关司法、行政部门和行业协会的正面评价，该商标在客观上已经达到了为相关公众所广为知悉的程度，符合认定为驰名商标的条件，故某集团公司使用在白酒类产品上的“诸葛酿”未注册商标为驰名商标。就本案而言，某酒业有限公司生产、销售的“诸葛酿”酒直接复制了某集团公司的未注册驰名商标，且在相同商品上作为商标使用，侵犯了某集团公司的未注册驰名商标权。林某销售了某酒业有限公司生产的被控侵权产品，也构成了对某集团公司“诸葛酿”未注册驰名商标权的侵犯。据此，判决林某立即停止销售侵犯某集团公司“诸葛酿”酒的知名商品特有名称“诸葛酿”及其包装、装潢和“诸葛酿”驰名商标的商品的行为；某酒业有限公司立即停止生产、销售侵犯某集团公司“诸葛酿”酒的知名商品特有名称“诸葛酿”及其包装、装潢和“诸葛酿”驰名商标的商品的行为；林某、某酒业有限公司在当地日报、晚报、都市报上公开道歉（道歉内容由法院审定）；某酒业有限公司赔偿某集团公司经济损失50万元。

某酒业公司不服上述一审判决，提起上诉。二审法院改判林某立即停止销售侵犯某集团公司“诸葛酿”酒的知名商品特有名称“诸葛酿”及其包装、装潢的商品的行为；改判某酒业有限公司立即停止生产、销售侵犯某集团公司“诸葛酿”酒的知名商品特有名称“诸葛酿”及其包装、装潢的商品的行为；改判某酒业有限公司赔偿某集团公司经济损失人民币20万元；撤销林某、某酒业有限公司在当地日报、晚报、都市报上公开道歉的判决。

裁判解析

本案争议的焦点有以下三点：

一、关于涉案不正当竞争的认定。

《中华人民共和国反不正当竞争法》第五条规定：“经营者不得采用下列不正当手段从事市场交易，损害竞争对手……（二）擅自使用知名商品特有的名称、包装、装潢，或者使用与知名商品近似的名称、包装、装潢，造成和他人的知名商品相混淆，使购买者误认为是该知名商品等不正当手段从事市场交易，损害竞争对手。”《最高人民法院关于审理不正当竞争民事案件应用法律若干问题的解释》第二条规定："具有区别商品来源的显著特征的商品的名称、包装、装潢，应当认定为反不正当竞争法第五条第（二）项规定的'特有的名称、包装、装潢'。"国家工商行政管理局《关于禁止仿冒知名商品特有的名称、包装、装潢的不正当竞争行为的若干规定》第二条规定："仿冒知名商品特有的名称、包装、装潢的不正当竞争行为，是指违反《反不正当竞争法》第五条第（二）项规定，擅自将他人知名商品特有的商品名称、包装、装潢作相同或者近似使用，造成与他人的知名商品相混淆，使购买者误认为是该知名商品的行为。前款所称使购买者误认为是该知名商品，包括足以使购买者误认为是该知名商品。"上述规定表明，构成仿冒知名商品名称、包装和装潢的不正当竞争行为，必须同时具备以下条件：一、被仿冒的商品必须是"知名商品"；二、被仿冒的商品名称、包装、装潢必须为知名商品所特有，具有显著性；三、对知名商品特有的名称、包装和装潢擅自作相同或者近似的使用；四、造成与知名商品相混淆，使购买者误以为是该知名商品。

本案中，某集团公司生产的"诸葛酿"酒自进入市场以来，取得了国家相关部门和消费者的认可，在市场上具有较高的知名度，并为相关消费者所知悉，故应认定某集团公司的"诸葛酿"酒为知名商品。某集团公司的"诸葛酿"酒的名称、包装和装潢为其所特有，具有显著性和在先性。对使用与知名商品近似的名称、包装和装潢，可以根据主要部分和整体印象相近、一般购买者施以普通注意力会发生误认等综合分析认定。某酒业公司与某集团公司在铁盒、纸盒两款产品上的商品名称、包装、装潢相近似，且二者同为白酒类产品，相关消费者以普通注意力不易分辨，容易造成消费者的混淆和误认，因此，某酒业有限公司构成不正当竞争。

二、关于涉案商标权的认定。

关于驰名商标的认定标准，《中华人民共和国商标法》第十四条规定："驰名商标应当根据当事人的请求，作为处理涉及商标案件需要认定的事实进行认定。认定驰名商标应当考虑下列因素：（一）相关公众对该商标的知晓程度；（二）该商标使用的持续时间；（三）该商标的任何宣传工作的持续时间、程度和地理范围；（四）该商标作为驰名商标受保护的记录；（五）该商标驰名的其他因素。"

本案中，尽管某集团公司在其白酒类产品上使用“诸葛酿”商品名称已经持续多年，达到了相关公众较为熟悉的程度。但是确定一个商品名称是否构成未注册驰名商标,除应综合多方面因素考量外,还应当从认定的必要性等方面加以权衡。

《中华人民共和国商标法》第十三条规定 :“为相关公众所熟知的商标，持有人认为其权利受到侵害时，可以依照本法规定请求驰名商标保护。就相同或者类似商品申请注册的商标是复制、摹仿或者翻译他人未在中国注册的驰名商标，容易导致混淆的，不予注册并禁止使用。就不相同或者不相类似商品申请注册的商标是复制、摹仿或者翻译他人已经在中国注册的驰名商标，误导公众，致使该驰名商标注册人的利益可能受到损害的，不予注册并禁止使用。”《最高人民法院关于审理商标民事纠纷案件适用法律若干问题的解释》第二条规定 :“依据商标法第十三条第一款的规定，复制、摹仿、翻译他人未在中国注册的驰名商标或其主要部分，在相同或者类似商品上作为商标使用，容易导致混淆的，应当承担停止侵害的民事法律责任。”上述规定表明,如果商标注册人的商标符合驰名商标的条件,依据《中华人民共和国商标法》第十三条第二款的规定，则可以得到跨注册类别的特殊保护，即对注册驰名商标的跨类保护。对不涉及跨类问题的注册商标则可以不提供驰名商标保护，故也不存在驰名商标的认定问题。

本案中，某集团公司与某酒业有限公司同属一个行业，产品均为白酒类产品，属同类产品，可以依据《中华人民共和国商标法》第五十二条来请求予以保护，客观上不存在跨类保护的问题。况且，本案中某集团公司的“诸葛酿”已经被认定为知名商品特有的名称。通过保护知名商品特有的名称，就可以达到保护某集团公司合法权益的目的和效果。因此，没有必要再认定“诸葛酿”为未注册的驰名商标。

三、关于涉案损害赔偿的认定。

根据《最高人民法院关于审理不正当竞争民事案件应用法律若干问题的解释》第十七条第一款关于“……确定反不正当竞争法第五条、第九条、第十四条规定的不正当竞争行为的损害赔偿额，可以参照确定侵犯注册商标专用权的损害赔偿额的方法进行 ”的规定，本案不正当竞争行为的损害赔偿额，可以参照侵犯注册商标专用权损害赔偿的方法来确定。《中华人民共和国商标法》（2001 年修正）第五十六条规定："侵犯商标专用权的赔偿数额，为侵权人在侵权期间因侵权所获得的利益，或者被侵权人在被侵权期间被侵权所受到的损失，包括被侵权人为制止侵权行为所支付的合理开支。前款所称侵权人因侵权所得利益，或者被侵权人因侵权所受损失难以确定的，由人民法院根据侵权行为的情节判决给予五十万元以下的赔偿。销售不知道是侵犯注册商标专用权的商品，能证明该商品是自己合法取得的并说明提供者的，不承担赔偿责任。"据此，本案由人民法院酌情确定赔偿数额为 20 万元并无不当。至于赔礼道歉问题，某酒业有限公司在被控侵权产品上使用自己的企业名称和商标，林某在销售产品的过程中也没有损害某集团公司商誉的行为，故应予撤销。

法律建议

我国知名商品受反不正当竞争法的保护，擅自使用知名商品特有的名称、包装、装潢，或者使用与知名商品近似的名称、包装、装潢，造成和他人的知名商品相混淆，使购买者误认为是该知名商品的，应承担相应的责任。同时尽管我国商标法保护未注册驰名商标，但只对注册驰名商标予以跨类保护，因此建议通过注册驰名商标保护知识产权。

三、专利权篇

1. 发明专利权纠纷

——甲公司与乙公司、丙公司侵害发明专利权纠纷案

基本案情

甲公司系专利号为ZL20098000××××.8的“红外线加热烹调装置”发明专利权人。乙公司在丙公司商城销售了一款3D烧烤炉。甲公司针对该产品向丙公司网知识产权保护平台上传了包含专利侵权分析报告和技术特征比对表在内的投诉材料，但未被审核通过。甲公司认为乙公司销售的产品落入其专利权保护范围；丙公司在其投诉后未采取有效措施，应与乙公司共同承担侵权责任。遂诉至法院，请求判令：一、被告乙公司立即停止销售被控侵权产品；二、被告乙公司立即销毁库存的被控侵权产品；三、被告丙公司撤销被告乙公司在其平台上所有的侵权产品链接；四、两被告连带赔偿原告50万元；五、本案诉讼费用由两被告承担。

一审法院经审理认为：原告甲公司依法取得的专利号为ZL20098000××××.8发明专利权在有效期限内，法律状态稳定，并已履行了缴纳专利年费的义务，故该专利为有效专利，依法应受国家法律的保护。被诉侵权产品落入涉案专利权保护范围，乙公司未经许可销售该产品构成侵权。丙公司在收到甲公司的有效投诉材料后未及时采取措施，直到该公司提起本案诉讼后才对侵权产品作出下架及删除链接的处理，并未尽到合理的审查义务，应当对损害扩大的部分与乙公司承担连带责任。因被控侵权产品已落入涉案专利的保护范围，被告乙公司应当承担停止侵权、赔偿损失的民事责任，故原告甲公司要求被告乙公司停止销售被控侵权产品的请求，应予以支持。原告要求被告乙公司销毁库存的侵权产品的请求，因其没有提供直接的证据证明，法院不予支持。原告要求被

告丙公司撤销被告乙公司在平台上的产品链接，由于侵权产品链接已不存在，该请求已无事实依据，法院不予支持。关于具体的赔偿数额，由于原告没有提供证据证明其因侵权所受到的具体损失或被告乙公司因侵权所获得的具体利益，法院综合考虑被告乙公司侵权的范围、时间、性质以及原告专利权的类别、维权的合理费用等因素，酌情确定赔偿数额为 15 万元。关于被告丙公司所应承担责任的份额，由于原告没有提交其因丙公司未采取必要的措施而扩大的损失的数额，法院综合考虑侵权持续的时间及丙公司应当知道侵权事实的时间，确定丙公司对乙公司赔偿数额的 5 万元承担连带赔偿责任。

综上，一审法院判决：一、被告乙公司立即停止销售侵犯专利号为 ZL20098000××××.8 的发明专利权的产品的行为；二、被告乙公司于本判决生效之日起十日内赔偿原告甲公司经济损失 15 万元（含原告为制止侵权而支出的合理费用）；三、被告丙公司对上述第二项中被告乙公司赔偿金额的 5 万元承担连带赔偿责任；四、驳回原告甲公司的其他诉讼请求。

一审判决后，丙公司不服，提起上诉。

二审法院认为：甲公司的投诉符合侵权责任法规定的“通知”的基本要件，属于有效通知。丙公司接到投诉后未及时采取必要措施，一审判令其就损失的扩大部分承担连带责任并无不当。遂判决驳回上诉，维持原判。

裁判解析

本案涉及网络平台销售侵害专利权产品时如何界定其责任的问题。

《中华人民共和国侵权责任法》第三十六条规定：“网络用户、网络服务提供者利用网络侵害他人民事权益的，应当承担侵权责任。网络用户利用网络服务实施侵权行为的，被侵权人有权通知网络服务提供者采取删除、屏蔽、断开链接等必要措施。网络服务提供者接到通知后未及时采取必要措施的，对损害的扩大部分与该网络用户承担连带责任。网络服务提供者知道网络用户利用其网络服务侵害他人民事权益，未采取必要措施的，与该网络用户承担连带责任。”

一、关于《中华人民共和国侵权责任法》第三十六条第一款的理解。

第一款确立了网络用户和网络服务提供者的侵权责任，网络用户是指在计算机终端通过网络获取信息或者向网络提供信息的用户，网络服务提供者包括网络技术服务提供者与网络内容服务提供者。本案中，乙公司属于网络用户，丙公司属于网络服务提供者。

二、关于《中华人民共和国侵权责任法》第三十六条第二款的理解。

第二款是关于“避风港制度”的规定。根据该制度，网络用户侵权后：(一)网络服务提供者按照权利人的通知及时采取了删除、屏蔽、断开链接等技术措施的，网络服务提供者不承担责任。(二)网络服务提供者接到通知后，未及时采取必要措施，自此时起构成共同侵权，就损害的扩大部分，与该网络用户承担连带责任。

关于本款规定的“通知”，应理解为权利人通过一定的方式使网络服务提供者获知网络用户的侵权事实。本案中，原告甲公司提交的投诉材料符合被告丙公司的格式要求，在其上传的附件中也以图文并茂的形式对技术要点进行比对。因此，可以认定甲公司的投诉符合侵权责任法规定的“通知”的基本要件，属于有效通知。

关于本款规定的“必要措施”，包括删除、屏蔽、断开链接，但又不限于这三类，应根据所侵害权利的性质、侵权的具体情形和技术手段等综合确定。网络服务提供者对被投诉商品采取的必要措施应当秉承审慎、合理原则，以免损害被投诉人的合法权益。本案中，丙公司作为电子商务平台服务的提供者，基于其对专利侵权判断的能力、侵权投诉胜诉概率以及利益平衡等因素的考量，并不必然要求其在接受投诉后对被投诉商品立即采取删除和屏蔽措施。但是，将有效的投诉通知材料转达被投诉人并通知被投诉人申辩当属丙公司应当采取的必要措施之一。否则权利人投诉行为将失去任何意义，其维权行为也将难以实现。网络服务提供者应该保证有效投诉信息传递的顺畅，被投诉人在接到投诉信息后，对于其产品是否侵权，以及是否应主动停止被投诉行为，自会作出相应的判断及应对。丙公司未履行上述基本义务的结果导致被投诉人未收到任何警示，从而造成损害后果的扩大，故应对损害的扩大部分与乙公司承担连带责任。

三、关于《中华人民共和国侵权责任法》第三十六条第三款的理解。

第三款是关于网络用户与网络服务提供者构成“自始的共同侵权”的规定。

网络服务提供者知道网络用户利用其网络服务侵害他人民事权益，未采取必要措施的，自始成立共同侵权，与该网络用户承担连带责任。应当注意的是，这种网络侵权的共同侵权具有一定的特殊性，只要求网络服务提供者明知，无需双方具有共同故意。

本案中，丙公司作为网络服务提供者对于乙公司的侵权行为并不知情，因此丙公司与乙公司不成立共同侵权，丙公司无需就甲公司的全部损失承担连带责任。

法律建议

随着互联网的发展与普及，网络侵权行为时有发生，文化产业从业者应掌握我国侵权责任法关于网络侵权责任的相关规定，以便保护自身的合法权益，平衡权利人和被投诉人之间的利益，促进电子商务平台的健康有序发展。

特别提示

《中华人民共和国专利法》第十一条第一款规定："发明和实用新型专利权被授予后，除本法另有规定的以外，任何单位或者个人未经专利权人许可，都不得实施其专利，即不得为生产经营目的制造、使用、许诺销售、销售、进口其专利产品，或者使用其专利方法以及使用、许诺销售、销售、进口依照该专利方法直接获得的产品。"

2. 外观设计专利权及损害赔偿

——确认不侵犯某汽车外观设计专利权及损害赔偿纠纷案

基本案情

国家知识产权局于2002年2月13日授予某株式会社涉案外观设计专利权。2003年9月18日至10月8日，某株式会社的委托代理人先后八次向某股份公司或其销售商发送警告信，要求某股份公司：一、以书面形式承认侵权事实；二、立即停止生产、销售涉案汽车；三、向某株式会社出具誓约书，切实保证今后不再生产、销售涉案汽车；四、立即销毁制造侵权车型所使用的图纸、专用设备、模具以及专用工具等，并将证明已销毁上述物品的照片以及法定代表人签署的证明该事实的文件提交某株式会社；五、立即停止散发或使用有关产品介绍、广告资料、产品使用说明书等，并销毁相关印刷版，回收已流通到市场上的上述资料，并将证明已销毁上述物品的照片以及法人代表签署的证明该事实的文件提交某株式会社；六、在全国及行业报刊上发表承认侵权事实的声明并向某株式会社致歉。

某股份公司向法院起诉称：某股份公司收到数份“警告信”。由于某株式会社所称侵权车型系某股份公司正在设计过程中的非定型产品，未开展生产制造，也未上市销售，不存在侵权事实。某株式会社的行为给某股份公司的生产和经营造成了一定影响。请求依法确认某股份公司生产和销售的涉案汽车外观设计未侵害涉案专利权，一并确认其不侵害某株式会社01302609.7号以及01302610.0号（汽车保险杠）外观设计专利权，请求法院认定某株式会社侵害某股份公司的合法经营权和名誉权，判令某株式会社赔偿某股份公司损失人民币36574万元。

某株式会社答辩称：涉案汽车的外观设计侵害了某株式会社的涉案专利权。

某株式会社向某股份公司及销售商发送警告信不存在恶意，是依法行使权利。

一审法院认为：采取与侵害涉案专利权案件相同的比对方式，将涉案汽车的照片与涉案专利相比对，涉案汽车与外观设计专利产品的主要技术特征相比对，在整体观察及细部比较上存在明显差异，未落入涉案专利权的保护范围，不构成侵权。依照专利法的规定，专利权人在遭受侵权时可以采取自行协商、请求管理专利工作的部门处理以及向法院起诉等形式进行维权。在本案中，某株式会社先后八次向某股份公司发送警告信，特别是在某股份公司已提起诉讼后，仍然发送警告信的行为已经明显超出了专利法以及其他法律规定的合理范围。其后，某株式会社又通过新闻媒体对该侵权诉讼进行报道，并通过其关联公司某汽车公司向某省人民政府致函，要求协调停止包括某股份公司在内的某汽车企业的所谓侵权行为。上述行为已超过合理的维权范围，具有明显的恶意，给某股份公司的生产、销售等正常经营活动及名誉权造成了一定损害，应承担赔偿责任。综上，一审法院判决确认某股份公司生产、销售的涉案“laibaos-rv”汽车不侵害某株式会社涉案01319523.9号外观设计专利权；某株式会社赔偿某股份公司经济损失人民币5000万元（含合理维权费用）。

某股份公司、某株式会社均不服一审判决，提起上诉。二审法院判决变更某株式会赔偿某股份公司经济损失人民币1600万元（含合理维权费用），其他予以维持。

裁判解析

本案的争议焦点有以下三点：

一、涉案汽车是否落入外观设计专利权的保护范围。

《中华人民共和国专利法》第五十六条第二款规定：“外观设计专利权的保护范围以表示在图片或照片中的该外观设计专利产品为准。”《中华人民共和国专利法实施细则》第二条第三款规定：“专利法所称的外观设计，是指对产品的形状、图案或者其结合以及色彩与形状、图案相结合所作出的富有美感并适于工业上应用的新设计。”外观设计是从产品美感的角度出发，表现在产品外部，是关于产品外表的装饰性或艺术性的设计。对于一般消费者来说，主要从汽车的主视图、侧视图及后视图三个方向进行观察。据此，本案中涉案汽车与外观设计专利产品从整体上观察存在显著不同，故法院认定未落入涉案专利权的保护范围。

二、涉案责任主体的认定即某株式会社是否应当承担责任。

某株式会社发送警告信分为两个阶段：第一阶段是 2003 年 9 月 18 日至 10 月 8 日，某株式会社的委托代理人先后八次发送侵权警告信，要求某股份公司停止生产、销售涉案汽车，某股份公司自行作出判断，选择了立即与某株式会社沟通的方式，并修改了被警告产品的外观设计；第二阶段是某株式会社于 2003 年 10 月 15 日传真函告某股份公司的定型设计方案仍侵害涉案专利权，某股份公司遂于同年 10 月 16 日提起了本案之诉。第一阶段某股份公司合理判断、自行承担由此导致的商业风险，第二阶段某株式会社的行为有打击竞争对手、争取交易对象或者商业机会的作用。《中华人民共和国专利法》第五十七条规定：“未经专利权人许可，实施其专利，即侵犯其专利权，引起纠纷的，由当事人协商解决。”第一阶段某股份公司所谓停止生产、推迟涉案汽车上市以及对产品外观等进行改造导致的损失，属于其自行对侵权警告进行判断后的商业风险，应由其自行承担。第一阶段某株式会社警告的行为属于专利权人正当行使专利权的维权行为。第二阶段，在某股份公司已经与其进行沟通协商，并寻求确认不侵害涉案专利权的司法救济后，某株式会社继续向涉案汽车的销售商发送侵权警告信，起到了打击竞争对手、争取交易对象或者商业机会的作用。《中华人民共和国反不正当竞争法》第二条规定：“经营者在市场交易中，应当遵循自愿、平等、公平、诚实信用的原则，遵守公认的商业道德。”某株式会社在第二阶段违反了上述规定，其行为并非专利法所赋予的正当的维权方式，而是有悖于鼓励和保护公平竞争的不正当竞争行为。依据《中华人民共和国反不正当竞争法》第二十条规定，经营者违反本法规定，给被侵害的经营者造成损害的，应当承担损害赔偿责任，故某株式会社应当对其第二阶段造成的损害后果承担责任。

三、涉案赔偿数额的认定是否正确。

《中华人民共和国反不正当竞争法》第二十条的规定：“被侵害的经营者的损

失难以计算的，赔偿额为侵权人在侵权期间因侵权所获得的利润；并应当承担被侵害的经营者因调查该经营者侵害其合法权益的不正当竞争行为所支付的合理费用。”法院结合双方均认可涉案汽车的单台利润，参考涉案汽车的销量、评估咨询报告的相关内容，同时考虑某株式会社不当发送警告信的情节以及被警告经销商的范围，酌定某株式会社赔偿某股份公司经济损失人民币 1600 万元（含合理维权费用）是正确的。

法律建议

公民、法人和其他组织通过法律方式维护自己的权益已成为当今社会从事交易的必备手段，知名企业在维护自己权益时，可以采取相应的措施避免损失进一步扩大，但应注意需要在法律允许的范围内采取合理的措施进行维权，避免侵犯对方权益，否则得不偿失。

四、合同篇

1. 协议的性质

——某大学出版社有限责任公司诉某图书馆公司合同纠纷案

基本案情

原告某大学出版社公司（以下简称出版社）向法院起诉称，出版社与某数字图书馆公司签订《战略合作协议》，约定由数字图书馆公司“在本合作协议签署后3个月内分两期向出版社支付版权使用款60万元，首期版权使用款（50%）在协议签署后10个工作日内支付”。协议签订后，数字图书馆公司向出版社支付45万元，其余款项未付。出版社遂向法院起诉，请求判令某数字图书馆公司立即偿还所欠版权使用款15万元。

被告某数字图书馆公司（以下简称图书馆）辩称：2010年至2011年期间，双方就版权纠纷协商后签订了战略合作协议，约定了具体事项，合同签订后，图书馆陆续向出版社支付了47万元，因对方未提供版权、数字资源，故图书馆未支付剩余款项。

一审法院查明：出版社为证明图书馆侵犯其版权提交了公证书，图书馆以该公证书制作程序不合法、证明内容不属实为由不予认可。因版权事宜，2010年至2011年期间，出版社与图书馆进行过多次协商。2010年12月31日，图书馆致函出版社称，为表达诚意，同意向出版社预付2万元作为合作启动金，待正式协议签署后将该笔费用从协议约定的应付款中扣除。当日，图书馆向出版社实际支付2万元，并在汇款凭证上载明汇款用途为合作启动金。2011年2月24日，出版社致函图书馆称，关于图书馆侵犯出版社电子书版权一事，图书馆一再违背承诺，肆意拖延，故出版社决定从即日起停止侵权赔偿协商谈判，从法律和社会公众层面寻求解决方案。2011 年 3 月 1 日，图书馆回函称，关于解决双方业务交往中产生的遗留问题，双方通过多次沟通达成了通过开展电子图书借阅权方式合作的协议，为此，该馆于 2010 年 12 月 31 日致函出版社并预付了诚意金；出版社于 2010 年 12 月及 2011 年 1 月发给图书馆 6000 多册电子图书目录清单。2011 年 5 月 15 日，双方签订《战略合作协议》，约定通过合作方式一揽子解决之前存在的所有纠纷，双方同意结合图书馆的渠道优势、出版社的版权及资源积累，根据客户定向需求，选择适宜的数字资源进行产品包装，并面向市场推广。图书馆在本合作协议签署后 3 个月内分两期向出版社支付版权使用款 60 万元，首期版权使用款（50%）在协议签署后 10 个工作日内支付。协议签订后，图书馆向出版社支付 45 万元，其余款项至今未付。出版社主张《战略合作协议》名为合作协议，实为版权侵权赔偿协议，未实际约定出版社的具体合同义务，仅约定了对方的赔偿义务。而图书馆则认为，因出版社未提供承诺的数字资源，故不同意支付剩余款项。此外，双方对图书馆于 2010 年 12 月 31 日支付的 2 万元的性质存异，出版社主张该款项是诚意金或合作启动金，其支付在合作协议签订之前，不属于预付款，不同意在合同价金中扣除；图书馆则主张该款项系预付款，应在协议约定的应付款中扣除。

综上，一审法院判决如下：图书馆向原告出版社支付 15 万元。双方均未上诉，一审判决生效。

裁判解析

本案争议的焦点有以下两点：

一、关于本案历史遗留问题的认定。

“以事实为依据，以法律为准绳”是审理案件的基本要求，本案首先需要查明的是历史遗留问题的法律事实，之所以称其为历史遗留问题就在于双方对客观事实产生了争议，需要还原事实真相。出版社为证明图书馆侵犯其版权提交了公证书，图书馆以该公证书制作程序不合法、证明内容不属实为由不予认可，但未提出充足的证据、理由予以反驳。在客观事实真伪不清的时候，法院需要根据举证证明责任的规定作出认定。《中华人民共和国民事诉讼法》第六十四条规定：“当事人对自己提出的主张，有责任提供证据。”《最高人民法院关于民事诉讼证据的若干规定》第二条进一步明确：“当事人对自己提出的诉讼请求所依据的事实或者反驳对方诉讼请求所依据的事实有责任提供证据加以证明。没有证据或者证据不足以证明当事人的事实主张的，由负有举证责任的当事人承担不利后果。”《最高人民法院关于适用〈中华人民共和国民事诉讼法〉的解释》第九十一条再次明确：“人民法院应当依照下列原则确定举证证明责任的承担，但法律另有规定的除外：（一）主张法律关系存在的当事人，应当对产生该法律关系的基本事实承担举证证明责任；（二）主张法律关系变更、消灭或者权利受到妨害的当事人，应当对该法律关系变更、消灭或者权利受到妨害的基本事实承担举证证明责任。”本案中，原告提交公证书，被告主张其中程序问题属权利受到妨害，应负举证责任，否则需承担不利的法律后果。结合出版社与图书馆就侵权纠纷解决中反复协商的过程、双方最终达成的《战略合作协议》的具体内容以及双方的陈述，可以认定双方之间的协议是对图书馆侵犯版权问题的解决方案，该协议名称虽为战略合作协议，实则是一个产生纠纷后的赔偿事宜解决方案，该协议不违反国家强制性法律规定，应属有效，双方应严格遵行。另解决方案虽采用合作协议的形式，但并未对出版社的合同义务作出切实、明确、可行的约定，仅对图书馆的支付义务作出了详细具体安排，该协议实为赔偿协议，因此，出版社不负有对价给付义务。

二、本案违约责任的认定。

通过上述查明的事实，可以认定《战略合作协议》是双方对于之前的纠纷达成的对图书馆侵犯版权问题的解决方案，即被告某图书馆必须按协议履行支付余款的约定义务，故图书馆以出版社未提供数字资源为由而拒绝支付剩余款项的抗辩理由缺乏依据，法院不予采纳。确定了本案协议实质为违约责任的协议后，还需进一步从法律层面分析其效力。民法的基本理念是意思自治，不违法即为有效，这在合同法律关系中尤为明显。本案中的《战略合作协议》是一个名不副实的合同，但内容并不违反法律强制性规定，因此有效。图书馆迟延支付合同款项构成违约，应承担继续履行合同的违约责任，支付剩余尾款。

关于 2 万元付款的性质，虽图书馆在其 2010 年 12 月 31 日的函件中说明预付的该笔合作启动金待正式协议签署后将从协议约定的应付款中扣除，但图书馆在其函件中也不止一次提到该笔 2 万元付款的作用系表达诚意，并在其 2011 年 3 月 1 日的复函中将其称为诚意金。双方在之后签订的《战略合作协议》中，约定图书馆的支付义务时，未涉及该笔款项的扣除问题。因此，该笔 2 万元的付款系图书馆为表达协商解决侵权纠纷的诚意而支付的费用，并非《战略合作协议》的合同预付款，据此，图书馆要求将其折抵合同价款缺乏依据。

本案案件事实复杂，法院运用举证责任分配规则并综合各种间接证据最终得出《战略合作协议》是一个违约责任的协议，应该说从审理的角度认定法律事实清楚，适用法律正确。

法律建议

根据我国合同法的规定，当事人双方签订的合同中有约定违约条款的，违约一方须依据合同约定履行合同违约责任，无约定条款的，按照《中华人民共和国合同法》第一百零七条追究违约方责任。值得注意的是，合同法中的免责事由既有法定事由——不可抗力，也可由当事人在合同中约定，但约定的免责条款不仅需要在合同中明示，而且不得违背法律规定和社会公益——公序良俗，不得排除当事人的基本义务，也不得排除故意或重大过失的责任，否则该条款无效。免责条款无效的一般情形包括：一方以欺诈、胁迫手段将免责条款订入合同，损害国家利益的；双方当事人恶意串通，免责条款损害国家、集体、第三人利益的；免责条款损害社会公共利益的；免责条款违反法律、法规强制性规定的；免除故意或者重大过失所生责任的；免除根本性违约所生责任的。

2. 连带责任的认定

——国景公司与景点公司、某市政府建设工程设计合同纠纷案

基本案情

2002年，某市政府以批复的形式同意景点公司在某市兴建纪念公园项目。2005年某市政府与景点公司签订《某市革命根据地纪念园合作协议书》(以下简称合作协议)，合作协议约定：由景点公司负责项目的规划、开发建设和经营管理，负责项目的征地、青苗补偿、三通一平、规划、设计等前期的运作以及所必需的经费;项目建设资金来源为中央国债资金专项拨款、某市政府上级专项拨款、国景公司自行筹措资金和受让土地使用权作为投入；本项目因景点公司原因不能在预定的期限内完工开业的，某市政府有权告知景点公司限期完工，逾期某市政府将有权收回本项目的开发经营权，景点公司依协议被约定收回经营权时，应请具备合法资质的中介机构对双方实际投入进行评估和清算，然后确定资产分割或补偿等内容。

2006年至2009年之间，国景公司与景点公司先后签署了《某市革命根据地纪念园和红色生态文化旅游景区旅游项目、园林工程规划设计合同书》、《某市革命根据地纪念园红色旅游区总体规划合同书》等七份设计合同，合同约定了规划设计内容及收费标准，并约定双方于2011年3月1日结算。国景公司签订上述合同后，已依约完成了七份设计合同约定的设计规划项目。2011年3月3日，国景公司与景点公司签订《某市革命根据地纪念园红色旅游区规划设计项目结算协议书》(以下简称结算书)，根据合同约定，双方协商最终结算总造价为581.77万元；双方同意在项目建设专项资金和某市政府配套资金到位两个月内支付完毕，自签

订本协议书之日起，景点公司如超出两个月仍无法支付，景点公司同意以欠款总额的日万分之五支付违约金。

2011年7月13日，某市审计局就某市革命根据地纪念园基础设施项目做出《专项审计报告》：截止2011年5月31日，景点公司共收到某市财政拨入国家专项资金775.8万元。同日，某市政府向景点公司发出《关于解除某市革命根据地纪念园项目合作协议书》的通知，称因景点公司至今未开发建设完工，致使合同目的无法实现，现根据合同法的相关规定，解除合作协议书。景点公司遂于2012年5月31日就某市政府解除合同事宜，向某省仲裁委员会申请裁决。该案于2014年8月13日做出裁决：解除景点公司与某市政府于2005年7月15日签订的《某市革命根据地纪念园项目合作协议书》；某市政府向景点公司返还投资款199.8万元。自某市政府发出解除合同通知书后，某市政府承接了纪念园项目的建设，委托某建筑设计咨询有限公司重新绘制革命根据地纪念园工程设计图纸。2012年年底，某市革命根据地纪念园区项目的建设完工，现已开放。经现场勘查，纪念园项目部分采用原告国景公司设计方案，部分采用案外人某建筑设计咨询有限公司设计方案。

国景公司遂向法院起诉。诉讼请求为：一、景点开发公司和某市政府共同承担支付国景公司规划设计欠款本金581.77万元及自2011年5月3日起至2012年12月2日止按欠款总额的日万分之五支付违约金；二、本案的诉讼费由两被告承担。

一审法院认为：国景公司依据七份设计合同先后完成了双方约定的项目，景点公司对项目均已验收，根据景点公司与国景公司于2011年3月3日签订的结算书，景点公司尚欠国景公司设计费581.77万元，景点公司应自2011年5月3日起至2012年12月2日止按欠款总额的日万分之五向国景公司支付违约金，国景公司要求景点公司支付设计费本金及违约金的诉讼请求，符合协议约定，予以支持；根据法律规定，连带责任须有当事人的约定或法律的规定，关于国景公司要求某市政府承担连带赔偿责任的诉讼请求，法院认为，没有合同依据、法律依据，不予支持。综上，经该院审判委员会讨论，依法判决如下：一、景点公司应于本判决生效之日起十日内向国景公司支付设计费人民币581.77万元及违约金（违约金计算方法：自 2011 年 5 月 3 日起至 2012 年 12 月 2 日止以人民币 581.77 万元为本金，按日万分之五计算）；二、驳回国景公司的其他诉讼请求。

国景公司不服一审法院上述民事判决，请求二审法院在查明案件事实的基础上，依法改判。

二审法院经审理认为，原审判决适用法律及判决结果并无不当，依法驳回上诉，维持原判。

裁判解析

本案的争议焦点包括以下两点：

一、本案诉讼争议法律纠纷的案由认定。

《最高人民法院民事案件案由规定理解与适用》第一百条规定："建设工程设计合同包括初步设计合同和施工设计合同，前者是指在建设工程立项阶段，承包人为项目决策提供可行性资料设计而与发包人签订的协议、后者是指承包人与发包人就具体施工设计达成的协议。"

本案涉及两类合同，一类合同是国景公司与景点公司签署的一系列建设工程设计合同，另一类是景点公司与某市政府签署的合作合同。根据合同的相对性原则及上述规定，国景公司仅可就其与景点公司签署的一系列建设工程设计合同及结算书产生的合同纠纷起诉。

二、连带责任的认定。

"连带责任"是指依照法律规定或者当事人约定，两个或者两个以上当事人全部承担或部分承担共同债务，并因此引起其内部债务关系的一种民事责任。连带责任虽然有利于债权人，但对债务人是一种加重责任，因此，《中华人民共和国民法通则》规定承担连带责任须有当事人的约定或者法律的规定。

连带责任主要是基于合伙、担保、联营、承包等合同关系或代理行为、上下级间的关系而产生，因而被分散规定在民法通则、合同法、担保法等法律法规以及有关司法解释之中。

本案中，景点公司与某市政府签订的《合作协议书》约定了项目的规划、设计等前期所需经费由景点公司承担，如项目的经营权被收回，双方通过对实际投入的评估和清算确定资产分割或补偿。但该《合作协议书》并没有约定景点公司与某市政府对项目的债务承担连带清偿责任。

本案讼争的法律关系是设计合同关系。国景公司应依据其与景点公司签订的七份设计合同及结算协议书主张权利。《中华人民共和国民法通则》第八十四条规定："债是按照合同的约定或者依照法律的规定，在当事人之间产生的特定的权利和义务关系；债权人有权要求债务人按照合同的约定或者依照法律的规定履行义务。"《中华人民共和国合同法》第一百二十一条规定："当事人一方因第三人的原因造成违约的，应当向对方承担违约责任。当事人一方和第三人之间的纠纷，依照法律规定或者按照约定解决。"债权属于相对权，相对性是债权的基础，即只有合同当事人才受合同权利义务内容的约束，即使在因第三人的行为致使债权不能实现的情况下，债权人也不能依据债权的效力要求第三人承担其债权。因此，国景公司只能向特定的债务人即景点公司请求给付。而且，某市政府在未参与合同的订立、设计成果的验收以及设计费结算的情况下，如与景点公司连带承担对国景公司的债务，有违公平原则。

综上，法院的判决符合事实及法律规定。

法律建议

在服务对象为多人的情况下，可根据实际情况选择签署三方或多方协议。当法律没有规定时，在不违反法律的前提下，可通过协议约定，明确各当事人权责、需要承担连带责任的主体及情形，以保护自己的权益。在约定违约条款时，应尽可能清晰、明确地列出违约适用的情形及相应的违约金赔偿金额，特别需要注意的是，违约金赔偿金额不得高于损失的30%，如若超过，可能会根据合同法第一百一十四条第二款被认定为"过分高于造成的损失"。

特别提示

本案还涉及其他现行有效法律。

《中华人民共和国合同法》第一百一十四条规定：“当事人可以约定一方违约时应当根据违约情况向对方支付一定数额的违约金，也可以约定因违约产生的损失赔偿额的计算方法。约定的违约金低于造成的损失的，当事人可以请求人民法院或者仲裁机构予以增加；约定的违约金过分高于造成的损失的，当事人可以请求人民法院或者仲裁机构予以适当减少。当事人就迟延履行约定违约金的，违约方支付违约金后，还应当履行债务。”

《中华人民共和国合同法》第一百二十一条规定：“当事人一方因第三人的原因造成违约的，应当向对方承担违约责任。当事人一方和第三人之间的纠纷，依照法律规定或者按照约定解决。”

《中华人民共和国合同法》第二百八十六条规定：“发包人未按照约定支付价款的，承包人可以催告发包人在合理期限内支付价款。发包人逾期不支付的，除按照建设工程的性质不宜折价、拍卖的以外，承包人可以与发包人协议将该工程折价，也可以申请人民法院将该工程依法拍卖。建设工程的价款就该工程折价或者拍卖的价款优先受偿。”

3. 一般合同纠纷诉讼的管辖确定

——投资公司与担保公司合同纠纷案

基本案情

2012年3月9日，投资公司（本案原告）委托文化公司（本案被告）与担保公司（本案被告）签订《股权转让协议》。约定担保公司向文化公司或其指定的公司转让其持有的保险公司股份。投资公司履行了付款义务，但担保公司未将部分标的股份过户到投资公司指定的某公司（本案被告）名下，故投资公司诉至某市A区人民法院，请求判令：一、担保公司将其持有的3000万股股份变更登记至丁公司名下；二、担保公司支付投资公司违约金；三、案件受理费等诉讼费用由担保公司承担。

一审法院向担保公司、文化公司、某公司送达起诉状后，担保公司在法定答辩期内向一审法院提出了管辖权异议，其事实与理由为：担保公司营业执照上的住所地为某省某市B区B路160号24楼3室，本案依法应移送担保公司住所地某省某市B区人民法院审理。

投资公司在一审中不认可担保公司的异议，提出担保公司的主要经营地在某市A区，某市A区法院有管辖权。为证明其主张向一审法院提交以下证据：一、（2015）内经证字第103××号公证书，证明：2015年3月4日，担保公司网站显示的总部地址是某市A区；二、（2015）内经证字第103××号公证书，证明：公证书中录音的内容显示担保公司总部的地址是在某市A区；三、担保公司外景照片，证明：担保公司总部仍在某市A区；四、担保公司工作人员田某名片。担保公司在一审中确认上述证据的客观性，但不认可其证明目的，并提出担保公司标明某市 A 区的办事机构为总部不等于其是主要办事机构，实际上是某办事处，只是没有进行名称的更改。

一审法院经审理认为：投资公司提交的一系列证据均表明担保公司主要办事机构实际地为某市 A 区安化北里 × 号某大厦，对上述证据予以确认。根据《最高人民法院关于适用〈中华人民共和国民事诉讼法〉的解释》第三条第一款“公民的住所地是指公民的户籍所在地，法人或者其他组织的住所地是指法人或者其他组织的主要办事机构所在地”的规定，结合投资公司提交的证据，担保公司主要办事机构所在地为某市 A 区安化北里 × 号某大厦，一审法院对本案有管辖权。担保公司提出的异议不成立。综上，裁定驳回担保公司对管辖权提出的异议。

担保公司不服一审裁定，向中级人民法院提起上诉，其上诉理由为：担保公司的营业执照及工商查询显示其住所地在某省某市 B 区 B 路 160 号 24 楼 3 室，且担保公司的主营业务及办公人员均在此办公，其主要经营地及办事机构在某省某市 B 区，而一审裁定仅依据公司网站、电话录音认定担保公司主要经营地在某市 A 区是错误的。本案依法应移送至某省某市 B 区人民法院管辖。据此，担保公司请求撤销一审裁定，将本案移送至某省某市 B 区人民法院审理。

中级人民法院经审查认为，一审裁定结果正确，应予维持。裁定驳回上诉，维持原裁定。

裁判解析

本案的焦点包括以下四点：

一、管辖权异议的条件。

所谓“管辖权异议”，是指当事人认为受诉人民法院对该案无管辖权，而向该法院提出的不服该法院管辖的意见或主张。管辖权异议制度的设立，主要目的是保障当事人的诉讼权利和人民法院正确行使管辖权，在程序上体现出案件审理的正当性。

根据民事诉讼法的规定，当事人提出管辖权异议，必须符合下列条件：（一）提出管辖权异议的主体必须是本案当事人；（二）管辖权异议的客体是第一审民事案件的管辖权；（三）提出管辖权异议的时间须在提交答辩状期间。

本案中，担保公司作为本案当事人，在法定答辩期间向一审法院提出管辖权异议，符合法律程序上的规定。

二、法人住所地的确认。

《中华人民共和国民法通则》第三十九条规定：“法人以它的主要办事机构所在地为住所。”根据工商登记的要求，法人在设立时其住所应当是其主要经营场所，因此，在一般情况下，营业执照登记的地址为法人住所地。但是在工商登记地与实际营业地或办事机构所在地相分离的情况下，《最高人民法院关于适用中华人民共和国民事诉讼法若干问题的意见》第四条规定：“公民的住所地是指公民的户籍所在地，法人的住所地是指法人的主要营业地或者主要办事机构所在地。法人的主要营业地或主要办事机构所在地的法院均有管辖权。”

本案中，一审法院依据原告提供的公证书、照片、录音、担保公司员工名片共四份证据，认定担保公司主要办事机构及主要营业地位于某市 A 区有事实依据，认定并无不当。担保公司虽然提出其主营业务及办公人员均在某省某市 B 区的 B 路，但其无法提供证据证明，二审法院根据实际情况对担保公司主要办事机构所在地的认定为某市 A 区安化北里 × 号某大厦符合实际情况。

三、一般合同纠纷诉讼的管辖确定规则。

民事诉讼中的管辖，是指各级人民法院之间和同级人民法院之间受理第一审民事案件的分工和权限。它是在人民法院内部具体落实民事审判权的一项制度。我国民事诉讼法在第一编第二章专门对管辖作了规定，这些规定将民事诉讼管辖分为级别管辖、地域管辖、移送管辖和指定管辖。其中地域管辖又包括一般地域管辖、特殊地域管辖、协议管辖和专属管辖等内容。

所谓特殊地域管辖，是指以诉讼标的物所在地或者引起民事法律关系发生、变更、消灭的法律事实所在地为标准确定的管辖。在我国，民事诉讼法还有以被告住所地来确定特殊地域管辖的规定。根据民事诉讼法第二十四条至第三十三条的规定，包括一般合同纠纷诉讼在内的 7 种情况适用特殊地域管辖。

《中华人民共和国民事诉讼法》第二十四条规定：“因合同纠纷提起的诉讼，

由被告住所地或者合同履行地人民法院管辖。”这是一般合同纠纷诉讼的管辖准则，凡民事诉讼法没有另外规定管辖规则的合同纠纷，均要适用此规则。

本案中，原告投资公司委托文化公司与被告担保公司签订《股权转让协议》。投资公司基于《股权转让协议》的合同纠纷将被告担保公司告上法庭，符合“因合同纠纷提起的诉讼”这一要求，可适用民事诉讼法第二十四条的规定，依法由被告住所地人民法院管辖。一审法院通过原告投资公司提交的证据，确认某市 A 区安化北里 × 号某大厦为被告主要办事机构是正确的。

四、我国民事诉讼制度对证明责任分配的规定。

证明责任的分配，又称为证明责任的分担、举证责任的分配，是指按照一定的标准，将事实真伪不明时承受不利裁判后果的风险，预先在双方当事人之间进行分配，使各方当事人分别负担一些事实真伪不明的风险。

对于证明责任的问题，《中华人民共和国民法通则》、《中华人民共和国合同法》、《中华人民共和国著作权法》、《中华人民共和国侵权责任法》等实体法中的有关条款以及有关的司法解释就特定情形下应如何进行分配作了明确的规定。

《中华人民共和国民事诉讼法》第六十四条第一款规定：“当事人对自己提出的主张,有责任提供证据。”这一条在实践中也被称为“谁主张、谁举证”原则。《最高人民法院关于民事诉讼证据的若干规定》第二条规定：“当事人对自己提出的诉讼请求所依据的事实或者反驳对方诉讼请求所依据的事实有责任提供证据加以证明。没有证据或者证据不足以证明当事人的事实主张的，由负有举证责任的当事人承担不利后果。”该规定在民事诉讼法基础上进一步明确了我国民事诉讼中证明责任分配的一般规则。

本案中，投资公司在一审中不认可担保公司提出的管辖权异议，遂向一审法院提交了包括公证书、照片、录音、担保公司员工名片在内的一系列证据以证明担保公司主要办事机构实际地为某市 A 区安化北里 × 号某大厦。但担保公司主张其注册地点某省某市 B 区 B 路 160 号 24 楼 3 室系主要办事机构所在地，则因为没有提交任何相应的证据而必须承担相应的不利后果。

综上，本案一审、二审法院的裁定均是正确。

法律建议

法人住所地是法人主要营业地或者主要办事机构所在地，住所地的确定在诉讼中具有重要意义，它是决定审判管辖的依据，同时也是诉讼文书的送达地点。一方面法人发生住所地变更时应及时进行工商登记，并通过官方网站、员工名片等方式表明法人主要营业地及办事机构所在地。另一方面，在签署合同时，可在合同中明确诉讼管辖地，从而减少发生管辖权异议的情况。

4. 涉外管辖权

——某网络公司诉 MGAME 公司、第三人风云网络公司网络游戏代理及许可合同纠纷管辖权纠纷案

基本案情

某网络公司以 MGAME 公司为被告、以风云网络公司为第三人，向法院提起诉讼，请求判令被告继续履行双方于 2005 年 3 月 10 日签订的《独家游戏代理及许可协议》；被告赔偿原告 33498272.41 元的经济损失。

被告 MGAME 公司在提交答辩状期间对管辖权提出异议。其主要理由是原被告双方签订的《游戏许可协议》第二十一条约定："本协议应当受中国法律管辖并根据中国法律解释。由本协议产生或与本协议相关的所有的争议应当在新加坡最终解决，且所有本协议产生的争议应当接受新加坡的司法管辖。"因此，本案应由新加坡有管辖权的法院审理，请求驳回某网络公司的起诉。

一审法院认为，本案为涉外知识产权纠纷，《中华人民共和国民事诉讼法》第二百四十二条规定："涉外合同或者涉外财产权益纠纷的当事人，可以用书面协议选择与争议有实际联系的地点的法院管辖……"而本案某网络公司与 MGAME 公司协议约定的管辖地——新加坡，既不是双方当事人的住所地，也不是本案游戏许可协议的签订地、履行地、争议发生地，所以与本案争议无任何联系，该约定管辖应属无效。裁定驳回 MGAME 公司对本案管辖权提出的异议。

MGAME 公司不服，提起上诉。认为一审法院在送达起诉状副本时未同时送达原告提交的证据材料违反法定程序，涉案管辖条款有效，应予遵照。二审法院认为，一审法院适用法律正确，驳回上诉，维持原裁定。

裁判解析

本案的争议焦点有以下三点：

一、一审法院在送达起诉状副本时未同时送达原告提交的证据材料是否违反法定程序。

《中华人民共和国民事诉讼法》（1991 年）第一百一十三条第一款规定："人民法院应当在立案之日起五日内将起诉状副本发送被告，被告在收到之日起十五日内提出答辩状。"《最高人民法院关于民事诉讼证据的若干规定》（法释〔2001〕33 号）（以下简称证据规定）第三十三条规定："人民法院应当在送达案件受理通知书和应诉通知书的同时向当事人送达举证通知书。举证通知书应当载明举证责任的分配原则与要求、可以向人民法院申请调查取证的情形、人民法院根据案件情况指定的举证期限以及逾期提供证据的法律后果。举证期限可以由当事人协商一致，并经人民法院认可。由人民法院指定举证期限的，指定的期限不得少于三十日，自当事人收到案件受理通知书和应诉通知书的次日起计算。"第三十四条第一款规定："当事人应当在举证期限内向人民法院提交证据材料，当事人在举证期限内不提交的，视为放弃举证权利。"第三十七条规定："经当事人申请，人民法院可以组织当事人在开庭审理前交换证据。人民法院对于证据较多或者复杂疑难的案件，应当组织当事人在答辩期届满后、开庭审理前交换证据。"

根据上述法律规定，首先，人民法院应当在立案之日起五日内至少应将起诉状副本、应诉通知书、举证通知书发送被告，但没有必须同时将原告证据一并发送被告的强制性规定。其次，前述证据规定明确了在人民法院立案受理后的举证期限制度，即除非当事人协商一致并经人民法院认可，该举证期限自当事人收到案件受理通知书和应诉通知书的次日起计算不得少于三十日。尽管实践中人民法院决定立案受理案件时一般会要求原告提供初步证据，但这并不意味着要求原告必须在起诉时或者被告的答辩期届满前提交全部证据。再次，前述证据规定还明确了证据交换制度，这意味着当事人可以在人民法院组织交换证据时各自向对方提供证据，而并不要求必须将原告证据提前送达被告。总而言之，上诉人有关法院未在送达起诉状副本时同时送达原告证据而违反法定程序的上诉理由，不能成立。

二、涉案合同中协议选择管辖法院条款的效力。

《中华人民共和国民法通则》第一百四十五条规定："涉外合同的当事人可以选择处理合同争议所适用的法律，法律另有规定的除外。涉外合同的当事人没有选择的，适用与合同有最密切联系的国家的法律。"《中华人民共和国民事诉讼法》第二百四十四条规定："涉外合同或者涉外财产权益纠纷的当事人，可以用书面协议选择与争议有实际联系的地点的法院管辖。选择中华人民共和国人民法院管辖的，不得违反本法关于级别管辖和专属管辖的规定。"最高人民法院《关于审理涉外民事或商事合同纠纷案件法律适用若干问题的规定》第一条规定："涉外民事或商事合同应适用的法律，是指有关国家或地区的实体法，不包括冲突法和程序法。"根据上述法律规定，协议选择适用法律与协议选择管辖法院是两个截然不同的法律行为，因此，应当根据相关法律规定分别判断其效力。对协议选择管辖法院条款的效力，应当依据法院地法进行判断。

对于涉外案件当事人协议选择管辖法院的问题，1982年10月1日起试行的《中华人民共和国民事诉讼法（试行）》并未作出特别规定，1991年4月9日公布并施行的《中华人民共和国民事诉讼法》第二百四十四条对此作出了上述特别规定。根据当时的立法背景和有关立法精神，对于该条中关于"可以用书面协议选择与争议有实际联系的地点的法院管辖"的规定，应当理解为属于授权性规范，而非指示性规范，即涉外合同或者涉外财产权益纠纷案件当事人协议选择管辖法院时，应当选择与争议有实际联系的地点的法院，否则该法院选择协议即属无效；同时，对于这种选择管辖法院的协议，既可以是事先约定，也可以是事后约定，但必须以某种书面形式予以固定和确认。按照我国现行法律规定，对于涉外合同或者涉外财产权益纠纷案件当事人协议选择管辖法院的问题，仍应当坚持书面形式和实际联系原则。

本案上诉人与被上诉人一致认可的合同英文本第二十一条约定了两个方面的基本内容：约定了因协议产生纠纷所适用的实体法，为中国法律；约定了因协议产生纠纷的解决机构，即接受新加坡司法管辖。根据上述法律规定、特别是《中华人民共和国民事诉讼法》第二百四十二条的规定，涉外合同当事人协议选择管辖法院应当选择与争议有实际联系的地点的法院，而本案当事人协议指向的新加坡，既非当事人住所地，又非合同履行地、合同签订地、标的物所在地，同时本案当事人协议选择适用的法律也并非新加坡法律，上诉人也未能证明新加坡与本案争议有其他实际联系。因此，应当认为新加坡与本案争议没有实际联系，涉案合同第二十一条关于争议管辖的约定应属无效约定，不能作为确定本案管辖的依据。

三、关于原审法院对本案行使管辖权的依据。

在当事人选择管辖法院的约定无效的情况下，应当根据受诉地国家有关涉外案件管辖的其他法律规则确定案件的管辖。《中华人民共和国民事诉讼法》（1991年）第二百四十三条规定："因合同纠纷或者其他财产权益纠纷，对在中华人民共和国领域内没有住所的被告提起的诉讼，如果合同在中华人民共和国领域内签订或者履行，或者诉讼标的物在中华人民共和国领域内，或者被告在中华人民共和国领域内有可供扣押的财产，或者被告在中华人民共和国领域内设有代表机构，可以由合同签订地、合同履行地、诉讼标的物所在地、可供扣押财产所在地、侵权行为地或者代表机构住所地人民法院管辖。"

本案中，根据上诉人与被上诉人一致认可的合同英文本项下的权利许可的地域范围即"指定区域"专指"中国内地"，可见，争议合同系在中华人民共和国领域内履行。在此情况下，应当认为某网络公司的所在地某省是合同履行地。

法律建议

在签订合同时，约定合同产生争议时的管辖法院或仲裁机构是非常重要的。只有依法正确选择管辖机构，才能达到维护自身合法权益的目的。新的民事诉讼法对管辖约定有新的规定，扩大了约定管辖的适用范围，只要与争议有联系的地点就可作为管辖的依据。涉外案件涉及不同国家的程序和实体法律，当事人更要注意管辖约定的效力，杜绝无效条款。

特别提示

《中华人民共和国民事诉讼法》第二次修正，自2013年1月1日起施行。

最高人民法院关于适用《中华人民共和国民事诉讼法》的解释（法释〔2015〕5号）自2015年2月4日起施行。应注意下列修改的相关内容。

《中华人民共和国民事诉讼法》第二百六十五条规定：“因合同纠纷或者其他财产权益纠纷，对在中华人民共和国领域内没有住所的被告提起的诉讼，如果合同在中华人民共和国领域内签订或者履行，或者诉讼标的物在中华人民共和国领域内，或者被告在中华人民共和国领域内有可供扣押的财产，或者被告在中华人民共和国领域内设有代表机构，可以由合同签订地、合同履行地、诉讼标的物所在地、可供扣押财产所在地、侵权行为地或者代表机构住所地人民法院管辖。”第二百六十六条规定：“因在中华人民共和国履行中外合资经营企业合同、中外合作经营企业合同、中外合作勘探开发自然资源合同发生纠纷提起的诉讼，由中华人民共和国人民法院管辖。”

《最高人民法院关于适用〈中华人民共和国民事诉讼法〉的解释》第二百二十四条规定：“依照民事诉讼法第一百三十三条第四项规定，人民法院可以在答辩期届满后，通过组织证据交换、召集庭前会议等方式，作好审理前的准备。”第二百二十五条规定：“根据案件具体情况，庭前会议可以包括下列内容：（一）明确原告的诉讼请求和被告的答辩意见；（二）审查处理当事人增加、变更诉讼请求的申请和提出的反诉，以及第三人提出的与本案有关的诉讼请求；（三）根据当事人的申请决定调查收集证据，委托鉴定，要求当事人提供证据，进行勘验，进行证据保全；（四）组织交换证据；（五）归纳争议焦点；（六）进行调解。”第五百三十一条规定：“涉外合同或者其他财产权益纠纷的当事人，可以书面协议选择被告住所地、合同履行地、合同签订地、原告住所地、标的物所在地、侵权行为地等与争议有实际联系地点的外国法院管辖。根据民事诉讼法第三十三条和第二百六十六条规定，属于中华人民共和国法院专属管辖的案件，当事人不得协议选择外国法院管辖，但协议选择仲裁的除外。”

5. 委托创作合同

——帝华公司与某美术学院、周某委托创作合同纠纷案

基本案情

帝华公司与某美术学院（以下简称“某美院”）签订了一份《委托创作合同》，约定某美院为帝华公司开发制作暂定名为“熊乐乐与小马哥”的动画片。后又签订了一份《委托创作合同》，合同内容为三维动画片《嘻哈游记》95集的制作，“嘻哈游记”是原暂定名为“熊乐乐与小马哥”三维动画片的正式确定名。某美院项目工作人员郭某向帝华公司出具《证明》一份，载明：由于某美院放假，导致帝华公司的项目进度款不能及时支付，不视为帝华公司违约，帝华公司应在春节后按约付款。

某美院向法院提起诉讼称：某美院按照两份《委托创作合同》的约定，向帝华公司交付了《嘻哈游记》100集动画片，帝华公司却未按约支付制作费。请求法院依法判令帝华公司立即给付制作费64万元；立即支付违约金15万元；承担本案诉讼费用及某美院为本案支付的律师费3万元。

帝华公司答辩并反诉称：某美院支付合同违约金15万元；交付动画制作过程中的源文件；如某美院不能交付源文件，则应免除帝华公司64万元制作费的交付义务，并赔偿帝华公司经济损失52万元。

某美院针对帝华公司的反诉请求及其理由答辩称：《委托创作合同》约定某美院为帝华公司制作《嘻哈游记》动画片总共100集，该工作成果已交付给帝华公司并被采用。制作动画片的相关源文件主要在动画片后续产品的开发中起重要作用，如果没有合同的特别约定，受托方并没有义务为该动画片后续开发提供支持，

亦不存在必须交付源文件的行业惯例。故某美院已经履行了全部合同义务，请求驳回帝华公司的全部反诉请求，支持某美院的诉讼请求。

一审法院认为：实际履行中，双方均未按照合同约定进度和方式履行，且双方均未按照上述违约责任的约定向对方提出异议而是彼此接受对方的履行行为。帝华公司未能举示充分证据证明“交付动画片源文件系动画行业约定俗成的行业规范”的事实，帝华公司要求某美院交付动画片源文件，既无合同约定义务，也无行业规范所致的合同附随义务，故不予支持。遂判决帝华公司支付某美院制作费 64 万元。

帝华公司不服，提起上诉。

二审法院维持帝华公司支付某美院制作费 64 万元的判决，增加判决某美院向帝华公司交付三维动画片《嘻哈游记》主角五人（孙一空、宾果、熊大大、哇咔和无言长者）的建模文件（包括模型、贴图和绑定文件）以及特有场景（飞船）的建模文件（包括模型和贴图文件）。

裁判解析

本案的争议焦点有以下两点：

一、关于本案违约事实的认定。

本案中的两份委托创作合同对违约责任进行了约定，从当事人双方实际履行合同的情况来看，当事人双方基于前期的良好合作关系，在合同的实际履行中并未严格执行合同关于付款时间和完成动画片时间的约定，对此，当事人双方并未对对方的延迟履行提出异议，也未按照合同约定要求对方承担违约责任并终止合同，而是继续履行合同。当事人双方在合同的履行中事实上已达成了互不追究违约责任的一致意思表示，因此，双方当事人在本案中又分别以原合同约定主张违约责任，没有合同基础。

二、关于本案交付源文件的问题。

三维动画片属于我国《中华人民共和国著作权法》第三条第（六）项规定的以类似摄制电影的方法创作的作品，因此依法享有著作权。本案中两份《委托创作合同》明确了著作权归属于帝华公司，某美院享有署名权及在特定条件下的合理使用权。合同双方在订立合同时并没有要求交付源文件的意思表示，帝华公司依据合同约定要求某美院交付源文件，超出了某美院对合同履行的正常预期。三维动画片是以类似摄制电影的方法创作的作品，我国现行法律没有对三维动画片源文件与动画片是同一作品作出界定，帝华公司也未能充分证明这两种不同形式作品的源文件具有相似性，亦未能举示充分的证据证明动画影视业有交付源文件的行业惯例，故帝华公司不能因其是三维动画片《嘻哈游记》的著作权人当然享有对所有源文件的权利。然而，就动漫行业而言，动画片中主要人物的建模文件（包括模型、贴图和绑定文件）以及特有场景的建模文件（包括模型和贴图文件）对于续集制作和衍生产品开发非常重要，动漫行业有其区别于传统文化产业的特殊性，为了促进动漫产业的发展，在保护投资人（委托方）利益、促成其合同目的实现的同时，应当充分衡量源文件给付的必要性和可行性，公平合理地确定受托方给付源文件的内容，不能对受托方加以过重的给付义务。《中华人民共和国民法通则》第四条规定："民事活动应当遵循自愿、公平、等价有偿、诚实信用的原则。"《中华人民共和国合同法》第六十条第二款规定："当事人应当遵循诚实信用原则，根据合同的性质、目的和交易习惯履行通知、协助、保密等义务。"据此，判决某美院应向帝华公司交付三维动画片《嘻哈游记》主角5人（孙一空、宾果、熊大大、哇咔和无言长者）的建模文件（包括模型、贴图和绑定文件）和特有场景（飞船）的建模文件（包括模型和贴图文件）是正确的。

综上，本案中，某美院已按约完成了动画片《嘻哈游记》100集的制作并交付帝华公司使用，帝华公司应按约支付尚欠的制作费64万元。某美院应当向帝华公司交付该动画片主角及特有场景的建模文件。

法律建议

委托合同在实践中大量存在，为避免法律风险，建议尽量使用书面合同形式规范双方的权利义务。如发生情势变更，双方当事人应尽量通过签订补充合同的方式进一步完善双方的权利义务。

6. 委托合同

——先行公司与王某委托合同纠纷案

基本案情

2006年12月2日，王某（本案原告）、先行公司（本案被告）签订《合同》，其中第一条约定王某将其编写的文字作品《课外文言文全解》（暂名）在中国大陆地区出版发行的专有出版代理权授予先行公司，由先行公司代理该作品的出版及其他相关使用事宜；第七条约定王某应于2007年4月30日以前将书稿排版制作完成交于先行公司；第九条约定先行公司应于2007年5月30日前出版该作品，若违约，先行公司应向王某承担应得稿酬5倍的违约金，因违约给王某造成的经济损失（包括律师费用在内的诉讼与非诉讼费用的支出），先行公司应承担赔偿责任；第十一条约定先行公司向王某支付稿费3万元及制作费用2000元；第十四条约定修订作品正式出版后，先行公司即向王某赠送样书10套；第十六条约定合同效力为6年，从双方签字盖章起生效，至2012年11月30日失效。

合同签订后，2006年12月20日，王某向先行公司法定代表人何某发送电子邮件，该邮件的附件内容载明："书名：《文言文精讲精练》（7—9年级）（暂名），作者简介：王某，供职于某市三原外国语学校……"2007年6月7日，王某通过电子邮件就修改诉争图书书稿与何某进行沟通。

因合同约定先行公司负责图书出版事宜，2007年6月，先行公司委托言实出版社出版图书《初中课外文言文阅读.7年级》（精读篇）、《初中课外文言文阅读.8年级》（精读篇）（该两本图书以下简称为"2007年6月版诉争图书"），其版权页载明CIP数据核准字号均为核字（2006）第086945号，国际标准书号ISBN为

7-80128-607-3，王某、程某主编，版次为 2007 年 6 月第 1 版；图书封面均标明主编 / 王某、程某”、“本册主编 / 王某”字样。

2007 年 11 月，言实出版社出版图书《初中课外文言文阅读 . 七年级精读篇》、《初中课外文言文阅读 . 八年级精读篇》、《初中课外文言文阅读 . 九年级精读篇》（以上三本图书简称为“2007 年 11 月版诉争图书”）。其中《初中课外文言文阅读. 七年级精读篇》的版权页载明 CIP 数据为核字（2007）158206 号，国际标准书号 ISBN 为 978-7-80128-940-7，版次为 2007 年 11 月第 1 版，王某、程某主编，图书封面标有“主编 / 王某、程某”、“本册主编 / 王某”字样。

2010 年 8 月 4 日、9 日，王某从先行公司处购买图书《初中课外文言文阅读 .7 年级》（精读本）、《初中课外文言文阅读 .8 年级》（精读本）和《初中课外文言文阅读 .9 年级》（精读本），先行公司出具了购书收据及两份《先行公司批销单》（以下简称《批销单》），其中《批销单》载明所购图书的书号为“7801286073”。

2010 年 12 月 28 日，王某通过登陆某新闻出版信息网查询 CIP 数据核字（2006）第 086945 号的信息为“理论力学同步辅导及习题全解 / 王某某编. -2 版徐州：某矿业大学出版社，2006.7，ISBN7-81107-397-8”；查询 CIP 数据核字（2007）158206 号的信息为“初中课外文言文阅读 . 七年级精读 / 王某、程某主编，- 北京：言实出版社，2007.10，ISBN978-7-80128-940-7”。王某认为先行公司以虚假 CIP 数据代理出版等行为已构成违约，故诉至法院。

一审法院综合上述案件事实，判决如下：一、先行公司于本判决生效之日起十日内支付王某违约金 15000 元；二、驳回王某的其他诉讼请求。如先行公司未按本判决指定的期间履行上述给付金钱义务，应当按照《中华人民共和国民事诉讼法》第二百二十九条之规定，加倍支付迟延履行期间的债务利息。本案案件受理费 4730 元（已由王某预交），由王某负担 1500 元，先行公司负担 3230 元，先行公司在履行上述给付金钱义务时直接将应负担的部分支付给王某。

一审判决后，先行公司不服，认为王某最迟应当在 2007 年 11 月知道 2007 年 6 月版诉争图书 CIP 数据虚假和诉争图书延迟出版的事实。因此王某 2011 年 1 月提起诉讼已超过诉讼时效。故向法院提起上诉，请求撤销原审判决第一项，并改判驳回被上诉人的全部诉讼请求；二、二审费用全部由被上诉人承担。

二审法院经审理认为，原判认定事实清楚、适用法律正确。判决驳回上诉，维持原判。

裁判解析

本案的争议焦点有以下三点：

一、先行公司是否以虚假 CIP 数据代理出版和迟延履行代理出版义务。

国际标准书号（ISBN）是国际通用的出版物标识编码，为合法出版者所出版或制作的每一出版物及每一版本提供唯一确定的、国际通用的标识编号，一个国际标准书号只有一个或一份相应的出版物与之对应，由标识符 ISBN 和 13 位数字组成。参照中华人民共和国国家标准 GB/T12451-2001《图书在版编目数据》第七条的规定，图书应在其书名页背面载明该图书的 CIP 数据，CIP 数据由四个部分组成，依次为：图书在版编目数据标题、著录数据、检索数据、其他标记，其中第二部分著录数据的内容包括图书的书名、作者、版本、出版者、国际标准书号（ISBN）等内容，第四部分一般是指注明 CIP 数据审报核准后的文件号码。因此，合法的图书出版物应使用符合有关标准和规定的 CIP 数据和国际标准书号，其 CIP 数据内容应与该图书书名、作者、版本、出版者、国际标准书号等内容相对应。

本案中，2007 年 11 月版诉争图书的 CIP 数据核字（2007）第 158206 号与某新闻出版信息网对应的内容一致，而 2007 年 6 月版诉争图书的 CIP 数据核字（2006）第 086945 号与某新闻出版信息网对应的内容却完全不一致，并且先行公司认可 2007 年 6 月版诉争图书是临时使用已出版的国际标准书号，并非正式出版的图书的事实。因此，2007 年 11 月版诉争图书为正式出版的合法出版物，先行公司实际履约时间为 2007 年 11 月，其代理出版的 2007 年 6 月版诉争图书使用了已出版的 CIP 数据和国际标准书号，不能视为其已履行《合同》约定的代理出版诉争图书义务，故先行公司构成以虚假 CIP 数据代理出版诉争图书。另一方面，虽然本案中双方当事人签订的《合同》第九条约定先行公司履约的期限在 2007 年 5 月 30 日前，但一审庭审已查明，先行公司于 2007 年 6 月 7 日通过电子邮件对诉争图书书稿的修改与王某进行了沟通，在先行公司未举证证明在此之后双方仍就该书稿内容进行过商榷的情况下，推定先行公司确定诉争图书书稿内容的时间为 2007 年 6 月 7 日。根据该《合同》第七条和第九条关于王某向先行公司提交书稿以及先行公司出版诉争图书时间的约定，先行公司收到王某书稿后代理出版图书的时间应为一个月，因此，在《合同》实际履行中，先行公司履约的期限应当为 2007 年 7 月 7 日前。故诉争图书在 2007 年 11 月出版已超出该期限，先行公司构成迟延履行。

二、王某是否超过诉讼时效。

《中华人民共和国民法通则》第一百三十五条规定："向人民法院请求保护民事权利的诉讼时效期间为二年，法律另有规定的除外。"第一百三十七条规定："诉讼时效期间从知道或者应当知道权利被侵害时起计算。但是，从权利被侵害之日起超过二十年的，人民法院不予保护。有特殊情况的，人民法院可以延长诉讼时效期间。"由于本案中无论是 2007 年 6 月版还是 2007 年 11 月版诉争图书，封面载明的作者署名均明显与《合同》约定不符，因此，王某应当在 2007 年 11 月知晓诉争图书作者署名的情况，王某就诉争图书作者署名有误主张被告违约的诉讼时效应从 2007 年 11 月起算至 2009 年 11 月截止。由于王某是在 2011 年 1 月提起的诉讼，因此，王某关于先行公司代理出版诉争图书作者署名有误构成违约的主张已经超过了诉讼时效。

本案中，王某并非专业从事出版工作的人员，对图书的 CIP 数据及国际标准书号是否真实，需要通过登陆某新闻出版信息网查询才能知晓。另外，2007 年 6 月版和 2007 年 11 月版诉争图书的封面、书名页、前言、目录、正文的文字内容、文字字体、所使用的图片及纸张印刷色彩等基本相同。先行公司于 2010 年 8 月出具给王某的《批销单》上载明的书号与 2007 年 6 月版诉争图书的书号相对应。综上，王某以非专业出版人员的一般注意力不易发现两版本诉争图书的版本和 CIP 数据等不同，且先行公司未举证证明其在诉争图书正式出版后只销售过 2007 年 11 月版诉争图书，因此王某就先行公司以虚假 CIP 数据代理出版和迟延代理出版诉争图书主张先行公司违约的诉讼时效应从 2010 年 8 月 4 日起算，王某的该主张未超过诉讼时效。

三、王某、先行公司于 2006 年 12 月 2 日签订的《合同》是否应解除。

《中华人民共和国合同法》第九十四条规定："有下列情形之一的，当事人可以解除合同:(一)因不可抗力致使不能实现合同目的;(二)在履行期限届满之前，当事人一方明确表示或者以自己的行为表明不履行主要债务;(三)当事人一方迟延履行主要债务，经催告后在合理期限内仍未履行;(四)当事人一方迟延履行债务或者有其他违约行为致使不能实现合同目的;(五)法律规定的其他情形。"

本案中，王某、先行公司签订《合同》的目的是先行公司通过支付相应的稿酬和制作费用，取得王某作品的专有出版代理权，王某所编写的作品通过先行公司的代理行为得以出版，并从先行公司处获得相应的稿酬和制作费用。《合同》签订后，诉争图书已于2007年11月正式出版，先行公司已支付了约定的稿酬和制作费用。虽然先行公司以虚假CIP数据代理出版诉争图书且迟延履行代理出版义务，但诉争图书已实际正式合法出版，合同的主要义务已履行，合同的主要目的已实现，因此，本案《合同》不具备解除的条件。

综上，本案法院判决正确无误。

法律建议

所谓诉讼时效，是指民事权利受到侵害的权利人在法定的时效期间内不行使权利，当时效期间届满时，债务人获得诉讼时效抗辩权。在法律规定的诉讼时效期间内，权利人提出请求的，人民法院将强制义务人履行所承担的义务。而在法定的诉讼时效期间届满之后，权利人行使请求权的，人民法院就不再予以保护。但值得注意的是，诉讼时效届满后，义务人虽可拒绝履行其义务，但权利人请求权的行使仅发生障碍，权利本身及请求权并不消灭。当事人超过诉讼时效后起诉的，人民法院应当受理。受理后，如另一方当事人提出诉讼时效抗辩且查明无中止、中断、延长事由的，判决驳回其诉讼请求。如果另一方当事人未提出诉讼时效抗辩，则视为其自动放弃该权利，法院不得依职权主动适用诉讼时效，应当受理支持其诉讼请求。故若权利人超过诉讼时效进行起诉的，虽未丧失诉权，但对其胜诉权有较大影响。为确保权利人的合法权益得到法律保障，应在发现对方违约行为后及时提起诉讼来主张权利。

7. 委托合同的认定

——宋某与古梵公司委托合同纠纷案

基本案情

2014 年 5 月 7 日，宋某（乙方）和古梵公司（甲方）签订《服务合同书》，约定乙方物品参加甲方艺术品展销或者指定的拍卖活动，甲方为乙方的物品参加拍卖提供相应的服务。双方约定的参加拍卖的次数形式是一次，拍卖的地点为香港，预展地点为内地，拍卖现场以图片形式参拍，合同服务期自合同签订之日起至拍卖会结束后 60 天，服务期内，乙方物品经拍卖成交或者参加拍卖活动达到约定次数的，合同自行终止。

就合同服务费用，双方在《服务合同书》第四条约定："服务期内的服务费由基础服务费和代理服务费（即佣金）构成。乙方应当支付甲方基础服务费（即运输、拍照、展览展示、图录、宣传推广服务费等）人民币 300000 元（大写：叁拾万元整）。乙方物品一经展销或者拍卖成交，乙方应向甲方支付代理服务费，具体金额为乙方物品拍卖成交的 10%……"

双方在第五条约定："合同签订当日，乙方应向甲方一次性支付基础服务费……"

在第七条乙方权利部分双方约定："乙方应保证其对所提供的物品的合法性并拥有完全的处分权，保证该物品不是国家禁止或者限制流通的物品……否则愿意承担由此产生的法律责任。"

在第十二条风险告知部分双方约定："拍卖是一种市场行为，在拍卖过程中必然存在着不成交的结果。对于拍卖风险，乙方应予充分考虑。乙方在签署服务合同前，已完全阅读并理解甲方有关风险告知的所有提示，乙方承诺接受上述风险。”

第十四条对合同约定的拍卖作了解释：“拍卖是指甲方每年在特定时间和场合组织的，与具有拍卖资质的拍卖公司合作，并由拍卖公司支持完成的拍卖活动。”

在《服务合同书》上有“TIME”的水印，《服务合同书》的附件为大拍服务合同书附件，记载有编号从××××××××××—01至××××××××××—17，名称为高古玉编钟等17件物品，在附件上加盖有古梵公司的合同专用章。

合同签订的当日，宋某支付古梵公司定金3万元。2014年5月16日，宋某通过中国工商银行转账27万元至古梵公司的账户，该公司认可收到宋某30万元基础服务费，并于2014年5月7日出具收据给宋某，收据上加盖了古梵公司的财务专用章。

2014年5月20日古梵公司向宋某寄送《服务合同书》和图录资料，并通知宋某在深圳展出的时间和在香港拍卖的时间、地点，古梵公司提供的宣传资料上记载有：Time International，2014香港春季大型艺术品拍卖会，拍卖时间、拍卖地点、预展时间、预展地点、网上预展等信息。

2014年5月23日，香港某拍卖公司和古梵公司在深圳共同举行了展销会，宋某参加了此次展销会。2014年5月25日，香港某拍卖公司在香港地区举行了香港春季大型艺术品拍卖会，但是宋某参与拍卖的17件物品均流拍。2014年6月19日，双方签订了合同注销单，其上注销说明处记载：“……合同一经注销，甲乙双方合作终止，甲方再无义务为乙方提供服务。注销原因为客户自行注销……”

2015年1月9日，宋某诉至法院，请求判令：一、依法确认讼争双方之间签订的《服务合同书》无效；二、古梵公司返还基础服务费30万元；三、古梵公司赔偿交通费、住宿费、伙食费等损失5000元（后撤回该项诉请）。

一审法院经审理查明：香港某拍卖公司于2013年9月27日在中国香港地区注册成为有限公司，公司编号为××××××，注册地点为香港湾仔轩尼诗道××号××广场15楼15B。该公司于2013年即委托古梵公司联合征集中国艺术品，并作为该公司在中国唯一一家征集处，享有该公司一切征集、运作、包装等权利。

古梵公司系2013年11月19日注册成立的有限责任公司（国内合资），住所地为上海市杨浦区政益路 ××× 号 ××× 室，注册资本为人民币 100 万元，经营范围为展览展示服务、会务服务、文化艺术交流活动策划等。

一审法院认为：系争合同系双方当事人真实意思表示，按照合同的约定，宋某参加了古梵公司在深圳举办的展览会，以图片拍卖形式参与了香港某拍卖公司在香港举行的拍卖会，且宋某在合同注销单上签名确认了双方合作终止，古梵公司已经按约履行合同义务。在合同已经终止的情况下，宋某关于要求古梵公司返还基础服务费 30 万元的主张，法院难以支持。据此作出判决：一、宋某关于确认其与古梵公司签订的《服务合同书》无效的诉讼请求，不予支持；二、宋某要求古梵公司返还基础服务费 30 万元的诉讼请求，不予支持。

一审判决后，宋某不服，提起上诉称：古梵公司在一审中提供的拍卖视频资料属在港澳台地区形成的证据，未经公证等相关证明手续，不具合法性。上诉人虽对该视频资料所载拍卖上诉人藏品这一行为的真实性没有异议，但认为举行此次拍卖的主体是被上诉人古梵公司、而不是香港某拍卖公司，本案属名为服务合同、实为拍卖合同。另外，一审法院无正当理由不受理上诉人关于拍卖标的物是否属于文物的鉴定申请，还规避上诉人关于本案合同效力问题的辩论、剥夺上诉人的辩论权，故原审判决严重违反法定程序。上诉人认为，涉案拍品属民间收藏的文物，由于被上诉人并无拍卖资质、亦无从事文物相关经营资质，故涉案合同无效，被上诉人理应向上诉人归还因该合同所取得的财产。现上诉请求撤销原判并改判确认涉案合同无效、由被上诉人向上诉人返还基础服务费 30 万元。

被上诉人古梵公司答辩称：上诉人在一审中对拍卖视频资料的证据“三性”没有任何异议，上诉人也认可该拍卖行为及过程。涉案合同中明确约定了被上诉人提供服务的内容，视频中也能很清楚地看出拍卖主体是香港某拍卖公司，上诉人只是参与了该拍卖活动，故涉案合同是服务合同，而不是拍卖合同。根据合同约定，上诉人应告知标的物的性质等事宜，现上诉人在拍卖活动结束及合同履行完毕后，在诉讼过程中提出文物鉴定申请，显然没有事实及法律依据。被上诉人认为，本案不适用拍卖法及文物保护法，涉案合同是有效的，被上诉人已经按约履行了相关义务；即便涉案合同被确认无效，无效的原因也是由上诉人自身原因造成的，被上诉人没有任何过错，故请求驳回上诉、维持原判。

二审法院认为，一审查明事实清楚，适用法律正确，审判程序合法，判决并无不当，本院应予维持。宋某的上诉请求，理由不成立，本院不予支持。据此，判决驳回上诉，维持原判。

裁判解析

本案的争议焦点有以下三点：

一、讼争合同是否系双方真实意思表示。

《中华人民共和国合同法》第四条规定："当事人依法享有自愿订立合同的权利，任何单位和个人不得非法干预。"

本案中，宋某称在签订合同的当日不知道合同相对方是古梵公司，以为合同的相对方是香港某拍卖公司。但是在合同的甲方处明确标注了古梵公司，在其下一行的乙方处有宋某本人的签名。作为具有完全民事行为能力的一方，宋某自愿在合同上签名时应该有基本的注意义务，理应知晓合同的相对方为古梵公司，而且宋某提供的《服务合同书》附件和藏品出（入）库单上均加盖有古梵公司的合同专用章，在古梵公司出具给宋某的收据上也有古梵公司的财务专用章，宋某在合同履行过程中也应知晓合同的相对方为古梵公司，认可古梵公司按照合同的约定履行合同。因此，法院认定宋某自愿在合同上签名、并且双方按照合同的约定履行了合同、《服务合同书》为双方真实意思表示是正确的。

二、讼争合同是否因违反我国拍卖法的规定而无效。

《中华人民共和国拍卖法》第二条规定：" 本法适用于中华人民共和国境内拍卖企业进行的拍卖活动。"第三条规定：" 拍卖是指以公开竞价的形式，将特定物品或者财产权利转让给最高应价者的买卖方式"。《中华人民共和国拍卖法》第三章"拍卖当事人"第一节至第四节分别规定了拍卖人、委托人、竞买人和买受人的概念与权利义务。

本案中，宋某与古梵公司在合同中约定的拍卖地点为香港，约定的服务内容是宋某参加古梵公司艺术品展销或指定的拍卖活动，古梵公司为宋某参加拍卖提供相应的服务，并就“指定的拍卖活动”作了如下解释：古梵公司在特定的时间和场合组织的,与具有拍卖资质的拍卖公司合作,由拍卖公司支持完成的拍卖活动。

根据上述法律规定和以上合同约定内容，古梵公司并不是作为拍卖企业在境内单独对外经营拍卖事项，也不是拍卖法调整的拍卖当事人。而且，宋某亲自参加了在深圳举办的展销会，也认可在香港举办拍卖会的事实，足以说明宋某明知不是古梵公司作为拍卖企业对外承担拍卖事宜这一事实，故法院不支持宋某关于讼争合同是拍卖合同、受拍卖法调整的主张是正确的。

三、讼争合同是否因违反我国文物保护法的规定而无效。

本案中，宋某认为其委托古梵公司拍卖的物品是文物，古梵公司没有拍卖文物的资质，且讼争合同没有依据文物保护法在文物行政主管部门备案，故合同因违反文物保护法而无效。但是宋某并没有提供任何证据证明合同附件约定的物品是文物，合同中也没有约定关于任何文物拍卖的事宜，而且讼争合同约定宋某应保证提供的物品不是国家禁止或者限制流通的物品，否则愿意承担由此产生的法律责任。对于是不是文物，宋某理应知晓并应在签订合同时告知古梵公司，或者在合同中加以约定，故即使宋某提交的物品系文物，宋某依照合同约定也需承担由此产生的相应责任。据此，宋某应承担举证不能的不利后果即法院不支持讼争合同因违反文物保护法的规定而无效的主张。

法律建议

实践中，应注意区分委托合同与拍卖合同的区别。

《中华人民共和国合同法》第三百九十六条规定：“委托合同是委托人和受托人约定，由受托人处理委托人事务的合同。”其法律特征包括：委托合同是典型的劳务合同；受托人以委托人的费用办理委托事务；委托合同具有人身性质，以当事人之间相互信任为前提；委托合同既可以是有偿合同，也可以是无偿合同；委托合同是诺成的、双务的合同。

《中华人民共和国拍卖法》第三条规定：“ 拍卖是指以公开竞价的形式，将特定物品或者财产权利转让给最高应价者的买卖方式。”据此，拍卖合同的法律特征包括：拍卖是以公开竞价的形式买卖物品或者财产权利；拍卖是将特定物品或者财产权利转让给最高应价者的买卖方式；拍卖行业具有中介服务性质，拍卖行本身不买卖任何商品，只是接受他人委托拍卖物品或财产权利，为委托方与竞买方提供服务；拍卖有多方当事人，包括拍卖人、委托人、竞买人、买受人。

8. 委托合同的效力

—— 严某与某艺术品鉴定公司委托合同纠纷案

基本案情

严某与某艺术品鉴定公司签署5份《某艺术品鉴定公司行业（个人艺术品）审核申请书》，申请书正面均载明，“根据《中华人民共和国物权法》、《中华人民共和国文物保护法》、《中华人民共和国商业银行法》、《某艺术品鉴定公司行业艺术品审核管理条例》、《某艺术品鉴定公司行业个人艺术品审核协议》规定，本人自愿申请艺术品金融服务，并对物品申请审核是否符合艺术品金融服务标准，希望艺术品审核中心给予批准审核”，“客户确定：本人自愿申请办理艺术品审核服务，已阅知以下《特别提示》内容，上述申请审核事项内容确认无误”。《特别提示》条款中包括下列内容：服务费用以某艺术品鉴定公司行业艺术品审核中心规定为准；自2014年1月1日起，每个客户一次同时只能申请最多5件物品进行艺术品审核；艺术品审核中心出具的审核结果只适用于某艺术品鉴定公司行业金融服务，不针对第三方机构服务；艺术品审核物符合《中华人民共和国文物法》第五章，符合国家规定个人流通文物范畴内；物品在审核期间受损，由第三方评估机构给予评估，中心根据评估结果给以合理赔偿。

严某作为申请人和说明人予以签名，说明上述物品获得途径为转赠或私人交换。申请书正面还填写了申请人提供审核物件说明并贴有1张对应的物件正面照片。5件送审物件的说明内容分别为：“合同编号SQ0201403220003，物品名称：明早期青花龙纹大碗，物品尺寸：口径55cm”；“合同编号SQ0201403220004，物品署名：明宣德青花龙纹高足盘，物品尺寸：口径26.9cm”，“合同编号

SQ0201403240002，物品署名：清乾隆红地描金郎世宁绘双骏题诗纹瓶（一对），物品尺寸：高 35.6cm”，“合同编号 SQ0201403260001，物品署名：明宣德青花花卉纹玉壶春瓶，物品尺寸：高 46.4cm”，“合同编号 SQ0201403260002，物品署名：清雍正珐琅彩锦鸡牡丹题诗纹碗，物品尺寸：口径 15.6cm”。

上述申请书背面均印有《某艺术品鉴定公司行业个人艺术品审核委托协议》和《某艺术品鉴定公司行业个人艺术品审核服务条例》。

《某艺术品鉴定公司行业个人艺术品审核委托协议》载明，甲方（某艺术品鉴定公司）、乙方（艺术品审核申请人）依据《中华人民共和国合同法》、《中华人民共和国文物保护法》，本着实事求是、互守信用的原则，经协商一致达成协议；乙方自愿申请艺术品物审核，乙方若无特殊说明，甲方将视其为合法财产所有人；乙方对委托给甲方进行艺术品审核的艺术品在审核期间的所有审核项目由甲方决定，乙方不予参与；审核周期一般为 20 个工作日。其中协议第五条保管方法规定：在审核期间乙方将审核物交由甲方保管；申请人申请艺术品审核时，申请人必须支付审核物品意外保险费用；在甲方保管期间发生艺术品审核物人为损坏，甲乙双方应通过第三方机构评估后给予赔偿；审核物在不可抗拒因素下造成损坏（包括但不限于自然灾害，如台风、洪水、冰雹、地震），艺术品审核评估中心不予赔偿。协议第八条规定：甲方将对通过艺术品审核的物品出具《个人艺术品审核证书》，乙方应在 7 天内领取。协议第九条规定：如艺术品未能通过审核，甲方会出具《艺术品审核说明》，通过邮寄方式给乙方，乙方收到通知之日起 7 日内领取该物品；领取期限届满后，甲方将收取每件每天 100 元的保管费，延期 30 天后甲方有权自行处理该物品，即甲方有权以甲方认为合适的价格和采取任何方式出售该件物品，且有权从出售收益中扣除乙方应付一切合理费用后，将余款付给乙方；超过 7 日乙方未能领取标的，若发生意外事故，造成物品损坏由乙方自行承担责任。

《某艺术品鉴定公司行业个人艺术品审核服务条例》载明，某艺术品鉴定公司行业艺术品审核中心为了满足艺术品市场金融服务的需求制定本条例；本制度适用某艺术品鉴定公司行业艺术品金融业务的客户服务管理工作，该客户指申请办理某艺术品鉴定公司行业艺术品审核的客户，本制度归口管理部门为某艺术品鉴定公司行业艺术品审核评估中心。条例第五条规定：某艺术品鉴定公司行业艺术品审核中心负责审核申请人提交艺术品审核物所有审核有关的服务工作，其中包括负责对申请物品进行必要的科技检测和专家审核，并出具审核说明书、完善艺术品信贷物审核服务信息。条例第六条以图示方式说明艺术品审核流程为客户——提出申请——审核中心——科技检测——专家审核——出具审核结果，再分为审核通过和审核未通过——客户取回两步。条例第九条规定：审核中心根据需求对申请提交物品通过必要的科技检测，出具检测说明和通过中心审核专家组审核出具审核结果；通过中心检测的物品，中心将针对该物品本次审核出具审核证书；未能通过审核的物品，中心将针对本次审核出具审核说明书，以挂号信方式寄给申请人，申请人在收到说明书之日起 7 日内领取该物品，在领取期限届满后，中心将收取每件每天 100 元的保管费，延期 30 天后中心有权自行处理，即以中心认为合适的价格和采取任何方式出售该件物品，且有权从出售收益中扣除申请人应付一切合理费用后，将余款付给申请人；超过 15 日申请人未能领取审核物品的，若发生意外事故造成损坏的，由申请人自行承担责任。条例第十一条审核服务收费说明列表载明，收费项目和标准为：保管费普通件 625 元／件，信息管理费 600 元／件，保险费 500 元／件，检测耗材费 1000 元／件，价值评估费为通过审核的该件物品市场评估价值的 0.8%。

申请书末尾盖有某艺术品鉴定公司公章和“某艺术品鉴定公司行业艺术品审核中心”合同专用章，有严某签名确认“已阅”。

其后，严某将上述5件物品交给某艺术品鉴定公司鉴定，并于2014年3月22日、24 日、26 日按申请书列出的收费项目、收费标准向某艺术品鉴定公司支付 5 件物品审核费用，包括保管费 3125 元、信息管理费 3000 元、保险费 2500 元、检测耗材费 5000 元，合共 13625 元。

2014 年 4 月 22 日，某艺术品鉴定公司对应严某上述 5 件送审物品出具《艺术品科技检测报告》、《某艺术品鉴定公司艺术品审核报告（专家审核意见）》、《某艺术品鉴定公司艺术品审核报告》各 5 份。

《艺术品科技检测报告》分别载明了送审物品的 X 荧光光谱仪检测分析报告，

列表说明操作人员随机抽取样本测试获得的该物品化学元素数据，盖有某艺术品鉴定公司的“艺术品审核中心科技检测室”章。

《某艺术品鉴定公司艺术品审核报告（专家审核意见）》，结论为严某送审物品为现代仿品，未能通过信贷物品审核。该报告分别载明，从器物表面和底部的造型、色彩、用料、检测数据分析各送审物品的物品特征，认定物品存在或图案造型、底色与署名时段不符，或纹饰绘画工艺与署名时段的工艺差距较大，或款书不够规整与署名时段有别等问题，数据显示现代元素均过高。该报告落款均为《某艺术品鉴定公司的“艺术品审核中心专家委员会”，但无相关人员签名和盖章。

《某艺术品鉴定公司艺术品审核报告》内容为，告知严某递交的上述物品未能通过艺术品审核，盖有某艺术品鉴定公司的公章。“科技检测报告”一栏载明其通过 X 荧光光谱仪检测数据结果表明，物品与署名相同的同时代器物数据有差异，未能达到中心仪器检测审核标准的要求，加盖了某艺术品鉴定公司的“艺术品审核中心科技检测室”章；“专家审核说明”一栏载明通过专家组统一审核，严某提供的审核物品未能通过审核，加盖了某艺术品鉴定公司的“艺术品审核中心专家委员会”章。

同年 4 月 29 日，严某向某艺术品鉴定公司发出《关于艺术品审核争议和处理意见的函》，表示同年 4 月 25 日收到上述审核报告；报告存在没有依据科技检测的真实数据作出正确结论，专家意见文不对题、审核操作违背协议约定精神、审核意见文字高度雷同、整段转抄复制、用假冒仿品作标准物与送审真品比对等问题；要求审核中心重新安排专家审核，如不同意重新审核应退还审核费用，解除委托协议。

同年 5 月 22 日，严某向某艺术品鉴定公司发出《关于化除分歧结束争议意见的函》，提出科技检测和专家审核是整个艺术品审核的两个重要程序、科技检测是整个艺术品审核的核心；建议某艺术品鉴定公司以科技检测数据为基准对送审物品再次审核，对科技检测报告显示五项元素都未超过 0.2% 的器物予以认可，通过审核并按协议约定提供相应的金融服务；检测数据超过标准的器物严某取回。

同年 5 月 29 日，严某发函给某艺术品鉴定公司，表示接到某艺术品鉴定公司职员所称“科技检测判定标准在原来说定的五项元素基础上又增加钴元素一项等意见”。

2014 年 6 月至 7 月间，严某先后向某艺术品鉴定公司发出 3 份函件，表示同意某艺术品鉴定公司提出的找中文大学鉴定的意见，提出鉴定费用由某艺术品鉴定公司先行垫付，如不履行则应退还费用的意见。

2015 年 1 月 28 日，严某向法院起诉某艺术品鉴定公司。请求：一、确认案涉审核委托协议无效，判令某艺术品鉴定公司退还严某送审的明早期青花龙纹大碗一只、明宣德青花龙纹高足盘一只、清乾隆红地描金郎世宁绘双骏题诗纹瓶一对、明宣德青花花卉纹玉壶春瓶一只、清雍正珐琅彩锦鸡牡丹题诗纹碗一只；二、判令某艺术品鉴定公司退还严某审核服务费 13625 元；三、判令某艺术品鉴定公司按《中华人民共和国消费者权益保护法》以上述费用的 3 倍赔偿 40875 元给严某；四、判令某艺术品鉴定公司承担诉讼费用。

某艺术品鉴定公司答辩称，不同意返还严某的上述送审物品，严某未向其支付后续的保管费，其依约有权支配物品的处置方式；不同意退还严某审核服务费。

一审法院查明，根据市工商行政管理局留存某艺术品鉴定公司的商事登记信息，该公司于 2013 年 11 月 22 日成立，主营文化艺术业，无“某艺术品公司行业艺术品审核中心”的商业登记信息。

一审法院认为：严某和某艺术品鉴定公司签署的 5 份《某艺术品鉴定公司行业（个人艺术品）审核申请书》，是双方真实意思表示，合法有效，表明成立了以服务合同为内容的权利义务关系，双方应当按照约定全面履行自己的义务。

某艺术品鉴定公司商事登记资料虽未记载其有收藏品鉴定的经营范围，但某艺术品鉴定公司对外承接上述业务并不属于可致合同无效的违反法律、行政法规强制性规定的行为。即使某艺术品鉴定公司没有完成专家审核的程序，亦只是违约行为，不能认定为某艺术品鉴定公司公司欺诈和损害国家利益。严某要求确认涉案申请书无效缺乏依据。

某艺术品鉴定公司出具的、作为记述专家审核程序的《某艺术品鉴定公司艺术品审核报告（专家审核意见）》无任何鉴定人员签名，亦一再拒绝提供其负责审核的专家名单，没有证据证明所称是“通过专家组统一审核”作出审核结果，与涉案申请书及其附件的约定不符。某艺术品鉴定公司的行为已构成违约。因此，某艺术品鉴定公司应当将严某署名送审的物品全部返还，并应当返还相应的审核费用。由于某艺术品鉴定公司的《艺术品科技检测报告》和购买检测设备的合同可以证明其抽取样本，对送审物品化学元素数据进行X荧光光谱仪检测分析，履行了审核项目中的科技检测程序，可以收取约定的检测耗材费每件1000元共5000元，某艺术品鉴定公司应当将其余审核费用8625元退还给严某。

综上所述，一审法院依照《中华人民共和国合同法》第八条、第六十一条第一款、第一百零七条的规定，于2015年7月28日作出判决：一、某艺术品鉴定公司应在判决发生法律效力之日起10日内，将严某署名为明早期青花龙纹大碗一只、署名为明宣德青花龙纹高足盘一只、署名为清乾隆红地描金郎世宁绘双骏题诗纹瓶一对、署名为明宣德青花花卉纹玉壶春瓶一只、署名为清雍正珐琅彩锦鸡牡丹题诗纹碗一只等物［物品样式、尺寸详见双方签订的5份《某艺术品鉴定公司行业（个人艺术品）审核申请书》内的文字记载和物品照片］返还给严某；二、某艺术品鉴定公司应在判决发生法律效力之日起10日内，向严某退还审核费用8625元；三、驳回严某的其他诉讼请求。如未按判决指定的期间履行给付义务，应当依照《中华人民共和国民事诉讼法》第二百五十三条的规定，加倍支付迟延履行期间的债务利息。

一审判决后，严某、某艺术品鉴定公司均不服，分别提起上诉。

二审法院认为，一审判决认定事实清楚，适用法律正确，判决驳回上诉，维持原判。

裁判解析

本案的争议焦点有以下两点：

一、某艺术品鉴定公司是否违约。

《中华人民共和国合同法》第八条规定："依法成立的合同，对当事人双方具有法律约束力。当事人应当按照约定履行自己的义务，不得擅自变更或者解除合同。依法成立的合同受法律保护。"第五十二条规定："有下列情形之一的，合同无效：（一）一方以欺诈、胁迫的手段订立合同，损害国家利益；（二）恶意串通，损害国家、集体或者第三人利益；（三）以合法形式掩盖非法目的；（四）损害社会公共利益；（五）违反法律、行政法规的强制性规定。”第六十条规定：“当事人应当按照约定全面履行自己的义务。”

本案中，严某和某艺术品鉴定公司签署的5份《某艺术品鉴定公司行业（个人艺术品）审核申请书》，是双方真实意思表示，并无《中华人民共和国合同法》第五十二条规定的导致合同无效的情形，因此合法有效，双方均应当按照约定全面履行自己的义务。但某艺术品鉴定公司出具的、作为记述专家审核程序的《某艺术品鉴定公司艺术品审核报告（专家审核意见）》无任何鉴定人员签名，亦一再拒绝提供负责审核的专家名单，没有证据证明所称是“通过专家组统一审核”作出的审核结果，因此，与《某艺术品鉴定公司行业（个人艺术品）审核申请书》及其附件的约定不符，显然，某艺术品鉴定公司的行为已构成违约。

二、某艺术品鉴定公司是否应向严某支付3倍赔偿金元。

《中华人民共和国消费者权益保护法》第二条规定：“消费者为生活消费需要购买、使用商品或者接受服务，其权益受本法保护；本法未作规定的，受其他有关法律、法规保护。”

根据法院查明的本案事实，严某与某艺术品鉴定公司所订立的协议并不属于“为生活消费”所为的范围，故严某以上述法律规定为依据主张某艺术品鉴定公司赔偿3倍费用40875元，缺乏法律依据，因此法院不予支持。

法律建议

《中华人民共和国合同法》第五十二条规定表明，实施欺诈行为，必须依法承担两个法律后果：一是导致订立的合同无效，受害方有权请求人民法院或者仲裁机构变更或者撤销合同；二是承担损害赔偿责任，对受害方给予损害赔偿。《中华人民共和国合同法》第一百一十三条第二款规定：“经营者对消费者提供商品或者服务有欺诈行为的，依照《中华人民共和国消费者权益保护法》的规定承担损害赔偿责任。”值得注意的是《中华人民共和国消费者权益保护法》的适用范围限于消费者为生活消费需要购买、使用商品或者接受服务。

9. 委托合同违约

——吴某等与某影视公司委托创作合同纠纷案

基本案情

2011年6月7日，某影视公司（合同甲方，本案被告）与吴某、赵某（合同乙方，本案原告）签订《电视剧编剧聘用合同》，合同约定：该剧乙方应得酬金总计为45万元。某影视公司自合同签订之日起三日内支付乙方定金4.5万元（合同首期款支付之日，此定金自动转为酬金）；乙方于2011年7月15日前完成前五集剧本，修改后获得甲方审核认可之日起五日内向乙方支付第二期酬金4.5万元；乙方于2011年8月26日前完成第六集至第二十集剧本，修改后获得甲方审核认可之日起五日内向乙方支付第二期酬金18万元；乙方于2011年9月20日前完成第二十一集至第三十集剧本，甲方对该稿提出修改意见，修改后获得甲方审核认可之日起五日内向乙方支付第四期酬金9万元；乙方三十集剧本完成后，甲方对该稿提出修改意见，乙方2011年9月30日内完成最终修改稿，甲方审核认可之日起十日内向乙方支付第五期酬金9万元；乙方文学剧本的故事梗概及分集大纲完成后三日内，甲方进行审核并将审核结果通知乙方；乙方每完成一集文学剧本即提交甲方审核，甲方在前20集完成后次日将审核结果通知乙方，二十一集至三十集按前20集方式执行；剧本按如上方式创作期间，阶段性审核如最终未获甲方通过，甲方有权解除本合同，停止向乙方支付后续款项，甲方并有权另行委托编剧利用乙方的已创作剧本进行继续创作或重新创作。

2011年6月8日，某影视公司向吴某、赵某支付第一期稿费4.5万元。2011年7月30日，某影视公司向吴某、赵某支付第二期稿费4.5万元。2011年11月18日，吴某、赵某向某影视公司提交前 20 集初稿，但某影视公司拒绝向吴某、赵某支付稿酬。因此，吴某、赵某向法院起诉，请求判令：某影视公司立即支付拖欠的稿酬 18 万元，并按中国人民银行规定的金融机构同期贷款利率支付自 2011 年 11 月 24 日至实际付清之日止的利息。

某影视公司答辩称：第一，《电视剧编剧聘用合同》虽然是某影视公司与吴某、赵某签订，但赵某并未参与合同的实际履行，并未向某影视公司交付过任何剧本，故赵某不应是本案适格主体；第二，合同签订后，吴某并未按合同约定及时向某影视公司交付剧本，且迟延交付的剧本质量无法通过某影视公司的审核，无法被采用，未能如约履行义务，故某影视公司有权拒付酬金。在吴某剧本几经修改仍无法达到要求时，考虑到吴某个人创作能力有限，某影视公司为提高剧本创作进程，依据合同规定，要求吴某等人到公司进行现场创作、修改讨论，遭到吴某的无理拒绝。在上述情况下，某影视公司无奈依据合同约定："剧本创作期间，阶段性审核如最终未获甲方通过，甲方有权解除合同，停止向乙方支付后续款项，甲方有权另行委托编剧利用乙方已创作剧本进行继续创作或重新创作。"综上，其不同意吴某、赵某的诉讼请求。

一审审理中，原被告分别向法院提交了如下证据材料：《电视剧编剧聘用合同》、相关电子邮件、QQ 聊天记录打印件、新浪微博截图打印件、手机短信、分集梗概、前 20 集剧本、调解证明、领款收据、《电视剧编剧合同》、拍摄剧本、相关网络博客文章打印件。一审法院认为，本案中，赵某系合同当事人，是本案的适格原告；某影视公司拒不支付吴某、赵某稿酬的行为已构成违约。依照《中华人民共和国合同法》第八条、第一百零七条之规定，判决：某影视公司于本判决生效之日起十日内支付吴某、赵某稿酬 18 万元及利息（利息计算按中国人民银行同期银行贷款利率，自 2011 年 11 月 24 日起至付清之日）。

某影视公司不服一审判决，向中级人民法院提出上诉，请求撤销原审判决，发回重审或依法改判驳回被上诉人的全部诉讼请求。

二审法院经审理认为，一审法院判决无误，遂于 2014 年 9 月 17 日判决驳回上诉、维持原判。

裁判解析

本案的争议焦点有以下两点：

一、赵某是否是本案的适格主体。

从涉案《电视剧编剧聘用合同》来看，赵某与吴某是共同作为乙方与甲方某影视公司签订的涉案合同，赵某本人是合同的相对方，其在合同中的主要义务是进行涉案电视剧的文学剧本创作。在涉案合同中约定，若电视剧得以拍摄并成功发行，乙方依法享有在电视剧及相关衍生产品中的署名权（注：署名人员：吴某、赵某）。此外，在 2011 年 6 月 8 日出具的“编剧稿费收据”中，收款人处有赵某的签名并按有手印。尽管在 2011 年 7 月 30 日的第二笔稿酬的收据中赵某的名字是吴某代签，但这并不足以证明赵某未实际参与合同的履行。《最高人民法院关于民事诉讼证据的若干规定》第二条规定：“当事人对自己提出的反驳对方诉讼请求所依据的事实有责任提供证据加以证明，没有证据或者证据不足以证明当事人的事实主张的，由负有举证责任的当事人承担不利后果。”被告反驳原告赵某依据涉案合同主张合同权利，但并未就其主张提供任何证据进行证明，因此，其应当承担举证不能的不利后果。据此，法院认定赵某是涉案电视剧编剧聘用合同的主体，有权就涉案合同向某影视公司主张权利并无不妥。

二、某影视公司拒绝向吴某、赵某支付第三期稿酬的抗辩理由是否成立。

《中华人民共和国合同法》第六十六条规定：“当事人互负债务，没有先后履行顺序的，应当同时履行。一方在对方履行之前有权拒绝其履行要求。一方在对方履行债务不符合约定时，有权拒绝其相应的履行要求。”该法条是关于“同时履行抗辩权”的规定。同时履行抗辩权是合同法上的重要概念，它是指在没有规定履行顺序的双务合同中，当事人一方在当事人另一方未为对待给付以前，有权拒绝先为给付的权利。

本案中，如果吴某迟延交付剧本、拒绝入住工作组及剧本质量不符合《电视剧编剧聘用合同》的约定，某影视公司则有权拒绝履行支付稿酬的义务。

从《电视剧编剧聘用合同》约定的工作进度及质量要求来看，乙方交付前 20 集初稿的时间应在 2011 年 8 月 26 日前，而乙方实际交付的时间则是 2011 年 11

月 18 日，就乙方迟延交付剧本之事，双方当事人均予以认可。但结合合同的实际履行情况来看，2011 年 8 月 26 日以后，双方进行过多次邮件往来，2011 年 9 月 24 日至 11 月 16 日期间，吴某、赵某先后 6 次分别向某影视公司提交了涉案剧本修改后的 1 至 20 集剧本等内容，某影视公司接受了前述剧本且并未就其迟延交付剧本提出任何异议。因此，可以认定双方当事人在实际履行过程中变更了涉案合同履行的时间。同时，被告还主张吴某交付的前 20 集剧本没有通过审核，因此不应当支付第三期的酬金。按照双方签订的《电视剧编剧聘用合同》的内容来看，某影视公司应在前 20 集完成后次日将审核结果通知吴某和赵某，但是，某影视公司在 2011 年 11 月 18 日收到前 20 集剧本后不仅没有在合同约定的时间内给出审核结果，亦未就交付的剧本存在质量问题提出异议。某影视公司怠于履行自己的合同义务，亦怠于行使自己的合同权利，由此造成的后果亦应由其承担。关于吴某拒绝入住工作组的问题，被告主张其依据合同有权要求吴某入住工作组进行剧本的修改，但从吴某提交的 QQ 聊天记录来看，某影视公司要求吴某入住工作组的工作内容是完成后 10 集的创作和对全剧本进行修改。根据《电视剧编剧聘用合同》的约定内容，这属于第四期和第五期酬金支付所对应的合同义务，而并非第三期酬金支付所对应的合同义务。因此，某影视公司就此主张其不应支付第三期酬金没有合同依据。

综上，某影视公司拒绝向吴某、赵某支付第三期稿酬的抗辩理由不成立，构成违约，应当支付拖欠稿酬并赔偿利息。

法律建议

实践中，应注意发生著作权纠纷时可以调解，也可以根据当事人达成的书面仲裁协议或者著作权合同中的仲裁条款，向仲裁机构申请仲裁。当事人没有书面仲裁协议，也没有在著作权合同中订立仲裁条款的，可以直接向人民法院起诉。

10. 竞业限制

——某文化传播有限公司与赵某竞业限制纠纷案

基本案情

某文化传播有限公司（甲方，本案原告）与赵某（乙方，本案被告）签订《劳动合同书》一份，合同期限自2008年9月1日至2014年5月1日。双方于2010年4月13日签订了《保密及竞业限制协议》一份，约定：一、未经甲方同意，乙方在职期间不得自营或者为他人经营与甲方同类的产品、业务。二、乙方不论因何种原因从甲方离职，离职后两年内不得到与甲方生产或者经营同类产品、业务有竞争关系的其他用人单位工作。三、乙方不论因何种原因从甲方离职，离职后两年内不得自己开业生产或者经营同类产品，从事同类业务。四、甲方已提前向乙方支付除工资外每月300元人民币的竞业限制的经济补偿费。五、乙方违反竞业限制约定，应当一次性向甲方支付其年收入10倍的违约金。乙方因违约行为所获得的收益应当返还甲方。在上述义务履行结束后，甲方可以要求乙方继续履行本协议。六、本协议中甲方经营的产品及业务是指：高等职业教育、高等教育教材及配套的CAI课件（教学软件）和出版服务等。2012年2月，赵某向某文化传播有限公司提出辞职。2012年12月，赵某前往某省另一个文化传播有限公司工作。在赵某离职后，某文化传播有限公司并未支付法定的竞业限制经济补偿。

某文化传播有限公司起诉称：原告与赵某签订《劳动合同书》一份，双方于合同期内又签订《保密及竞业限制协议》一份。赵某在《劳动合同书》约定的劳动期限内，签订《保密及竞业限制协议》后，单方离职前往某省另一个文化传播有限公司工作，其行为违反了竞业限制协议的约定，侵犯了某文化传播有限公司的合法权益。故请求法院依法判令赵某返还竞业限制 22 个月的经济补偿 6600 元，按照《保密及竞业限制协议》的约定支付违约金 164400 元，并赔偿因此造成的经济损失 58921.35 元。

一审法院认为：劳动者与用人单位的合法权益均受法律保护。竞业禁止义务是对负有特定义务的劳动者的权利限制。用人单位与负有保守商业秘密的劳动者，可以在劳动合同或者保密协议中约定竞业限制条款，限制劳动者在离职后的一定期间内不得从事与用人单位存在竞争关系的业务，以保护用人单位的合法经营利益。但与此同时，对于竞业限制人员，用人单位在与其解除或者终止劳动合同后，在竞业限制期限内应按月给予劳动者经济补偿，竞业限制经济补偿应为劳动合同解除或者终止前十二个月平均工资的 30%，且不低于劳动合同履行地最低工资。某文化传播有限公司在赵某离职后未按法律规定给付赵某竞业限制补偿金，却要求赵某遵守竞业限制义务，向其支付违约金及赔偿损失，没有法律依据。不仅如此，《保密及竞业限制协议》中约定的双方权利、义务不对等，用人单位存在免除自己的法定责任、排除劳动者权利的情形，故双方签订的《保密及竞业限制协议》所确定的竞业限制条款应属无效，对赵某不具有约束力。遂判决：赵某返还竞业限制经济补偿 6600 元，驳回某文化传播有限公司的其他诉讼请求。

一审判决后，某文化传播有限公司提起上诉，诉称：双方签订的《保密及竞业限制协议》应合法有效。要求判决：一、被上诉人支付违反《保密及竞业限制协议》约定的违约金；二、被上诉人支付因违反协议给上诉人造成的损失。

二审法院认为：对于上诉人提出的第一点上诉主张，某文化传播有限公司与赵某签订《保密及竞业限制协议》系双方当事人真实意思表示，合法有效。该协议第二条规定：乙方不论因何种原因从甲方离职，离职后两年内不得到与甲方生产或者经营同类产品、业务有竞争关系的其他用人单位工作。被上诉人赵某在 2012 年 2 月 28 日向某文化传播有限公司提出离职，后于 2012 年 12 月到某省另一个文化传播有限公司工作，违反了该条的规定，应承担违约责任。《保密及竞业限制协议》竞业限制部分第四条约定：甲方已提前向乙方支付除工资外每月 300 元人民币的竞业限制的经济补偿费；但该协议第五条却规定：乙方如违反本合同任何条款，应当一次性向甲方支付其年收入10倍的违约金。双方约定的违约金数额过高，违反公平原则，应当予以适当调整。关于上诉人的第二点上诉主张，上诉人并未提供证据予以证明，应承担举证不能的不利后果。综上，二审法院判决驳回上诉，维持原判。

裁判解析

本案的争议焦点有以下两点：

一、《保密及竞业限制协议》竞业限制条款的效力问题。

《中华人民共和国劳动合同法》第二十三条规定："用人单位与劳动者可以在劳动合同中约定保守用人单位的商业秘密和与知识产权相关的保密事项。对负有保密义务的劳动者，用人单位可以在劳动合同或者保密协议中与劳动者约定竞业限制条款，并约定在解除或者终止劳动合同后，在竞业限制期限内按月给予劳动者经济补偿。劳动者违反竞业限制约定的，应当按照约定向用人单位支付违约金。"第二十四条规定："竞业限制的人员限于用人单位的高级管理人员、高级技术人员和其他负有保密义务的人员。"据此，用人单位与劳动者签订竞业限制协议的目的在于保护用人单位的合法利益，用人单位唯有在必须保护其合法利益时，才能订立竞业限制协议。合法利益是指用人单位拥有的值得保护的利益，主要是商业秘密，应具有秘密性、专业性、实用性和经济性等。竞业限制的保护对象是保护用人单位的商业秘密等重要信息，因此，义务主体应限定为掌握或者是有可能接触到商业秘密等重要信息的劳动者。对于一般的劳动者而言，既没有特殊的技能和技术，也不可能接触到或者掌握商业秘密等重要信息，不会与原用人单位形成竞业关系，因此没有必要对这一部分劳动者进行竞业限制。

《最高人民法院关于审理劳动争议案件适用法律若干问题的解释（四）》第六条规定："当事人在劳动合同或者保密协议中约定了竞业限制，但未约定解除或者终止劳动合同后给予劳动者经济补偿，劳动者履行了竞业限制义务，要求用人单位按照劳动者在劳动合同解除或者终止前十二个月平均工资的30%按月支付经济补偿的，人民法院应予支持。前款规定的月平均工资的30%低于劳动合同履行地最低工资标准的，按照劳动合同履行地最低工资标准支付。”本条规定虽然没有涉及竞业限制经济补偿金的最低额度及确定方法，却赋予了用人单位和劳动者自由操作、协商确定的权利，即尊重劳动关系主体的意思自治。从维护社会公共利益的角度而言，竞业禁止的原理就是通过牺牲劳动者的权利来实现企业保护商业秘密的目的，所以劳动者的这种牺牲理所应当得到相应的补偿，企业应当为了保护商业秘密付出一定的成本以弥补劳动者因为再就业权利受到限制而遭受的损失。

本案中，双方当事人在履行劳动合同的过程中签订《保密及竞业限制协议》，可以认定赵某系某文化传播有限公司竞业限制人员。根据上述法律规定，对于竞业限制人员，用人单位在与其解除或者终止劳动合同后，在竞业限制期限内应按月给予劳动者经济补偿，竞业限制经济补偿应为劳动合同解除或者终止前十二个月平均工资的 30%，且不低于劳动合同履行地最低工资。某文化传播有限公司并未在与赵某解除劳动合同后按月向其发放经济补偿，违反了法定义务。虽某文化传播有限公司主张《保密及竞业限制协议》中已明确约定“甲方已提前向乙方支付除工资外每月 300 元人民币的竞业限制的经济补偿费”，但该补偿费约定明显数额过低。因此，应当认为竞业限制条款对赵某不具有法定的拘束力。

二、《保密及竞业限制协议》违约金条款的效力问题。

本案中，二审法院认为，《保密及竞业禁止协议》中双方约定的违约金数额过高，违反了公平原则，应当依据公平原则，对违约金予以适当调整。

《中华人民共和国合同法》第五条规定：“当事人应当遵循公平原则确定各方的权利和义务。”据此，公平原则的适用范围包括合同行为的全过程，而不仅限于“合同内容”的确定。《中华人民共和国合同法》第一百一十四条规定：“当事人可以约定一方违约时应当根据违约情况向对方支付一定数额的违约金，也可以约定因违约产生的损失赔偿额的计算方法。约定的违约金低于造成的损失的，当事人可以请求人民法院或者仲裁机构予以增加；约定的违约金过分高于造成的损失的，当事人可以请求人民法院或者仲裁机构予以适当减少。”《最高人民法院关于适用〈中华人民共和国合同法〉若干问题的解释（二）》第二十九条规定：“当事人主张约定的违约金过高请求予以适当减少的，人民法院应当以实际损失为基础，兼顾合同的履行情况、当事人的过错程度以及预期利益等综合因素，根据公平原则和诚实信用原则予以衡量，并作出裁决。当事人约定的违约金超过造成损失的百分之三十的，一般可以认定为合同法第一百一十四条第二款规定的“过分高于造成的损失”。

虽然上述内容都只规定了当事人可以请求人民法院调整违约金的方式，但是，司法实践中却依然存在着人民法院依职权调整违约金比例的情况。从学理上进行分析，人民法院应当有权主动依职权调整违约金比例：首先，我国违约金的性质是赔偿性为主，兼顾惩罚性。我国法律已经明确规定了违约金的比例范围，对于任何性质的过高的违约金都不予认可，也就是说，当事人之间的意思自治也不能超过法定的范围。其次，人民法院依职权调整违约金也是公平原则的要求，体现出合同双方当事人权利义务平等，违约金也应该约定一个非常适当的数额，不得因为合同当事人一方的违约就对其课以非常沉重的违约金支付义务。再次，人民法院主动依职权调整违约金不会造成对于自由裁量权的恣意。人民法院只能在法定范围内对违约金进行调整，必须以实际损失为基础，兼顾合同的履行情况、当事人的预期利益等。因此，本案中人民法院依职权调整违约金比例并无不当。

法律建议

签订“竞业限制协议”的注意事项包括：一、要求用人单位明确自己是否属于应限制主体，并在合同中注明。二、要求明确限制从业的时间、行业或单位、地域范围等，对用人单位不合理的要求有权拒绝。三、要求明确补偿费的数额及支付方式，并在协议中注明，用人单位不按时足额支付补偿费的，竞业限制协议自动失效。四、自身权益受到侵害时，要敢于应诉，敢于对用人单位不合理的要求提出抗辩，请求法院保护自己的合法权益。

11. 意思自治与合同解除权

——天章公司与万千公司广告合同纠纷案

基本案情

天章公司（本案被告）、万千公司（本案原告）于 2011 年 3 月 15 日签订《户外广告业务发布合同》一份，约定：天章公司在某市杨府山青少年活动中心旁以广告牌的形式发布龙湾广场项目形象宣传、产品信息，发布期限从 2011 年 3 月 20 日至 2012 年 3 月 19 日，共计 365 日。若因政策原因导致停止广告发布或广告灯箱设施被拆除，则按照实际发布天数计算广告费用，剩余的费用天章公司须在五日内返还给万千公司。如万千公司需要继续发布，天章公司应尽可能及时提供令万千公司满意的广告位置并发布广告。天章公司如不能及时提供令万千公司满意的广告位置并发布广告，万千公司可以单方面终止合同且不承担任何违约责任。合同还约定发生诉讼案件的管辖法院为万千公司住所地人民法院。合同签订后，双方均依约履行合同义务。2011 年 7 月 22 日，由于政策原因广告牌被强行拆除。双方就另行发布广告的位置不能达成一致意见，天章公司亦未退还未发布天数的广告费，万千公司对上述广告费催讨未果。

2012 年 2 月 1 日，万千公司向法院起诉称：2011 年 3 月 15 日，万千公司与天章公司签订一份《户外广告业务发布合同》，合同签订后，双方均依约履行合同义务。2011 年 7 月 22 日，由于政策原因广告牌被强行拆除。双方就另行发布广告的位置不能达成一致意见，万千公司于 2011 年 9 月 20 日通知天章公司解除合同。但是天章公司未退还未发布天数的广告费，万千公司请求判令：一、天章公司立即退还广告发布费 108228 元及逾期付款经济损失；二、本案诉讼费由天章公司承担。在庭审过程中，万千公司将诉讼请求明确为：一、解除双方于 2011 年 3 月 15 日签订的户外广告业务发布合同；二、天章公司立即退还万千公司广告发布费 107657.5 元。

天章公司辩称：一、本案是由政策原因造成的，事实上这次拆除广告牌也给天章公司造成重大经济损失，请法院考虑答辩人的经济损失；二、广告牌拆除后，天章公司也与万千公司积极协商，希望另行安排广告牌位置继续为其发布广告；三、至今为止天章公司没有看到万千公司送达的解除合同通知书，所以天章公司认为合同没有解除。

一审法院认为：天章公司、万千公司双方签订的《户外广告业务发布合同》合法、有效，受法律保护。该合同已明确将因政策原因拆除以及双方未能就另行发布广告的位置达成协议列为万千公司单方终止合同以及天章公司退还未发布广告期间广告费的条件，因而在广告牌因政策原因被强制拆除，双方又未就另行发布广告的位置达成协议的情况下，万千公司有权依约单方主张解除合同，天章公司应该依双方约定退还万千公司未发布广告期间的广告费。鉴于双方对广告被强制拆除的时间、未发布广告期间的广告费为 107657.5 元均无异议，法院予以认定。综合案件事实，法院依法判决如下：一、解除万千公司与天章公司于 2011 年 3 月 15 日签订的《户外广告业务发布合同》；二、天章公司在判决生效之日起十日内退还万千公司未发布广告期间广告发布费 107657.5 元；如果天章公司未按本判决指定的期间履行给付金钱义务，应当按照《中华人民共和国民事诉讼法》第二百二十九条之规定，加倍支付迟延履行期间的债务利息。案件受理费 2465 元，减半收取 1233 元，由天章公司负担。

一审判决后，天章公司不服，提起上诉称：一、一审法院直接判决解除上诉人与被上诉人签订的《户外广告业务发布合同》是错误的。被上诉人未向上诉人送达解除合同的书面通知，亦未在起诉状中提出解除合同，而是在一审庭审过程中增加解除合同的请求。被上诉人增加诉讼请求已超过举证期限，本案诉争合同未解除。二、本案是由于政策原因造成的。由于拆除行为已经给上诉人造成巨额经济损失，法庭应考虑这一特殊原因。另外，广告牌被拆除后，上诉人也及时与被上诉人联系协商，愿意为其另行安排广告牌位置，继续发布广告。因此，由于政策这一特殊原因造成广告牌被拆除的情况下，双方应尽量协商广告继续发布事宜，继续履行合同。三、应退金额计算有误，应再扣除税金 16102 元和首期制作费 7500 元。故请求撤销原判，依法改判。

二审法院经审理认为，原判认定事实清楚、适用法律正确。遂判决驳回上诉，维持原判。

裁判解析

本案的争议焦点包括以下两点：

一、合同的意思自治原则。

《中华人民共和国合同法》第四条规定："当事人依法享有自愿订立合同的权利，任何单位和个人不得非法干预。"这是关于合同意思自治原则的规定。合同意思自治原则要求保障当事人从事民事活动时的意志自由，不受国家权力和其他当事人的非法干预。因此，合同意思自治原则包含四方面的基本内容。

第一，缔结合同自由。就是指当事人有权决定自己是否与他人缔结合同，不受任何单位和个人的非法干预。缔约的自由，是一切其他自由的前提和基础。如果当事人不享有缔约的自由，就无法享有其他任何合同自由。

第二，选择合同相对人自由。就是指当事人依照自己的意志和愿望，有权决定与何人订立合同，不受任何单位和个人的非法干预。在一般场合，选择合同相对人的自由，是有保证的，与谁缔结合同，不与谁缔结合同，自己有权决定。在特殊的场合，某些公用事业组织利用其垄断地位，以格式条款方式从事交易，使消费者无法选择缔约相对人。但是，由于签订合同还是不签订合同，权利掌握在当事人手中，在格式条款合同的订立中，仍然可以作出承诺或者不承诺的选择，因而，不能说选择合同相对人的权利是没有保证的。

第三，合同内容自由。这是合同意思自治原则的核心，是指当事人对于合同的具体内容，在法律规定的范围内，可以自由订立合同的内容，只要不违背法律规定和社会公共利益，法律就承认其有效。对此，任何单位和个人都不得非法干预。

对于法律规定的关于合同的任意性条款，当事人有权自由协商，作出不同于任意性规定的条款，法律不加干预。例如，法律规定了合同的不可抗力，但是在法律允许的情况下，当事人可以另行约定不可抗力发生后合同双方当事人的权利如何行使。

第四，变更和解除合同自由。合同意思自治原则包括当事人对合同有权变更和解除，在合同有效成立以后，可以通过协商，对合同的内容进行变更，甚至将合同完全解除，法律并不加以限制。

本案中，天章公司、万千公司双方签订的《户外广告业务发布合同》是基于双方当事人自主的意思表示，因此，该合同合法、有效，受法律保护。合同中已明确约定因政策原因拆除广告牌以及双方未能就另行发布广告的位置达成协议的，万千公司可单方终止合同以及天章公司应退还未发布期间广告费。最终广告牌因政策原因被强制拆除，双方又未就另行发布广告的位置达成协议，万千公司有权依据意思自治原则，根据合同约定单方主张解除合同，天章公司应该依双方约定退还万千公司未发布广告期间的广告费。

二、合同约定解除权的行使。

《中华人民共和国合同法》第九十三条第二款规定 :“当事人可以约定一方解除合同的条件。解除合同的条件成就时，解除权人可以解除合同。”本条确立了当事人通过自己的意思表示解除合同的权利。所谓约定解除权，是指当事人双方在合同中约定，在合同成立以后，未履行或未完全履行以前，若出现约定的某种情况,一方当事人或双方当事人享有的解除合同的权利。该约定既可以在合同订立时,也可以在订立合同后另行约定。约定解除的内容以及行使方式应由当事人自行决定，若该约定符合民事法律行为生效要件，则约定有效，否则该条款无效。但该条款无效并不影响合同其他条款的效力。约定解除权体现了民法中意思自治和合同自由原则,同时能够充分发挥当事人相互协力、共同配合、自主解决纷争的作用。

《中华人民共和国合同法》第九十六条规定 :“当事人一方依照本法第九十三条第二款、第九十四条的规定主张解除合同的，应当通知对方。合同自通知到达对方时解除。对方有异议的，可以请求人民法院或者仲裁机构确认解除合同的效力。”

司法实践中，对于合同法第九十六条应如何适用，有三种不同的意见。第一种意见认为本条的“通知”是解除权人的义务，且应在诉讼外主张，未在起诉前履行通知义务的，应认定为合同仍在继续履行。第二种意见认为根据我国合同法的规定，解除权人可以通过法院送达应诉材料通知对方解除合同。即解除权人向法院提起诉讼，要求解除与对方的合同，可视为已通知被告解除合同。这样的判决也不在少数。第三种意见认为诉讼外和诉讼内行使解除权均可。有的判决依据合同法第九十六条第一款的规定，自行使解除权主体发出的解除合同通知到达另一方当事人，并且合同约定的解除条件成就时，合同被解除。解除权系形成权，解除权的行使不以诉讼的形式为必要。且也有判决认为，合同法第九十六条第一款虽仅就解除权人以非诉讼方式行使解除权的程序做出了规定，但该法并未禁止解除权人以诉讼方式来行使解除权，当事人依法诉请人民法院解除合同，并不违反法律的禁止性规定。

本案中，天章公司、万千公司签订的合同已明确将因政策原因拆除广告牌以及双方未能就另行发布广告的位置达成协议列为万千公司单方终止合同以及天章公司退还未发布期间广告费的条件，且在广告牌因政策原因被强制拆除，双方又未就另行发布广告的位置达成协议时，万千公司 2011 年 9 月 20 日已经通知天章公司解除合同，并于 2012 年 2 月 1 日向法院起诉要求解除合同，返还广告发布费。因此，该合同约定的解除权都已生效并经行使，合同已被依法解除。

综上，本案法院判决正确无误。

法律建议

意思自治原则不仅包括缔约自由，也包括解除合同自由。就解除合同自由而言，以协议的形式解除合同固然是合同自由的体现，通过约定解除权的行使而解除合同也是合同自由的应有之义。因此，在签订各种合同时，应注意尊重合同的意思自治原则，合理约定合同的解除权，从而保障利益的最大化。

12. 禁止抵押财产的范围

——时雨公司等与邮储银行等金融借款合同纠纷案

基本案情

2012 年 7 月 17 日，绿韵公司（本案被告）因采购高炮广告材料向邮储银行（本案原告）借款，双方签订了《小企业最高额综合授信合同》，合同约定原告向其提供最高综合授信限额为人民币 700 万元，适用范围用于原告与其发生的贷款业务及其他授信业务，授信期限从 2012 年 7 月 17 日至 2014 年 7 月 16 日。另双方同时签订《小企业额度借款合同》，合同约定借款额度为人民币 420 万元，合同期限 48 个月，从 2012 年 7 月 17 日至 2016 年 7 月 16 日止，在借款额度内，可以根据需要逐笔申请借款，双方办理相应的手续。同日，被告时雨公司为上述借款向原告提供最高额抵押担保，与原告签订了《小企业最高额抵押合同》，合同约定向原告提供其所有的、坐落于某县松源同德新村 ×× 幢 × 号（房产所有权证号为庆房权证松源镇字第 ×× 号，土地使用权证号为庆元国用（2011）第 01××2 号）的房产为人民币 700 万元作最高额抵押担保，担保范围为被告绿韵公司在主合同下综合授信限额有效期间发生的各项业务的本金及信贷业务发生的利息（包括复利和罚息）、违约金、赔偿金、债务人应向邮储银行支付的其他款项、原告为实现债权与担保权利发生的费用。

2012 年 7 月 17 日，被告张某、吴某为上述借款向原告提供最高额保证，双方签订了《最高额保证合同》，合同约定被告张某、吴某向上述借款提供金额为人民币 700 万元的最高额保证，保证范围包括主债权及利息（包括利息、复利、罚息）、违约金、赔偿金、实现债权的费用（包括但不限于诉讼费用、律师费、公证费、执行费等）、因债务人违约而给邮储银行造成的损失和其他所有应付费用。2013 年 7 月 23 日，原、被告根据上述相关合同签订了小企业额度运用单、借据、放款通知单，约定借款的金额为人民币 420 万元，期限为 12 个月，按月还息，到期一次性还本还款，每月 20 日为固定还息日，放款执行利率 7.2%，合同还约定了其他内容。原告按照合同约定，2013 年 7 月 23 日，向被告绿韵公司委托支付的账号（张某某，账号 62× × ×03）汇入借款人民币 420 万元，履行了义务。现被告绿韵公司未按合同约定按月支付利息，同时，被告还发生了影响债务清偿能力的事件，影响了债权人的借款资金安全，故原告将被告诉至某区法院。

一审法院认为：原告邮储银行分别与被告绿韵公司、时雨公司、张某、吴某之间签订的《小企业最高额综合授信合同》、《小企业额度借款合同》、《小企业最高额抵押合同》、《最高额保证合同》合法有效，双方借贷、担保、抵押关系事实清楚，权利义务明确，合同当事人均应按合同约定履行。综合案件事实，法院依法判决如下：一、解除原告邮储银行与被告绿韵公司签订的编号为 3311× × ×12070005《小企业额度借款合同》；二、被告绿韵公司于本判决生效后十五日内归还原告邮储银行贷款本金人民币 420 万元并支付利息、罚息（利息、罚息从 2014 年 1 月 21 日起按合同约定的利率计算至本判决确定的履行期限届满之日止）；三、被告时雨公司以其所有的坐落于某县松源镇同德新村 × × 幢 × 号房产（房产所有权证号为庆房权证松源镇字第 × × 号，土地使用权证号为庆元国用（2011）第 01× ×2 号）对上述款项承担抵押担保责任，原告邮储银行有权以该房产折价或者拍卖、变卖该房产的价款优先受偿；四、被告张某、吴某对上述款项承担连带偿还责任；五、驳回原告邮储银行的其他诉讼请求。如果未按本判决指定的期间履行给付金钱义务，应当依照《中华人民共和国民事诉讼法》第二百五十三条之规定，加倍支付迟延履行期间的债务利息。案件受理费 41070 元，由四被告负担；公告费 300 元，由原告负担。

一审判决后，时雨公司不服，提起上诉，主张其从未收到开庭传票，一审程序违法；本案借款涉及张某骗取贷款犯罪，且为借款提供担保抵押的某县松源同德新村 × × 幢 × 号房产及土地属于某县同德中心幼儿园教育用房，依法不得抵押，双方签订的《小企业最高额抵押合同》无效，上诉人不承担抵押担保责任，故请求撤销原判，依法改判。

二审法院经审理认为，一审法院认定事实清楚，但适用法律不当，判决维持一审判决第一、二、四、五项；撤销一审判决第三项。

裁判解析

本案的争议焦点有以下两点：

一、一审法院审判程序是否合法。

《中华人民共和国民事诉讼法》第九十二条规定："受送达人下落不明，或者用本节规定的其他方式无法送达的，公告送达。自发出公告之日起，经过六十日，即视为送达。"本案中，一审法院于 2014 年 4 月 15 日根据时雨公司工商部门登记地址委托某县人民法院送达开庭传票等相关法律文书，某县人民法院送达时，上诉人时雨公司已无人接收，无法送达。嗣后，一审法院通过公告送达相关法律文书。对此，一审送达程序符合法律规定。

据《中华人民共和国民事诉讼法》第一百五十条规定："有下列情形之一的，中止诉讼：（一）一方当事人死亡，需要等待继承人表明是否参加诉讼的；（二）一方当事人丧失诉讼行为能力，尚未确定法定代理人的；（三）作为一方当事人的法人或者其他组织终止，尚未确定权利义务承受人的；（四）一方当事人因不可抗拒的事由，不能参加诉讼的；（五）本案必须以另一案的审理结果为依据，而另一案尚未审结的；（六）其他应当中止诉讼的情形。"本案中，张某涉嫌吸收公众存款罪，但本案系金融借款合同纠纷，没有证据证明本案的合同与张某的犯罪行为存在因果关系。至于时雨公司主张的本案涉嫌骗取贷款罪，亦没有证据予以佐证，即本案不存在中止的事由，无需移送公安部门先行侦查，也无需先行中止审理。因此，一审法院审判程序合法。

二、本案抵押合同是否无效。

《中华人民共和国担保法》第三十七条规定："下列财产不得抵押：（一）土地所有权；（二）耕地、宅基地、自留地、自留山等集体所有的土地使用权，但本法

第三十四条第（五）项、第三十六条第三款规定的除外；（三）学校、幼儿园、医院等以公益为目的的事业单位、社会团体的教育设施、医疗卫生设施和其他社会公益设施；（四）所有权、使用权不明或者有争议的财产；（五）依法被查封、扣押、监管的财产；（六）依法不得抵押的其他财产。”《中华人民共和国物权法》第一百八十四条规定：“下列财产不得抵押：（一）土地所有权；（二）耕地、宅基地、自留地、自留山等集体所有的土地使用权，但法律规定可以抵押的除外；（三）学校、幼儿园、医院等以公益为目的的事业单位、社会团体的教育设施、医疗卫生设施和其他社会公益设施；（四）所有权、使用权不明或者有争议的财产；（五）依法被查封、扣押、监管的财产；（六）法律、行政法规规定不得抵押的其他财产。”

本案中，时雨公司为绿韵公司借款提供抵押担保的房地产，坐落于某县同德新村 ×× 幢 × 号，被用于开办某县同德中心幼儿园。事实上，时雨公司竞买本案所涉的房地产时，该项目就已经确定为幼儿园项目。且 2012 年 7 月 17 日邮储银行与时雨公司签订《小企业最高额抵押合同》时，某县同德中心幼儿园已于 2011 年 9 月 1 日正式开学，而时雨公司提供抵押的房产证资料上亦注明房屋系教育用房，土地系科教用地，而邮储银行却未尽审慎审查义务。时雨公司和邮储银行知道或应当知道抵押房产系幼儿园，却无视法律规定，仍将幼儿园的房产提供抵押担保，该抵押合同因违反了法律的强制性规定而无效。

综上，本案法院判决正确无误。

法律建议

我国的物权变动采取区分原则，即物权要发生变动必须要具备三个要素：第一，应具备处分权；第二，其法律行为应有效，一般表现为双方签订的合同有效；第三，如果是动产则要完成交付，如果是不动产则要完成登记。以上三要素缺一不可，只要某一要素缺失，则物权就不能发生变动。故在涉及所有权、担保物权等物权的交易行为中，当事人应审慎审查上述三要素是否具备，否则难以达到物权变动的目的。同时在约定抵押合同条款时，一定要注意物权法和担保法中关于禁止抵押物的范围的规定，若违反则合同不发生法律效力。

13. 举证责任分配

——翁某与钱塘文化公司民间借贷纠纷案

基本案情

翁某（本案原告）系钱塘文化公司（本案被告）股东，原占有15%的股权。2013年10月22日，原告与刘某甲、刘某乙、深圳市某时装艺术发展有限公司签订了《股权转让协议书》，约定原告将其中5%的股权转让给刘某乙，转让价款为50万元，并约定刘某乙应于合同签订后一周内支付50%的货币资金到被告账户。同时，合同还对其他的股权转让事宜进行了约定。合同签订后，刘某乙受让了原告的5%股权，并办理了股权变更登记手续。在本案审理中，原告翁某提出受让方刘某乙已向被告钱塘文化公司账户支付了款项35万元，其中5万元为被告钱塘文化公司向原告的借款，故要求返还。遂起诉。

一审法院认为：本案属于借款合同纠纷案件。根据法律规定，当事人对自己提出的主张，有责任提供证据加以证明。在本案中，原告并未举证证明股权转让合同的受让方向被告账户偿付了股权转让款35万元和被告代收原告股权转让款的事实；同时，原告也未举证被告向原告借款的事实。故原告就其主张未完成举证责任，证据不足，法院不予支持。综合案件事实，法院依法判决如下：驳回原告翁某的诉讼请求。本案受理费525元，由原告翁某承担。

一审判决后，翁某不服，提出上诉，其提出的事实与理由包括：原审判决认定事实和适用法律均错误。原审法官庭审中未向被上诉人发问是否收到股权转让款，未指令被上诉人庭后提交其公司银行交易流水清单，明知上诉人及其诉讼代理人因客观原因无法提供股权受让人刘某乙、刘某甲给被上诉人公司银行账户转入股权转让款的银行交易流水清单，而不予主动调查，违反了《中华人民共和国民事诉讼法》第六十四条第二款“当事人及其诉讼代理人因客观原因不能自行收集的证据，或者人民法院认为审理案件需要的证据，人民法院应当调查收集”的规定，错误适用《中华人民共和国民事诉讼法》第六十四条第一款“当事人对自己提出的主张，有责任提供证据”。上诉人在原审中已尽责提供证据，上诉人提交的《股权转让协议书》与《股权转让见证书》证明股权受让人应向被上诉人公司账户转入50%货币资金的事实，被上诉人2013年12月17日的变更事项查询单证明，股权受让人刘某甲和刘某乙于2013年12月17日被工商注册登记机构登记为被上诉人的股东之事实。按常情推理，既然已经获工商登记取得股权，那么股权受让人刘某甲和刘某乙应已经在2013年12月17日之前向被上诉人公司账户转付了约定的款项，否则被上诉人不会给予办理股东变更登记手续。之所以将部分股权转让款转入被告的公司银行账户，是因为当时被上诉人公司急需资金使用，出让部分股权的股东同意将股权转让款的50%转入被上诉人的公司银行账户，视为该股东将部分股权转让款借给被上诉人使用（不计利息），属于股东借款给公司使用情形。被上诉人借用股东的转让款，在股东提出返还时应当返还。故请求：一、撤销原审判决，改判被上诉人钱塘文化公司归还上诉人翁某借款5万元；二、本案一、二审诉讼费由被上诉人承担。

二审法院经审理认为，原判认定事实清楚、适用法律正确。依据《中华人民共和国民事诉讼法》第一百七十条第一款第（一）项之规定，判决驳回上诉，维持原判。

裁判解析

本案的争议焦点在于举证责任的分配。

《中华人民共和国民事诉讼法》第六十四条第一款规定：“当事人对自己提出的主张，有责任提供证据。”《最高人民法院关于民事诉讼证据的若干规定》第二条第三款规定：“当事人对自己提出的诉讼请求所依据的事实或者反驳对方诉讼请求所依据的事实有责任提供证据加以证明。”第四款规定：“没有证据或者证据不足以证明当事人的事实主张的，由负有举证责任的当事人承担不利后果。”第七条规定:“在法律没有具体规定，依本规定及其他司法解释无法确定举证责任承担时，人民法院可以根据公平原则和诚实信用原则，综合当事人举证能力等因素确定举证责任的承担。”以上法律和司法解释阐明了我国民事诉讼中举证责任的分配原则——“谁主张谁举证”原则。

本案中，当事人主张借款事实应提交相应的证据。《最高人民法院关于审理民间借贷案件适用法律若干问题的规定》第二条第一款规定：“出借人向人民法院起诉时，应当提供借据、收据、欠条等债权凭证以及其他能够证明借贷法律关系存在的证据。”第十七条规定：“原告仅依据金融机构的转账凭证提起民间借贷诉讼，被告抗辩转账系偿还双方之前借款或其他债务，被告应当对其主张提供证据证明。被告提供相应证据证明其主张后，原告仍应就借贷关系的成立承担举证证明责任。”本案中，翁某对于刘某甲、刘某乙转入钱塘文化公司账户35万元后其按比例将5万元借给钱塘文化公司使用，故要求钱塘文化公司应将5万元借款予以返还的主张，需提交钱塘文化公司收到35万元转让款的证据和转让款转为借款的证据，但其在一、二审中均未提供，显然未尽到举证责任，理应承担举证不能的法律后果。

综上，本案法院判决正确无误。

法律建议

现实生活中，自然人之间的借款较之商业银行金融借款，往往缺乏规范性及严谨性，且很多情况下甚至无书面合同，仅仅是口头协议。故在此类民间借贷纠纷中，应注意证据的收集以及举证责任的分配。债权人除举证借条等证明借款事实存在外，在借款数额较大的情况下，还应举证银行转款凭证等以证明款项实际交付，否则，很难认定其完成举证责任。在债务人举证抗辩借款已清偿或涉案款项系其他法律关系的情况下，债权人还应就借款事实成立进行进一步举证，否则仍应承担举证不利的后果。因此，公民、法人和其他组织在日常借款往来中，应注意签订书面《借款合同》，明确约定借款期限及利率等事项，且款项往来应尽量使用银行转账等可查询方式，避免日后产生纠纷。

特别提示

《最高人民法院关于民事诉讼证据的若干规定》中与2012年修正后的民事诉讼法不一致的地方以修改后的民事诉讼法为准，其余部分继续有效。

14. 居间合同

——采铂公司与新时空公司、圣博公司居间合同纠纷案

基本案情

昆明路 ××× 号房屋产权人系案外人禾兴投资公司。2011 年 6 月 1 日，案外人禾兴投资公司出具《委托书》，委托采铂公司对昆明路 ××× 号亚町园区进行整体改造及招商工作、与承租方签订租赁合同，委托日期从 2011 年 6 月 1 日至 2026 年 11 月 23 日。

2012 年 3 月 23 日，采铂公司与圣博公司签订《创意园区顾问管理合同》，委托圣博公司对亚町创意工坊创意园区进行经营、管理、服务的带教、培训和指导，凡由圣博公司引进的商家签约成功的，采铂公司按圣博公司引进商家月租金的 1.2 倍支付园区招商顾问管理费。

2012 年 12 月 5 日，采铂公司与案外人艾斯贝斯公司签订《亚町创意工坊房屋租赁合同》，约定将昆明路 ××× 号亚町创意工坊 2 幢 201 室房屋出租给艾斯贝斯公司，房屋用途为办公，租期为 2012 年 10 月 16 日至 2022 年 10 月 15 日止。

艾斯贝斯公司与采铂公司签订《亚町创意工坊房屋租赁合同》前，艾斯贝斯公司（委托方、甲方）与新时空公司（受托方、乙方）签订《客户委托协议》，主要内容为：甲方委托乙方作为其物业顾问，为其寻找合适的物业；甲方确认乙方作为其与乙方所推荐物业之间的代理，负责联系有关租赁事宜，对于本协议未涉及的物业，本条款不发生作用；乙方帮助甲方了解所推荐物业的具体情况，供甲方考虑和选择之用；乙方应协助安排和陪同甲方前往下述物业进行现场查看；本协议有效期六个月，自协议签字生效之日起；客户租赁需求内容为亚町创意园区

730平方米办公室。

新时空公司认为其成功居间介绍案外人艾斯贝斯公司承租昆明路×××号亚町创意工坊B幢201室物业，但经新时空公司多次催讨，采铂公司以已将居间费支付给圣博公司为由，拒绝支付；圣博公司多次表示愿意代采铂公司支付居间费，但亦未支付。故新时空公司向法院提起诉讼，请求法院依法判令：采铂公司支付新时空公司居间费74268.62元，圣博公司承担连带责任。

被告采铂公司辩称：原告方证人证言不能证明新时空公司进行了居间工作，只能证明新时空公司是艾斯贝斯公司的代理人，不排除证人与新时空公司恶意串通；被告圣博公司认为原告方证人证言并未说明是圣博公司哪个员工参与看房，且原告方证人说没有跟圣博公司发过电子邮件，这与新时空公司举证矛盾。

一审法院认为：采铂公司作为亚町创意园区的使用权人有招商需求，并委托圣博公司进行招商，新时空公司通过圣博公司获知招商信息后，进行了相关居间介绍工作；原告方证人证明艾斯贝斯公司通过新时空公司中介人员王某的居间介绍查看了系争房屋，并就有关租赁细节通过王某与采铂公司进行了磋商，其证言客观真实，法院予以采信；采铂公司辩称艾斯贝斯公司是自行上门要求租赁，但未提供证据佐证，法院不予采信；采铂公司虽未与新时空公司签订过居间协议，但新时空公司提供的居间服务促成采铂公司与艾斯贝斯公司签订租赁合同，使采铂公司获取了相应的经济收益；现新时空公司向采铂公司主张居间报酬，法院可予支持；但具体数额，法院依据新时空公司提供的居间服务及采铂公司的收益，酌情予以确定。至于新时空公司要求圣博公司承担连带责任，无合同及法律依据，法院不予支持。综上，依照《中华人民共和国合同法》第四百二十六条之规定，判决如下：一、采铂公司于判决生效之日起十日内支付新时空公司居间费人民币50000元；二、新时空公司的其余诉讼请求，不予支持。负有金钱给付义务的当事人如未按判决指定的期间履行给付金钱义务，应当依照《中华人民共和国民事诉讼法》第二百五十三条之规定，加倍支付迟延履行期间的债务利息。

采铂公司不服一审法院上述民事判决，向中级人民法院提起上诉。二审法院经审理认为，原审法院的判决并无不当，判决驳回上诉，维持原判。

裁判解析

本案的争议焦点为采铂公司与新时空公司之间是否成立居间合同。

在民法理论上，居间合同又称为中介合同或者中介服务合同。《中华人民共和国合同法》第四百二十四条规定："居间合同是居间人向委托人报告订立合同的机会或者提供订立合同的媒介服务，委托人支付报酬的合同。"向他方报告订立合同的机会或者提供订立合同的媒介服务的一方为居间人，接受他方所提供的订约机会并支付报酬的一方为委托人。居间合同的特征有以下三点：一是居间合同是由居间人向委托人提供居间服务的合同。居间人向委托人报告订立合同的机会或者提供订立合同的媒介服务，委托人是否与第三人订立合同，与居间人无关，居间人不是委托人与第三人之间的合同的当事人。二是居间人对委托人与第三人之间的合同没有介入权。居间人只负责向委托人报告订立合同的机会或者为委托人与第三人订约居中斡旋，传达双方意思，起牵线搭桥的作用，对合同没有实质的介入权。三是居间合同是双务、有偿、诺成合同。居间人负有报告订立机会或者提供订立合同媒介的义务，应当如实报告订立合同的有关事项和其他有关信息。居间人故意隐瞒与订立合同有关的重要事实或者提供虚假情况，损害委托人利益的，不得要求支付报酬并承担损害赔偿责任。居间人促成合同成立的，委托人可以按照约定支付报酬。未订立合同的，委托人可以拒绝支付报酬。因居间人提供订立合同的媒介服务而促成合同成立的，由该合同的当事人平均负担居间人的报酬。

居间合同与委托合同的区别有以下四点：一是行为内容不同。居间人不参与委托人与第三人的合同，不对委托人与第三人的合同内容作出决定；委托合同的受托人可以参与委托人与第三人的合同，可以对委托人与第三人的合同内容作出决定。二是行为性质不同。居间人向委托人报告缔约机会或者提供媒介服务的行为，不对委托人发生要约或承诺的效力；委托合同的受托人作为代理人时，可对第三人为要约或承诺。三是合同的性质不同。居间合同为单务合同、有偿合同；委托合同可为单务或双务合同，亦可为有偿或无偿合同。四是必要费用负担不同。居间人促成合同成立的，居间人自己承担必要费用，居间人未促成合同成立的，可请求委托人支付必要费用；受托人处理委托事务的必要费用，一般由委托人负担。

《中华人民共和国合同法》第四百二十六条第一款规定："居间人促成合同成立的，委托人应当按照约定支付报酬，对居间人的报酬没有约定或者约定不明确的，依照本法第六十一条的规定仍不能确定的，根据居间人的劳务合理确定。"

本案中，采铂公司作为亚町创意园区的使用权人委托圣博公司进行招商，新时空公司通过圣博公司获知招商信息后，进行了相关中介介绍工作；原告方证人证明艾斯贝斯公司通过新时空公司中介人员王某的居间介绍查看了系争房屋，并就有关租赁细节通过中介人员王某与采铂公司进行了磋商；而采铂公司主张艾斯贝斯公司是自行上门要求租赁，却未提供证据佐证。据此，可认为采铂公司虽未与新时空公司签订过居间协议，但新时空公司提供的居间服务促成采铂公司与艾斯贝斯公司签订租赁合同，使采铂公司获取了相应的经济收益，符合居间人向委托人报告订立合同的机会或者提供订立合同的媒介服务的构成要件，基于居间合同的非要式性，采铂公司与新时空公司成立居间合同。故采铂公司应支付新时空公司相应劳务报酬。

综上，本案判决正确无误。

法律建议

实践中，在中介服务等事务中，往往难以区分居间合同与委托合同。然而这两种合同中当事人的风险承担、合同性质及费用负担等均不相同，其中最显著的区别就是：居间合同的居间人向委托人报告缔约机会或者提供媒介服务的行为，不对委托人发生要约或承诺的效力；而委托合同的受托人作为代理人时，可对第三人为要约或承诺。因此，在签订中介服务类合同时，应区分合同类别，根据居间合同与委托合同的不同性质，明确合同当事人以及第三方的相关权利义务，以免在合同履行过程中或履行完毕后，产生不必要的诉争。

15. 承揽合同

——诚信电子公司与众晶文化公司定作合同纠纷案

基本案情

2012年7月20日，诚信电子公司（承包方、乙方）与众晶文化公司（发包方、甲方）签订《太极湖国际酒店会议、灯光、音响系统工程施工合同》，约定："乙方为众晶太极湖国际酒店提供会议、灯光、音响系统产品和设备并包安装；合同价款1750000元；签订合同时，甲方预付工程总造价的20%作为工程进度款；开工日期以乙方收到定金为准，竣工日期为2012年8月25日；工程质量等级要求达到国家规范和行规的合格标准。全部货到验收后，甲方向乙方支付合同总额的50%作为工程进度款；工程完成经甲方验收合格，双方一个月内办理竣工结算，乙方给甲方竣工资料，经甲方工程负责人签字认可后，甲方支付乙方合同总价的20%工程款；剩余工程总造价的5%作为质保金，待二年保修期满后20天内免息支付，5%留待在本酒店消费（保修期以酒店开业日期算起，无须另签协议）；竣工验收符合国家质量标准，并经甲方现场工程代表签字认可；甲乙双方在工程竣工验收及收到乙方竣工结算报告后一个月内办理完工程结算手续；任何一方不履行本合同或不按本合同约定履行义务，均属违约，违约方应向对方支付合同价款3%的违约金，并赔偿对方的损失。

2012年11月6日，诚信电子公司（本案原告）将产品和设备运到众晶太极湖国际酒店开始安装。2014年1月10日，双方进行交付，并记载检查情况为"系统已投入使用，已正常运行"，并有众晶太极湖国际酒店和众晶文化公司（本案被告）的工作人员签字。2014年1月11日，由建设单位众晶文化公司、施工单位诚信电子公司、使用单位众晶太极湖国际酒店三方参加的《工程竣工移交单》上，记载“本工程于2014年1月10日通过施工方、使用方、建设方三方验收，质量符合合同要求，于2014年1月10日由诚信电子公司移交给众晶太极湖国际酒店”。签名栏有建设单位众晶文化公司的工作人员签字。众晶太极湖国际酒店从2013年1月开始试营业至今，对诚信电子公司的产品也进行了使用。众晶文化公司分批于2012年7月24日支付35万元，于2012年9月18日支付80万元，于2013年1月5日支付7.5万元，于2014年1月28日支付10万元，共计支付工程款1325000元。2014年6月23日，诚信电子公司在一份《众晶太极湖国际酒店会议、灯光、音响系统工程决算确认单》上签名盖章，该确认单载明工程决算金额为1736095元，已付合同款1325000元，扣除合同所约定需在酒店消费金额87500元后，下欠工程款323595元（包括合同总价的5%质保金87500元）。

因众晶文化公司一直未支付工程尾款，故诚信电子公司向法院起诉：请求判令众晶文化公司向诚信电子公司支付工程款323595元，并按合同约定给付诚信电子公司合同价款1750000元的3%违约金52500元，合计376095元；由众晶文化公司承担本案诉讼费。

一审法院认为：依法成立的合同，受法律保护。诚信电子公司与众晶文化公司所签订的《太极湖国际酒店会议、灯光、音响系统工程施工合同》，是双方当事人真实意思表示，不违反法律法规的禁止性规定，合法有效，双方当事人应按照合同的约定履行各自义务。本案中，依据众晶文化公司工作人员签字确认的《工程竣工移交单》可以证实诚信电子公司已将工程施工完毕并交付众晶文化公司，众晶文化公司亦已接受并使用，诚信电子公司主张众晶文化公司支付剩余工程款的请求，有事实和法律依据。综合案件事实，法院依法判决如下：一、众晶文化公司于本判决生效之日起十日内向诚信电子公司支付拖欠的工程款236095元。二、驳回诚信电子公司的其他诉讼请求。

众晶文化公司不服一审判决，向市中级人民法院提起上诉，请求撤销原判，依法改判上诉人不承担支付剩余工程款的义务。二审法院经审理认为，原判认定事实清楚、适用法律正确。判决驳回上诉，维持原判。

裁判解析

本案的争议焦点有以下两点：

一、合同性质的认定。

建设工程施工合同和承揽合同比较容易混淆，二者之间的最大区别主要体现在以下两个方面：

（一）合同标的物的区别。建设工程施工合同完成的工作构成不动产，即合同标的物是不动产物，包括民法意义上的完全不动产物和大部分类不动产物，而承揽合同完成的工作则不构成不动产，即标的物一般是指动产。国务院制定的《建设工程质量管理条例》第二条第二款规定："本条例所称建设工程，是指土木工程、建筑工程、线路管道和设备安装工程及装修工程。"

（二）合同主体的区别。建设工程施工合同的承包人为特殊主体，法律对承包人有特殊要求，即承包人必须是经国家认可的具有一定建设资质的法人。而一般承揽合同在法律没有明确规定的情况下，合同双方为一般主体。建设工程施工过程一般较长，施工中需要一定的技术，过程存在一定的危险性，其原因在于建设工程体现国家利益和社会公共利益、事关人民群众生命财产安全，因此需要由有技术、有能力的队伍来建设。为了加强建设工程安全生产监督管理，保障人民群众生命和财产安全，国家对建筑业企业实行资质管理，以加强对建筑市场的管理。《中华人民共和国建筑法》第二十六条规定："承包建筑工程的单位应当持有依法取得的资质证书，并在其资质等级许可的业务范围内承揽工程。禁止建筑施工企业超越本企业资质等级许可的业务范围或者以任何形式用其他建筑施工企业的名义承揽工程。禁止建筑施工企业以任何形式允许其他单位或者个人使用本企业的资质证书、营业执照，以本企业的名义承揽工程。"企业承揽工程，必须依法取得相应等级的资质证书，并在资质等级许可的范围内承揽工程。反过来讲，凡是需要取得建筑业资质证书才能施工的项目，都是建设工程的范畴，围绕建设工程签订的合同都是建设工程施工合同。

现实中，当事人对建设工程施工合同中的"安装工程合同"和"承揽合同"最容易混淆。从国家对建设工程施工合同承包人的特殊要求可以看出：安装工程合同与承揽合同的最明显区别在于国家对合同中的承包人有无资质的要求。如果无资质的要求，就是承揽合同；反之就是建设工程施工合同中的安装工程合同。

本案中，原被告签订的《太极湖国际酒店会议、灯光、音响系统工程施工合同》虽名为施工合同，但合同标的物为不动产，且并无施工资质要求，故该合同应属于承揽合同。

二、众晶文化公司是否应给付工程款。

《中华人民共和国合同法》第二百五十一条规定："承揽合同是承揽人按照定作人的要求完成工作，交付工作成果，定作人给付报酬的合同。承揽包括加工、定作、修理、复制、测试、检验等工作。"第二百六十一条规定："承揽人完成工作的，应当向定作人交付工作成果，并提交必要的技术资料和有关质量证明。定作人应当验收该工作成果。"第二百六十二条规定："承揽人交付的工作成果不符合质量要求的，定作人可以要求承揽人承担修理、重作、减少报酬、赔偿损失等违约责任。"第二百六十三条规定："定作人应当按照约定的期限支付报酬。对支付报酬的期限没有约定或者约定不明确，依照本法第六十一条的规定仍不能确定的，定作人应当在承揽人交付工作成果时支付；工作成果部分交付的，定作人应当相应支付。"

上述规定明确了承揽合同、承揽人的交付义务、承揽人的违约责任、定作人支付报酬的义务。本案中，诚信电子公司与众晶文化公司签订的合同，是双方当事人的真实意思表示，合法有效，双方当事人应按照合同的约定全面履行各自义务。诚信电子公司按合同约定将工程施工完毕后，建设单位、施工单位、使用单位三方验收形成《工程竣工移交单》，确认工程质量符合合同约定。众晶文化公司亦已接受并使用。2014 年 6 月 23 日，众晶文化公司与诚信电子公司形成关于众晶太极湖国际酒店《会议灯光音响系统工程》最终确认单，对工程决算金额、已付工程款、合同约定在酒店消费金额、合同余额、质保金、实际应付款及付款计划进行了最终确认。众晶文化公司在履行支付工程款的过程中也未主张因工期延误而扣减工程款。即众晶文化公司实际上已经承认诚信电子公司的履行行为符合合同的约定，故合同已经履行完毕，诚信电子公司不存在违约责任，众晶文化公司应该按照合同的约定支付相应价款。

综上，本案法院判决正确无误。

法律建议

实践中，除了“建设工程施工合同”中的“安装工程合同”和“承揽合同”最容易混淆外，委托合同与承揽合同也较容易混淆。承揽合同是承揽人按照定作人的要求完成工作，交付工作成果，定作人给付报酬的合同。承揽包括加工、定作、修理、检验等工作。委托合同是委托人和受托人约定，由受托人处理委托人事务的合同。二者都包含了劳力付出的内容，而且都包含了遵照他人要求实施一定事务的内容，但是，二者也有明显的区别。首先，承揽合同中，仅存在承揽人与定作人之间的关系，一般不会涉及第三人；而在委托合同中，受托人一般要以委托人名义行事，即使不以委托人名义行事，受托人对外签订合同的义务，最终也还要由委托人负担。其次，承揽合同中承揽人要自己承担风险和责任，独立完成工作，定作人一般不会对此承担风险和责任；而委托合同中，委托人要承担处理事务中发生的风险和责任。再次，承揽合同为有偿合同，而委托合同可以为有偿合同，也可以是无偿合同，当事人自己可以自由约定。最后，在承揽合同中，承揽人的工作一般必须有工作成果，表现为在合同中有约定的工作成果；而在委托合同中，委托人一般只是要求受托人处理一定事务。区分上述不同合同的性质，有利于维护市场秩序和当事人合法权益。

16. 建设工程合同无效

——鼎艺公司与某纪念馆装饰装修合同纠纷案

基本案情

2007 年 7 月 1 日，原告鼎艺公司（乙方）与被告某纪念馆（甲方）签订《建筑装饰工程施工合同》，约定由原告以包工包料形式承建“某纪念馆改陈布展工程全程设计制作工程项目”，合同约定：工期自 2007 年 7 月 1 日至 2007 年 9 月 25 日，合同价款暂定 500 万元（含设计费）。付款方式为：合同签订后至 2007 年 8 月 31 日期间，被告分三次给付原告 80% 工程款；改陈布展工程竣工后，由甲方委托中介机构进行审计，以中介机构出具的结算报告作为双方结算工程造价的依据，结清工程尾款，扣留工程总价的 5% 作为工程结算保证金，期限一年，即 2007 年 9 月 30 日至 2008 年 9 月 30 日。若甲方未及时付款造成停工，则工期顺延并支付乙方误工费、综合管理费等。2007 年 9 月 30 日工程竣工验收交付后，乙方将工程决算有关资料送交甲方。甲方自收到上述资料 30 日内审查完毕，每逾期一天则甲方支付乙方决算余额部分的千分之五作为违约金。鼎艺公司于 2008 年 1 月 24 日取得建筑装饰装修工程设计与施工三级资质。

合同签订后，原告于 2007 年 7 月 1 日组织施工，2007 年 11 月 27 日，原告出具工程竣工验收报告书，次日涉案工程交付使用。2008 年 5 月 12 日经监理单位某市万方工程建设监理有限公司评定合格（场景部分除外），当日原、被告办理竣工移交证书。被告某纪念馆分别于 2007 年 7 月 10 日通过银行汇给原告鼎艺公司工程款 200 万元，同年 8 月 28 日汇给鼎艺公司 100 万元，2007 年 10 月 11 日汇给鼎艺公司 50 万元，同年 10 月 30 日汇给鼎艺公司 50 万元，合计汇给原告鼎艺公司工程款400万元。鼎艺公司于2008年5月份将《工程决算书》交给被告某纪念馆审查，后某纪念馆将原告鼎艺公司出具的《工程决算书》审查后，另委托仁禾中衡公司进行审核，工程造价审核结果为5070030.26元。

因原告鼎艺公司要求被告某纪念馆支付工程尾款未果，遂向法院提起诉讼，请求法院依法判令：一、被告立即支付工程尾款1070030.26元，并支付自2007年12月28日起至实际还款之日止的利息，按中国人民银行同期同类贷款利率标准计算（暂计算至2013年12月6日的利息为421075.68元）；二、支付逾期付款的违约金839438.74元。

一审法院认为，原告自涉案工程竣工交付后才取得施工资质，故本案原、被告之间签订的装饰装修合同因违反法律、行政法规的强制性规定为无效合同。但因涉案工程已经竣工验收并交付使用，故原告要求被告支付工程尾1070030.26元的诉讼请求，于法有据，予以支持。且被告逾期付款理应承担支付利息的附随义务，对于原告主张的付款利息的诉讼请求，依法予以适当支持。虽然原被告双方签订的装饰装修合同中约定了违约责任的条款，但因合同无效，故对于原告要求被告承担违约金的诉讼请求，依法不予支持。一审法院遂判决：一、被告某纪念馆应于判决生效之日起十日内给付原告鼎艺公司工程款人民币1070030.26元及利息(利息从2011年9月5日起至判决确定履行付款义务之日止，按中国人民银行发布的同期同类贷款利率计算)。二、驳回原告鼎艺公司的其他诉讼请求。案件受理费人民币30290元，由原告鼎艺公司负担18220元，被告某纪念馆负担12070元。

一审判决后，被告某纪念馆不服，向市中级人民法院提起上诉，请求撤销原判，依法驳回被上诉人的诉讼请求。二审法院经审理认为，原判认定事实清楚、适用法律正确，判决驳回上诉，维持原判。

裁判解析

本案的争议焦点有以下三点：

一、《建筑装饰工程施工合同》无效，原告是否可以主张工程款。

最高人民法院《关于审理建设工程施工合同纠纷案件适用法律问题的解释》

第一条规定："建设工程施工合同具有下列情形之一的，应当根据合同法第五十二条第（五）项的规定，认定无效：（一）承包人未取得建筑施工企业资质或者超越资质等级的……"本案中，原告鼎艺公司与被告某纪念馆签订的装饰装修合同的日期为2007年7月1日，涉案工程交付使用的日期为2007年11月28日，而鼎艺公司取得建筑装饰装修工程设计与施工三级资质证书的日期为2008年1月24日，由此可以认定鼎艺公司系无资质承揽涉案工程并进行施工，据此，一审法院依法认定原、被告之间签订的《建筑装饰工程施工合同》为无效合同于法有据。

最高人民法院《关于审理建设工程施工合同纠纷案件适用法律问题的解释》第二条规定："建设工程施工合同无效，但建设工程经竣工验收合格，承包人请求参照合同约定支付工程价款的，应予支持。"本案中，原告承建的涉案工程已经竣工验收合格，故一审法院对于原告要求被告支付欠付工程款的诉讼请求予以支持无误。

二、涉案工程造价以及付款条件应如何确定。

本案中，涉案工程合同无效，但因竣工验收合格，原告有权要求被告参照合同约定支付工程价款。原、被告双方签订的《建筑装饰工程施工合同》约定：原告鼎艺公司承建的某纪念馆改陈布展工程竣工后，由某纪念馆委托中介机构进行审计，以中介机构出具的结算报告作为双方结算工程造价的依据。该约定系双方当事人真实意思表示，应作为最终确定涉案工程造价的依据。涉案工程竣工后，被告委托了仁禾中衡公司对原告承建的工程造价进行了审核，仁禾中衡公司出具的仁中基审（2012）245号结算审核报告经原被告庭审质证均无异议，该意见符合双方当事人的合同约定，故依法确定涉案工程的造价为5070030.26元。

《中华人民共和国建筑法》第十八条规定："建筑工程造价应当按照国家有关规定，由发包单位与承包单位在合同中约定。"最高人民法院《关于审理建设工程施工合同纠纷案件适用法律问题的解释》第十六条规定："当事人对建设工程的计价标准或者计价方法有约定的，按照约定结算工程价款。"本案中，原、被告双方已对涉案工程的造价约定由中介机构进行审核，结合上述法律规定，一审法院认为付款条件成就。

三、鼎艺公司主张的逾期付款违约金、逾期付款利息能否支持。

首先，原、被告之间虽在双方签订的装饰装修合同中约定了违约责任的条款，但该合同因违反法律的强制性规定而无效，故原告要求被告承担违约金 839438.74 元的诉讼请求无相关依据，不能予以支持。

其次，承担或者支付利息，作为一项附随义务，与当事人负有的付款责任同时产生。本案被告逾期付款，理应给付原告逾期付款利息。最高人民法院《关于审理建设工程施工合同纠纷案件适用法律问题的解释》第十八条规定："利息从应付工程价款之日计付。当事人对付款时间没有约定或者约定不明的，下列时间视为付款时间：（一）建设工程已实际交付的，为交付之日；（二）建设工程没有交付的，为提交竣工结算文件之日；（三）建设工程未交付，工程价款也未结算的，为当事人起诉之日。"就本案而言，原被告双方对涉案工程的尾款付款时间约定不明，在中介机构未出具工程造价审核报告之前，不能得出剩余工程款的付款金额和付款时间。另鉴于原、被告双方对工程尾款的付款时间约定不明，且涉案工程的价款在诉讼之前未结算，依据上述规定，一审法院确定原、被告双方讼争的工程款尾款的付款利息的计算日为 2011 年 9 月 5 日（原告起诉之日）。

综上，本案法院判决正确无误。

法律建议

我国对建设工程（包括勘察、设计、施工、监理）实行严格的企业法人资质准入制度，相关工程项目的承建单位必须具有相应资质，否则建设工程施工合同无效。但若承建的工程竣工验收合格，承建单位仍有权参照合同约定获得相应的工程款。因此，在涉及建设工程的事务中，应注意审查施工企业的相关资质，以防合同无效无法追究对方违约责任。

17. 建设工程设计合同

——夏岩公司与绿地公司建设工程设计合同纠纷案

基本案情

2012 年 8 月 2 日，绿地公司（本案原告）与夏岩公司（本案被告）签订《建设工程设计合同》，约定将“绿地养生谷项目”的建设工程设计工作交由夏岩公司承建。

2012 年 8 月 6 日，绿地公司出具加盖公章的设计任务联系单，载明：绿地养生谷第一阶段，室内、室外装饰设计规划流程初步设计已结束，甲方确认；绿地养生谷第二阶段，室内、室外装饰设计，甲方确认。2012 年 8 月 8 日，夏岩公司与天沐缘公司签订《建设工程设计合同》，将绿地公司交付的建设工程设计项目部分分包给天沐缘公司。2012 年 12 月 25 日，绿地公司开发部工作人员出具收条，载明：今收到夏岩公司设计院室内装饰蓝图 2 套、设备蓝图 2 套。

后绿地公司另出具加盖公章的设计成果确认单，载明：依据合同内容我方已完成第三阶段：室内设计、功能设计及室内外景观施工图设计。甲方仅收到室外景观类施工图八套及室内装饰施工图（六套盖章、两套未盖章），会所室内水、暖、电、通风系统等设备专业未完成设计。此后，2013 年 3 月 7 日，绿地公司出具收条，载明：今收到夏岩文化公司设计的温泉养生会所蜡纸底图明细如下：电气：电施 1–83，小计 83 张；暖：暖施 1–33，小计 33 张；水：水施 1–4，6–35，小计 34 张（缺水 –5）。

绿地公司一直按照合同约定如期向夏岩公司支付进度款。2012 年 8 月至 11 月期间，绿地公司已给付夏岩文化公司 50 万元工程进度款。

2013年4月28日，某市建设工程勘察设计审查中心向涉案工程“绿地养生谷项目”出具不良记录告知单。2013年4月28日、2013年4月30日、2013年5月2日，某市建设工程勘察设计审查中心再次向涉案工程出具建筑工程施工图设计文件审查意见。上述告知单及审查意见载明了涉案工程存在的相应问题。某市建设工程勘察设计审查中心的施工图审查机构认定书为：“机构类别：一类。”

2013年6月21日，绿地公司与夏岩公司签订《建设工程设计补充协议书》，补充约定了增加设计的面积、费用及付款方式等情况。2014年2月20日，绿地公司得知夏岩公司将合同及补充协议的任务分包给其他公司，故将夏岩公司诉至法院。

一审法院认为：基于“谁主张谁举证”原则，夏岩公司并未提供有效证据证明绿地公司对于夏岩公司将建设工程设计项目部分分包给天沐缘公司系明知，故法院无法认定绿地公司对于上述事实知情。某市建设工程勘察设计审查中心作为具备资质的建筑工程施工图设计文件的审查机构，其出具的审查认定书，可以证实夏岩公司向绿地公司提供的设计图纸存在质量问题，夏岩公司在庭审时亦明确对此予以认可。关于违约问题，夏岩公司在绿地公司不知情的情况下，将建设工程设计项目部分分包给天沐缘公司，属于严重违约。因夏岩公司擅自将工程设计部分分包给他人，且该设计图纸存在质量问题，导致合同中夏岩公司的主要义务无法履行，合同目的无法实现，因此绿地公司请求判令解除建设工程设计合同及建设工程设计补充协议书的诉讼请求具备事实及法律依据，法院予以支持。由于建设工程设计合同具有其自身的专业性和特殊性，明显区别于一般合同，且设计图纸具有一定特殊性，庭审时双方亦明确并不就上述问题进行专业评估鉴定，故一审法院判令夏岩公司应当将收取的全部设计费用退还绿地公司，并支付合同解除后的设计费用的相应利息。

一审判决后，夏岩公司不服，向中级人民法院提起上诉，请求撤销原判，发回重审或改判驳回绿地公司的原审全部诉讼请求。二审法院经审理认为，原判认定事实清楚、适用法律正确。判决驳回上诉，维持原判。

裁判解析

本案的争议焦点有以下三点：

一、建设工程设计合同的部分分包是否应以发包人同意为前提。

《中华人民共和国合同法》第二百七十二条规定：“发包人可以与总承包人订立建设工程合同，也可以分别与勘察人、设计人、施工人订立勘察、设计、施工承包合同。发包人不得将应当由一个承包人完成的建设工程肢解成若干部分发包给几个承包人。总承包人或者勘察、设计、施工承包人经发包人同意，可以将自己承包的部分工作交由第三人完成。第三人就其完成的工作成果与总承包人或者勘察、设计、施工承包人向发包人承担连带责任。承包人不得将其承包的全部建设工程转包给第三人或者将其承包的全部建设工程肢解以后以分包的名义分别转包给第三人。禁止承包人将工程分包给不具备相应资质条件的单位。禁止分包单位将其承包的工程再分包。建设工程主体结构的施工必须由承包人自行完成。”

上述规定表明，承包人将其承包的部分工程交由第三人完成时，在经发包人同意后，第三人方就其完成的工作成果与承包人向发包人承担连带责任，故未经发包人同意的部分分包行为无效。本案中，夏岩公司应举证证明绿地公司知道其将部分工程设计任务分包于天沐缘公司，但夏岩公司并未就此提供有效证据予以证明。故应推定绿地公司对于上述事实不知情，夏岩公司部分分包工程设计的行为无效。

二、夏岩公司提供的工程设计成果是否存在质量问题。

《中华人民共和国合同法》第二百八十条规定：“勘察、设计的质量不符合要求或者未按照期限提交勘察、设计文件拖延工期，造成发包人损失的，勘察人、设计人应当继续完善勘察、设计，减收或者免收勘察、设计费并赔偿损失。”《最高人民法院关于审理建设工程施工合同纠纷案件适用法律问题的解释》第三条规定：“建设工程施工合同无效，且建设工程经竣工验收不合格的，按照以下情形分别处理：（一）修复后的建设工程经竣工验收合格，发包人请求承包人承担修复费用的，应予支持；（二）修复后的建设工程经竣工验收不合格，承包人请求支付工程价款的，不予支持。因建设工程不合格造成的损失，发包人有过错的，也应承担相应的民事责任。”

上述规定表明，设计人因设计质量不合格给发包人造成损失的，应赔偿相关损失。本案中，某市建设工程勘察设计审查中心作为具备资质的建筑工程施工图设计文件的审查机构，其出具的审查认定书，可以证实夏岩公司向绿地公司提供的设计图纸存在质量问题。故夏岩公司应承担相应责任。

三、夏岩公司的分包行为是否导致合同解除。

《最高人民法院关于审理建设工程施工合同纠纷案件适用法律问题的解释》第四条规定："承包人非法转包、违法分包建设工程或者没有资质的实际施工人借用有资质的建筑施工企业名义与他人签订建设工程施工合同的行为无效。人民法院可以根据民法通则第一百三十四条规定，收缴当事人已经取得的非法所得。”第八条规定："承包人具有下列情形之一，发包人请求解除建设工程施工合同的，应予支持：（一）明确表示或者以行为表明不履行合同主要义务的；（二）合同约定的期限内没有完工，且在发包人催告的合理期限内仍未完工的；（三）已经完成的建设工程质量不合格，并拒绝修复的；（四）将承包的建设工程非法转包、违法分包的。”

本案中，夏岩公司将建设工程设计项目部分分包给天沐缘公司，其行为属于严重违约，导致绿地公司与夏岩公司签订的合同的主要债务无法继续履行，亦导致双方合同目的无法实现。夏岩公司在绿地公司不知情的情况下，擅自将工程设计部分分包给他人，且该设计图纸存在质量问题，亦导致合同中夏岩公司的主要义务无法履行。因此，绿地公司有权请求解除建设工程设计合同及建设工程设计补充协议书。另一方面，由于建设工程设计合同具有其自身的专业性和特殊性，明显区别于一般合同，且设计图纸具有一定特殊性，绿地公司与夏岩公司解除合同后，相应的图纸无法继续使用，故夏岩公司应当将收取的全部设计费用退还绿地公司，并支付合同解除后的设计费用的相应利息。

综上，本案法院的判决正确无误。

法律建议

建设工程设计、勘察、施工等领域专业性很强，故实行严格的准入制度。施工企业必须具有相应资质才能承建相关工程，且其转包及分包行为也受到一定的限制，作为建设工程施工合同的承包人不可将自己承包的工程全部或其主体工程转包给第三人，否则该转包行为无效；承包人将部分工程分包给有相应资质的第三人时，也必须经过发包人的同意，否则该分包行为的效力也不能予以认可，且承包人对此给发包人造成的损失还应承担损害赔偿责任。因此，在签订建设工程相关合同时，应注意审查施工主体资质，并对违法分包等违约行为的违约责任予以约定，以保障工程质量以及合同守约方的合法权利。

18. 演出合同

——汉森公司与华演公司演出合同纠纷案

基本案情

2010 年 6 月 11 日，华演公司（本案被告）与汉森公司（本案原告）签订框架合同，约定华演公司委托并授权汉森公司在某省有关地区举办“周某海派清口——我为财狂”演出的唯一总代理，演出日期为 2010 年 9 月底至 10 月底，具体时间及地点需根据华演公司与周某确定的演出档期，在 7 月底前以另行签订的合同为准。演出场次为五场，每场 120 分钟，演出地点为某省某市等地。演出费用为每场 100 万元，五场总计 500 万元。签订合同后三日内支付演出的定金，每场演出的定金为 30 万元，五场合计为 150 万元。当地演出日前 20 天支付该场演出的剩余费用 70 万元。汉森公司如逾期付款，则视作自愿放弃此演出，并以其违约而自动解除此协议，同时华演公司有权拒绝此场演出，已支付的定金和预付款不予退回。双方还约定，单方违约使演出不能如期进行，则由违约方负责赔偿由此造成的经济损失。另汉森公司承诺按五场演出费用支付给华演公司，如不满五场，仍需按五场演出费用支付。

合同签订后，双方又依据框架合同分别签订了具体《演出合同书》四份，约定了四场演出的具体时间和地点：即 2010 年 9 月底在溧市演出、2010 年 10 月上旬在扬市演出、2010 年 10 月中旬在兴市演出和 2010 年 10 月中旬在大学城体育馆演出。上述四份合同中所约定的权利和义务与框架合同中约定的权利和义务基本一致。此后，汉森公司按约向华演公司支付了 497 万元的演出费用，华演公司也按约安排组织了四场演出，但具体演出时间发生了变更，分别为 2010 年 10 月 1 日、

4 日、20 日和同年 11 月 26 日。

因第五场演出双方一直未能确定具体的演出时间，2011 年 1 月 26 日，双方签订协议写明，由于汉森公司的自身失误，致使原定于 2010 年 10 月 30 日在常市的演出无法实施，汉森公司单方面的违约行为，造成合同无法完全履行，根据双方签订的合同约定，汉森公司只举办了四场，不满五场，理应按五场演出费用支付，但考虑到双方之间的协作关系，华演公司理解汉森公司的实际情况，双方经协商确定第五场演出费用 98 万元作如下处理：一、2011 年 1 月 28 日前华演公司返还汉森公司 62 万元；二、余款 36 万元分两部分处理：其中的 16 万元作为 2011 年度汉森公司承办华演公司代理的周某巡演一场的中介代理费用，由汉森公司在 2011 年度按照当年周某新的演出方案合作方式承接周某一场演出，华演公司不再另行收取汉森公司的该场演出的中介代理费用，具体演出的时间及相关事宜双方另行协商，按双方正式签订的协议为准。双方约定其余的 20 万元，因汉森公司原定在 2011 年 1 月 3 日承办 2011 年新年交响音乐会常市的一场演出最终未能出演，总费用为 20 万元，现作为汉森公司已付清给华演公司的演出费用。同时双方还约定 2011 年度汉森公司从华演公司处引进或合作演出项目时享有优先选择及演出的承办权，演出具体时间由汉森公司择日另行安排，以正式签订合同为准。华演公司承诺以优惠的价格给予汉森公司承接的演出项目。上述协议签订后，华演公司按约返还了汉森公司 62 万元，但 2011 年全年双方未再有合作项目，汉森公司也未承办包括周某巡演在内的任何演出，故汉森公司认为华演公司还应当返还 36 万元。

另外，2010 年 6 月 12 日，华演公司给汉森公司有关 10 月下旬增加常市一场周某演出的《承诺书》中，华演公司法定代表人吴某明确写明："承诺与某省华演签订的演出 1 至 5 场，每场返回贰万元，第陆场起每场返回肆万元整"。华演公司认为该返利双方已口头约定用票款冲抵，现汉森公司从华演公司处拿走的门票价值为 82000 元，足以冲抵上述返利，但汉森公司对此不认可。

汉森公司遂起诉华演公司，诉称：2010 年 6 月 12 日，双方签订演出合同书（以下简称框架合同），约定华演公司委托本公司为"周某海派清口——我为财狂”2010年某省有关地区演出总代理。此后本公司实际举办演出4场，对未举办的一场演出费用，双方经协商达成补充协议，约定华演公司于2011年1月28日前退还本公司62万元，余款36万元作为2011年本公司可能承办的周某演出的中介费和其他演出的预付款，但均应以另行正式签订合同为准。此后双方并未签订合同也未举办演出，故华演公司应当退还其36万元。另根据华演公司向本公司的承诺，对本公司举办的演出每场应当返还利润2万元，现举办4场，应当返还8万元。综上，请求判令华演公司退还其44万元并承担诉讼费用。

华演公司辩称：汉森公司要求退还44万元没有事实和法律依据。根据双方签订的补充协议约定，36万元包括延后至2011年的第五场演出的中介费用16万元和新年交响音乐会的前期费用20万元。上述两笔费用已经结清，不应返还。8万元的返利已用票款冲抵，故请求驳回汉森公司的全部诉讼请求。

一审法院认为：依法成立的合同受法律保护。双方签订的框架合同及四场演出的具体演出合同和就第五场演出所达成的协议，均系双方当事人的真实意思表示，符合法律规定，合法有效。综合案件事实，法院依法判决如下：：一、华演公司于判决生效之日起十日内返还汉森公司演出中介费16万元；二、华演公司于判决生效之日起十日内给付汉森公司四场演出的返利款8万元；三、驳回汉森公司的其他诉讼请求。

一审判决后，华演公司与汉森公司均不服，分别向法院提起上诉，请求撤销原审，依法改判。二审法院经审理认为，原判认定事实清楚、适用法律正确，判决驳回上诉，维持原判。

裁判解析

本案的争议焦点有以下三点：

一、华演公司是否应向汉森公司返还案涉16万元。

汉森公司与华演公司签订的框架合同及2011年1月26日协议，系双方当事人真实意思表示，合法有效。本案中，根据框架合同约定，无论最终实际演出几场，汉森公司均应按五场演出的费用支付给华演公司，现汉森公司只举办四场演出，按合同书约定应当支付五场的费用。但在合同履行过程中，因华演公司考虑到双方协作关系及汉森公司实际情况，于 2011 年 1 月 26 日又与汉森公司签订了协议，对框架合同所涉未实施的第五场演出的 98 万元演出费用的处理进行协商，华演公司同意返还 62 万元，余 36 万元另做安排。根据该协议约定，汉森公司承办华演公司代理的 2011 年周某巡演其中一场，案涉 16 万元为华演公司应收中介代理费。华演公司提供的证据仅能证明其确系 2011 年周某相关巡演的江南地区总代理。现汉森公司在 2011 年并未承办 2011 年周某巡演其中一场，华演公司亦无证据证明系汉森公司的过错而致。其后，双方亦未另行签订协议对此进行约定。《中华人民共和国合同法》第六十条规定："当事人应当按照约定全面履行自己的义务。当事人应当遵循诚实信用原则，根据合同的性质、目的和交易习惯履行通知、协助、保密等义务。"据此，华演公司应向汉森公司返还案涉 16 万元。

二、华演公司是否应向汉森公司返还案涉 20 万元。

2011 年 1 月 26 日，华演公司（甲方）与汉森公司（乙方）签订的协议明确约定："……根据我们之间合约明确约定，贵公司只实施了四场，不满五场。理应按五场演出费支付。但考虑到我们之间的协作关系，理解贵公司实际情况。经双方协商确定，贵公司第五场 98 万元费用，现作如下处理：（一）于 2011 年元月 28 日前直接返还乙方 62 万元。（二）余 36 万元做如下安排：①作为 2011 年度乙方承办甲方代理的周某巡演壹场的中介代理费用，由乙方在 2011 年度按照今年周某新的演出方案的合作方式承接周某壹场演出，甲方不再向乙方另收甲方应有的壹场中介代理费用；具体时间及相关事宜另行协商，按正式协议为准。②乙方原定在 2011 年元月 3 日承办 2011 年新交响音乐会常市一场演出，总费用 20 万元，现作为乙方已付清给甲方费用，乙方在 2011 年度将从甲方引进或合作的演出项目中有优先选择权及演出承办权，演出具体时间由乙方择日另行安排，以正式签订合同为准。甲方承诺对乙方承接的项目，以优惠价格给予乙方。"华演公司作为"周某海派清口——经典回眸"江南等地区 2011 年 2 月起至 2011 年 11 月底舞台演出总代理，负责相关事宜。2011 年 1 月 6 日，华演公司为代理比利时布鲁塞尔交响乐团在常市的演出，支付了演出费用 20 万元。华演公司及汉森公司均确认双方曾口头约定由汉森公司承办上述演出，但该演出并未实际实施。

因 2011 年 1 月 26 日协议已约定案涉 20 万元作为 2011 年 1 月 3 日未能出演的新年交响音乐会的前期费用，且协议中明确写明该费用作为汉森公司已付清给华演公司的费用，故汉森公司主张返还上述 20 万元，无事实和法律依据，亦与协议约定不符。另协议约定华演公司承诺给予汉森公司优先选择权、承办权以及对汉森公司所选择的演出项目给予优惠价格，但并未约定具体项目内容及价格。故汉森公司称案涉 20 万元系提前付清其他演出费用的意见，也缺乏证据支持。综上，考虑到为筹备演出，华演公司确曾支付相关费用，结合双方协议中真实意思表示，故案涉 20 万元，华演公司应不予退还。

三、华演公司是否应给付汉森公司四场演出的返利款 8 万元。

根据民事诉讼中“谁主张谁举证”原则，针对本案 8 万元返利款的诉请，汉森公司已经提供了华演公司于 2010 年 6 月 12 日出具的《承诺书》予以证明。而华演公司主张与汉森公司双方曾口头约定以票款冲抵，理应提供相应证据证明，然而其并未提供证据证明其主张，且汉森公司对此也并不认可，故华演公司理应承担举证不利的相关后果，应给付汉森公司四场演出的返利款 8 万元。

综上，本案法院判决正确无误。

法律建议

日常经济交往中，合同是双方当事人真实意思表示的体现，双方意思表示一致合同即可成立，合同成立之后，只要不违反法律的强制性规定或有损公共利益，就产生了约束双方当事人的效力。因此，当事人在签订合同时要审慎，在依法变更合同内容时也要注意综合考量各种因素，从而有效维护自己的合法权益。

19. 合同签订主体与实际履行合同义务主体不一致

——美涛传媒公司与民生公司等联营合同纠纷案

基本案情

民生公司（本案原告）、动漫公司（本案原告）策划根据夏某改编的《金大班的最后一夜》剧本，在中国大陆拍摄电视连续剧《金 ×× 班》，双方以动漫公司名义申报，并于 2008 年 7 月 17 日获得广播电影电视总局（以下简称广电总局）电视连续剧《金 ×× 班》拍摄制作备案公示。2008 年 10 月 7 日，民生公司、动漫公司（为乙方）与美涛传媒公司（为甲方，本案被告）就联合拍摄电视连续剧《金 ×× 班》一事，签订《联合摄制合同》一份，并于 2008 年 10 月 15 日签订《补充协议书》一份。2008 年 7 月 22 日，动漫公司更名为新安影视公司，2009 年 11 月 17 日，再次更名为动漫公司。2012 年 8 月 31 日，美涛传媒公司更名为美涛传媒有限公司。

合同签订后，民生公司、动漫公司依约支付了投资款 100 万元，并依法向广播电视主管部门办理了转立项手续，将动漫公司原立项报批的 30 集电视连续剧《金 ×× 班》的报备机构由“动漫公司”变更为“唐德公司”，集数由 30 集变更为 36 集。

36 集电视连续剧《金 ×× 班》拍摄完成后，2009 年 8 月 19 日，广电总局就该剧颁发了发行许可证［许可证号：（某剧）剧审字（2009）第 35 号］，民生公司、动漫公司、美涛传媒公司共同委托唐德公司代理发行。《联合摄制合同》第一条第二款约定：每集实长 48 分钟，集数最长不超过 32 集，故《联合摄制合同》约定的电视剧实际长度为 48 分钟／集 ×32=1536 分钟；《国产电视剧发行许可证》上显示，电视剧《金 ×× 班》实际长度为 40 分钟／集 ×36 集 =1440 分钟，实际发行电视剧时间长度1440分钟小于合同约定的时间长度1536分钟。

在拍摄过程中，原著作权人白某提出抗议，认为其授权已经过期，美涛传媒公司无权拍摄。2009年9月3日，白某授权李某向某中级人民法院诉请唐德公司、新安影视公司停止侵害其权利，美涛传媒公司的代表穆某与民生公司的项目负责人苏某协商与李某和解，由李某撤诉，并同意给李某50万元的补偿费。之后双方达成和解，白某及其授权人李某则撤诉息讼。民生公司、动漫公司在该案诉讼过程中表示，愿意独立承担民生公司、动漫公司、美涛传媒公司与李某的和解费用50万元。2010年1月4日，美涛传媒公司与李某签订《协议书》，并于当日向李某支付了《金 ×× 班》编剧费、筹备进组费及交通食宿费共计70万元，李某保证在收到款项后撤回（2009）×× 民初字第 ×× 号侵犯著作财产权一案。2009年8月10日，民生公司、动漫公司向唐德公司出具了发行授权文件。此后，唐德公司对外发行电视连续剧《金 ×× 班》，该剧已在中国的江苏、浙江、上海、台湾、香港及新加坡、马来西亚、日本等海内外各地电视台发行完毕，并在该剧发行中在片尾插入大量随片广告。2009年9月30日，美涛传媒公司返还民生公司、动漫公司投资款85万元，2009年10月10日美涛传媒公司返还民生公司、动漫公司投资款15万元，合计100万元。之后，美涛传媒公司、唐德公司拒绝将其与各地电视台签订的所有购销合同及广告合同等相关合同之原件交由民生公司、动漫公司核实及与其进行收入结算，也拒绝向民生公司、动漫公司支付相关收入分成款。因此，民生公司、动漫公司认为根据双方合同约定，美涛传媒公司、唐德公司应向民生公司、动漫公司支付电视连续剧《金 ×× 班》首期发行收入分成款不少于2809700元及相应逾期付款违约金，民生公司、动漫公司遂诉至某区法院。

一审审理过程中，美涛传媒公司提起反诉，由于民生公司、动漫公司不能提供合法有效的电视剧拍摄权构成根本违约，诉请终止双方合同，要求反诉民生公司、动漫公司赔偿美涛传媒公司2911840元。

一审法院根据《中华人民共和国合同法》第六十条、第一百零七条、第一百零八条、第一百零九条、第一百一十三条第一款，《中华人民共和国民事诉讼法》第六十四条第一款之规定，综合案件事实，认定美涛传媒公司、民生公司、动漫公司均存在违约行为，故判决如下：一、美涛传媒公司于本判决生效之日起十日内向民生公司、动漫公司共同支付 2809700 元及逾期付款违约金（违约金按每日万分之五计，自 2010 年 2 月 26 日起计至美涛传媒公司实际还清全部欠款之日止）；二、驳回原告其他诉讼请求；三、反诉被告民生公司、动漫公司于本判决生效之日起十日内偿付反诉原告美涛传媒公司损失 120 万元。四、驳回反诉原告美涛传媒公司其他的诉讼请求。

一审判决后，美涛传媒公司不服，提起上诉，请求撤销原判，依法改判。

二审法院经审理认为，原判认定事实清楚、适用法律正确，判决驳回上诉，维持原判。

裁判解析

本案的争议焦点有以下三点：

一、唐德公司是否应与美涛传媒公司承担连带责任。

民生公司、动漫公司与美涛传媒公司签订的《联合摄制合同》及《补充协议书》系双方真实意思表示，且合同的内容未违反法律法规的强制性约定，合同及补充协议依法有效。《联合摄制合同》第十部分“其他条款”第一条明确约定：“因美涛传媒公司暂未申领到电视剧发行许可证，美涛传媒公司在该剧的发行上可以其关联公司唐德公司的名义发行，但实际发行必须由美涛传媒公司操控，且该剧发行中产生的所有法律和经济责任均由美涛传媒公司负责承担，与其关联公司无关。”《补充协议书》第二条亦约定：“美涛传媒公司承诺对唐德公司的行为负全部责任，唐德公司的行为视同美涛传媒公司的行为。”2012 年 8 月 31 日，美涛传媒公司已更名为美涛传媒有限公司。

从上述两条约定可以认定，本案违约之诉的合同相对方为民生公司、动漫公司与美涛传媒公司。虽然民生公司、动漫公司也向唐德公司出具了授权书，将其在一定区域范围内的电视播映发行权、复制权等授权给唐德公司，但是这并没有产生合同权利义务的转移，民生公司、动漫公司与美涛传媒公司双方之间没有因该《授权书》而产生合同关系。本案讼争《联合摄制合同》的权利义务享有及承担的主体仍是民生公司、动漫公司与美涛传媒公司。因此，民生公司和动漫公司诉请唐德公司与美涛传媒公司连带承担违约责任不应予以支持。

二、民生公司与动漫公司是否依约向美涛传媒公司提供了合法有效的剧本版权及电视剧摄制权。

民生公司、动漫公司与美涛传媒公司签订的《联合摄制合同》第一部分“基本条款”第四条约定：编剧为夏某，剧本之修改均需经夏某亲自验视同意改善（具体修改亦由夏某负责）后始得进行拍摄工作。民生公司、动漫公司负有提供电视剧剧本并保证其取得该版权合法有效，且保证排除著作权人或第三方的权利异议的合同义务。虽然民生公司、动漫公司取得了广电总局对讼争电视剧拍摄的立项和发行许可，但不能仅以此证明其取得电视剧版权没有瑕疵。民生公司、动漫公司与瑞丰公司之间存在两份签约时间分别为2006年12月1日和2008年5月8日的《〈金××班〉电视剧集制作合作合约》，缔约双方对合同订立情况的描述相互矛盾，且均无相应证据予以佐证，不足以证明民生公司、动漫公司在瑞丰公司存续期间（该公司已于2007年3月22日解散）取得了其合法有效的授权。之后，在讼争电视剧拍摄过程中，原著作权人白某及其授权人李某提出异议，并诉至法院请求停止侵害其权利的事实，充分说明二原告未尽到为美涛传媒公司提供合法有效的电视剧拍摄版权及排除第三方权利异议的义务。

三、民生公司、动漫公司与美涛传媒公司、唐德公司双方在履行《联合摄制合同》及《补充协议书》过程中是否有违约行为。

根本违约，是指合同一方当事人违反合同的行为，致使该合同目的不能实现。依合同约定，民生公司和动漫公司为夏某编剧的电视剧《金××班》支付了100万元的投资款并完成电视剧审批、立项等工作，因此，本案讼争的合同中规定的义务已履行完毕。美涛传媒公司、唐德公司在电视剧拍摄完成后，在国内及海外电视台等媒体进行发行，并取得了发行收入及广告收入，表明本案讼争合同的目的已得到实现，所以美涛传媒公司对于解除合同的反诉请求，在合同已基本履行完毕，合同目的已得到实现的情况下，于法无据，一审法院依法予以驳回。

但依据《联合摄制合同》的约定，民生公司负有提供电视剧剧本并保证其取得该版权合法有效、且保证排除著作权人或第三方的权利异议的合同义务。在合同的履行过程中，虽然民生公司、动漫公司取得了讼争电视剧拍摄的立项和发行许可，但不能仅以此证明其取得电视剧版权没有瑕疵。在讼争电视剧拍摄过程中，原著作权人白某及其授权人李某提出异议，并诉至法院请求停止侵害其权利的事实，说明民生公司与动漫公司未能按约履行提供合法有效的剧本版权及摄制权的义务，故民生公司与动漫公司构成违约，应承担相应违约责任。

美涛传媒公司、唐德公司作为联营合作一方，在电视剧拍摄完成后，在国内及海外电视台等媒体进行发行，并取得了发行收入及广告收入，表明本案讼争合同的目的已得到实现，但美涛传媒公司未履行《联合摄制合同》约定，既没在广电总局颁发发行许可证之日（2009 年 8 月 19 日）起六个月内就总收入及可扣除项目与民生公司、动漫公司进行结算，也并没将与各地电视台签订的所有购销合同及广告合同等相关合同原件交由民生公司、动漫公司核实。在美涛传媒公司返还民生公司、动漫公司投资款 100 万元后，未按照约定进行结算。故美涛传媒公司拒不履行将发行收入及可扣除的支出与民生公司、动漫公司进行结算等合同义务的行为构成违约，应依法承担违约责任。

综上，本案法院判决正确无误。

法律建议

在经济交往中，经常出现合同签订主体与实际履行合同义务的主体存在不一致的现象。根据合同的相对性原则，合同主要在特定的当事人之间发生法律约束力，即只有合同当事人一方能基于合同向对方提出请求或提起诉讼，而不能向与其无合同关系的第三人提出合同上的请求，也不能擅自为第三人设定合同上的义务。因此，出于保障交易安全的需要，在签订合同的过程中，一定要明确合同的主体、合同的内容和最终责任承担主体。

20. 不可抗力

——霓虹公司与易生公司广告合同纠纷案

基本案情

2011 年 12 月 19 日，易生公司（本案原告）与霓虹公司（本案被告）签订了一份《广告承揽合同》。合同约定：原告将品牌形象广告交给被告承揽发布，地点位于某高速公路从东向西方向（原某电缆广告位），广告发布费为 22.5 万元，期限为 1 年，从 2012 年 1 月 1 日起至 2012 年 12 月 31 日止，合同还约定承揽方不能完成合同规定的工作，按未履行部分广告费的 5%，向委托方偿付违约金。若不能按期履行合同，每逾期一天，按逾期未完成部分广告费的 0.1% 偿付违约金。承揽方应保证广告牌在合同期内的完好性，如因政府的政策、法规、法令等原因，或遇其他不可抗力原因，造成该协议无法继续履行，承揽方或退还委托方广告未能发布的余额，或是顺延发布期等条款。合同签订后，原告依约支付了广告费 202500 元，然而，被告在 2012 年 5 月 20 日起就停止发布原告所委托的品牌形象广告。

原告易生公司于 2012 年 10 月 23 日向某区法院起诉，请求判令：一、被告返还原告广告费 115000 元；二、被告支付原告违约金 25415 元；三、本案诉讼费用由被告承担。

被告霓虹公司答辩称：原告所述与被告签订广告合同属实。合同签订后原告已支付被告广告费 202500 元，被告已发布广告至 2012 年 5 月 20 日，后被政府拆除，现尚欠原告广告费 115000 元。被告发布的广告牌经过依法审批，手续合法，应受到法律保护。至于原告提出的违约，并不是被告违约，被告也是受害者，请求法院依法判决。

一审法院认为：当事人应当按照合同约定全部履行自己的义务。原告易生公司按照合同约定支付被告霓虹公司广告费 202500 元，被告按约定给原告设置广告牌，然而在广告牌发布期间也就是在 2012 年 5 月下旬被政府拆除，以致双方无法再继续履行合同，根据合同约定，如因政府的政策、法规、法令等原因，或遇其他不可抗力原因，造成该合同无法继续履行，承揽方或退还委托方广告未能发布的余额，或顺延发布期，由双方协商解决，现因双方协商未果，故原告要求被告退还未发布广告费 115000 元符合合同约定，且并无与法相悖，应予支持。但双方对因政府原因造成合同无法继续履行是否应当支付违约金并无约定，故原告诉称要求被告支付其违约金 25415 元缺乏事实依据，不予认定。综合案件事实，法院依法判决如下：一、被告霓虹广告公司于本判决生效之日起一次性退还原告易生公司广告费 115000 元；二、驳回原告易生公司的其他诉讼请求。如果被告未按本判决指定的期间履行给付金钱义务，按照《中华人民共和国民事诉讼法》第二百二十九条之规定，加倍支付迟延履行期间的债务利息。案件受理费 3108 元，减半收取 1554 元，由原告易生公司负担 254 元，霓虹公司负担 1300 元。

一审判决后，霓虹公司不服，上诉称：一、本案的发生并不是上诉人恶意违约所造成的。二、一审法院要求上诉人一次性退还广告费用 115000 元是错误的。由于上诉人已经向被上诉人出具 202500 元的税务发票，因此，如果一审法院要求上诉人退还 115000 元的广告费，则该部分广告款所产生的税金应由被上诉人承担，应予以扣除。三、某市交通局、高速路政作为该广告牌位的审批者、管理者，由于广告牌被拆除，致使上诉人不能为被上诉人发布广告牌，应当追加某市交通局、高速路政为本案的被告。故请求撤销原判，并发回重审或依法改判。

二审法院经审理认为，原判认定事实清楚、适用法律正确。判决驳回上诉，维持原判。

裁判解析

本案争议焦点包括以下两点：

一、约定不可抗力条款的法律适用。

《中华人民共和国合同法》第一百一十七条第二款规定："本法所称不可抗力，是指不能预见、不能避免并不能克服的客观情况。"

不可抗力事件的不可预见性和偶然性决定了人们不可能列举出它的全部外延，不能穷尽人类和自然界可能发生的种种偶然事件，所以，尽管世界各国都承认不可抗力可以免责，但是没有一个国家能够确切地规定不可抗力的范围，而且由于习惯和法律意识不同，各国对不可抗力的范围理解也不同。根据中国实践、国际贸易惯例和多数国家有关法律的解释，不可抗力事件的范围主要有以下三类：自然原因的不可抗力，指达到一定强度的自然现象，如地震、海啸等；社会原因的不可抗力，即由于社会矛盾激化而构成的不能预见、不能避免并不能克服的客观情况，如战争、武装冲突等；国家原因的不可抗力，即因为国家行使行政、司法职能导致损害后果扩大的情形。

在实践中，根据不可抗力事件范围规定的不同，在合同中主要用以下三种方式约定：一是概括式，即对不可抗力事件作笼统的提示，如"由于不可抗力的原因，而不能履行合同或延迟履行合同的一方可不负有违约责任"。二是列举式，即逐一说明不可抗力事件的种类，如"由于战争、地震、水灾、火灾、暴风雪的原因而不能履行合同或延迟履行合同的一方不负有违约责任……"。三是综合式，即将概括式和列举式合并在一起，如"由于战争、地震、水灾、火灾、暴风雪或其他不可抗力原因而不能履行合同的一方不负有违约责任……"。综合式是最为常用的一种方式。

本案中，原被告已经在合同中综合式约定了"如因政府的政策、法规、法令等原因，或遇其他不可抗力原因，造成该合同无法继续履行，承揽方或退还委托方广告未能发布的余额，或顺延发布期，由双方协商解决"，现因双方协商未果，原告要求被告退还未发布广告费 115000 元符合合同约定，且并无与法相悖，符合法律规定。

二、合同相对性原则的适用。

合同相对性原则是指合同项下的权利义务只能约束合同签订主体即合同当事

人，合同只对合同当事人产生拘束力，非合同当事人不能适用合同约定的条款内容，并就合同内容主张权利义务。关于合同相对性原则，《中华人民共和国合同法》第八条规定："依法成立的合同，对当事人具有法律约束力。当事人应当按照约定履行自己的义务，不得擅自变更或者解除合同。"第一百二十一条规定："当事人一方因第三人的原因造成违约的，应当向对方承担违约责任。当事人一方和第三人之间的纠纷，依照法律规定或者按照约定解决。"

本案中，某市交通局、高速路政并非《广告承揽合同》的合同当事人，霓虹公司关于追加某市交通局、高速路政为原审被告的主张，违反了上述法律强制性规定，突破了合同相对性，故理应不予支持。

综上，本案法院判决正确无误。

法律建议

在各种商业交易中，履行合同义务难免会遇到各种无法预料的风险，因此关于风险分担的合同约定就显得尤为重要。不可抗力作为合同法规定的法定免责事由，能有效规避和防范风险，合理分担责任。因此建议在合同签订时，明确约定不可抗力事由，并将其写入合同文本。

行政诉讼案例

1. 设立娱乐场所应当进行听证

——何某与某区文体局文化行政许可纠纷案

基本案情

何某经营的招待所与第三人李某经营的上上酒吧系上下楼邻居关系。2009 年 5 月，李某向某区文体局提交了《歌舞娱乐场所设立申请表》、《个体名称预先核准通知书》、《消防安全检查意见书》及《环境噪声监测合格证书》等材料，申请在沿江大道 154 号一楼设立娱乐场所上上酒吧。同年 6 月 7 日，某区文体局在该地址张贴了《关于设立娱乐场所的公告》，公告告知相关利害关系人在公示期间享有向该局申请听证的权利。公示期间因无人申请听证，某区文体局在审核相关资料及经过现场勘察后认为符合设立条件，于同月 15 日向李某经营的上上酒吧颁发了《娱乐经营许可证》。后因上上酒吧已取得的《娱乐经营许可证》未在许可有效期届满前申请延续，某区文体局于 2010 年 6 月 7 日注销了其《娱乐经营许可证》。原告何某认为第三人李某经营的酒吧产生的噪音对其造成影响，且被告某区文体局在向第三人李某颁发《娱乐经营许可证》时违反程序规定未进行听证，从而导致原告损失的发生，诉至原审法院。

一审法院经审理认为，根据国务院《娱乐场所管理条例》的规定，文化主管部门具有批准设立娱乐场所及颁发《娱乐经营许可证》的法定许可职权。被告依据第三人提交的设立娱乐场所的资料，按法定职权依法公告了听证的权利，在无人申请听证的情况下，经现场勘察及审核相关资料，认为符合设立条件，向第三人经营的上上酒吧颁发了《娱乐经营许可证》，其行政行为依据充分，程序合法。原告何某要求撤销被告向第三人颁发的《娱乐经营许可证》，因被告某区文体局已于原告何某诉讼前注销了该许可证，已不具备可撤销内容。原告何某主张因其与设立娱乐场所有重大利害关系、被告在批准设立娱乐场所时未向其告知、也未举行听证无事实依据，对原告何某的诉讼请求，依法不予支持。依据《最高人民法院关于执行〈中华人民共和国行政诉讼法〉若干问题的解释》第五十六条第四项之规定，判决驳回原告何某的诉讼请求。

何某不服一审法院判决，向上一级人民法院提起上诉称：在本案中应由被上诉人举证证明其行政行为合法，而不是由上诉人来举证其行政行为违法。被上诉人提供的证据《关于设立娱乐场所的公告》及照片均无原件，且是被上诉人向第三人颁发《娱乐经营许可证》后补办（补拍）的，不能作为证据使用，不能作为认定具体行政行为合法的依据。上诉人认为原审法院认定被上诉人告知了听证权利是与事实不符的，被上诉人作出的具体行政行为程序违法，原审法院适用法律错误，导致本案判决错误。

被上诉人某区文体局答辩称：在实施涉案行政许可过程中，答辩人依法审核了第三人提供的相关证明材料，又于2009年6月7日依法对第三人经营场所进行了现场勘察。此后，答辩人于2009年6月8日依法在第三人经营场所大门口张贴了“设立娱乐场所的公告”。由于公告期间，没有权利人或利害关系人申报听证，故答辩人于2009年6月13日向第三人发放了文化经营许可证。何某对于第三人拟设立娱乐场所的事实明知且无异议，故其属自愿放弃听证权利。另外，何某与第三人曾就共用消防管道达成过书面协议，这表明何某对第三人设立娱乐场所是支持和配合的。而且在此期间，何某甚至还扩大营业面积并进行局部重装，充分表明何某不仅不排斥第三人设立娱乐场所，甚至还有与其互利合作、共享资源的意图。

二审法院经审理认为，原审判决认定事实清楚，程序合法，适用法规及规章、规范性文件正确。判决驳回上诉，维持原判决。

裁判分析

本案涉及的争议焦点有以下两点：

一、设立娱乐场所时文化主管部门是否应当主动进行听证。

《娱乐场所管理条例》第十条规定："文化主管部门审批娱乐场所应当举行听证。有关听证的程序，依照《中华人民共和国行政许可法》的规定执行。"《中华人民共和国行政许可法》第四十六条规定："法律、法规、规章规定实施行政许可应当听证的事项，或者行政机关认为需要听证的其他涉及公共利益的重大行政许可事项，行政机关应当向社会公告，并举行听证。"

依据上述规定，行政机关实施行政许可应当听证的事项包括法律、法规、规章规定实施行政许可应当听证的事项和行政机关认为需要听证的其他涉及公共利益的重大行政许可事项。本案中的酒吧系歌舞娱乐场所，不可避免地会产生噪音污染、光污染、治安隐患等影响，行政机关依据《娱乐场所管理条例》以及《中华人民共和国行政许可法》应当主动进行听证。

二、某文体局做出的文化行政许可是否合法。

文化行政许可听证是指文化行政许可机关在作出是否准予行政许可决定之前，告知申请人或者利害关系人听证权利，申请人或者利害关系人陈述意见、提供证据、申辩、质证以及文化行政许可机关听取意见、接纳证据并作出相应决定的法律制度。文化行政许可听证主要包括申请从事娱乐场所经营许可听证和互联网上网服务营业场所经营许可听证等。

本案中，原告认为被告某文体局作出的具体行政行为程序违法，原审法院适用法律错误，导致本案判决错误。其依据是《娱乐场所管理条例》第十条、《中华人民共和国行政许可法》第三十六条和第四十七条。

何某经营的是酒店住宿业，需要安静的环境，第三人经营的酒吧是一个喧嚣的场所，两者是一对矛盾。并且何某与第三人是上下楼相邻关系，当然是行政许可事项中关系他人重大利益的利害关系人。但是本案中的一个关键事实是，何某对于第三人拟设立娱乐场所的事实明知但无异议。这一点可以从其几方面的行为加以认定。首先，何某与第三人楼上楼下相邻，那么在第三人经营场所筹建及装修的较长时间内，其完全应该知晓第三人设立娱乐场所的事实。而且，在第三人开业经营后的很长时间内，何某并未就该娱乐场所的设立向答辩人提出过任何异议。其次，通过庭审也查明，何某与第三人曾就共用消防管道达成过书面协议，何某甚至还扩大营业面积并进行局部重装，也充分表明，何某对于第三人设立娱乐场所应当说是明知的。上述行为表明何某对行政许可事项明知且并无异议，故其属自愿放弃听证权利。可见，对第三人上上酒吧行政许可并未违反程序正义的原则，也未实际影响何某行使相关权利。某文体局依据第三人上上酒吧提交的设立娱乐场所的资料，按《娱乐场所管理条例》第十条、《中华人民共和国行政许可法》第四十六条依法公告了听证的权利，在无人申请听证的情况下，经现场勘察及审核相关资料，认为符合设立条件，向第三人经营的上上酒吧颁发了《娱乐经营许可证》，其行政行为依据充分，程序合法。何某依据《中华人民共和国行政许可法》第三十六条及第四十七条的规定，认为文体局应当直接告知作为利害关系人的何某听证权利，显属错误理解相关法律。故一、二审法院的判决是正确的。

法律建议

在文化行政许可中，行政相对人应严格遵循行政机关的程序性要求，避免由于程序违法导致行政许可被撤销或者宣告无效。为此，在办理行政许可之前务必要了解清楚所需的材料、申请条件、政策依据等内容。对于文化行政机关组织的听证，行政相对人也应按照听证公告的要求提交相关证明文件。

特别提示

《娱乐场所管理条例》第九条规定："设立娱乐场所，应当向所在地县级人民政府文化主管部门提出申请；设立中外合资经营、中外合作经营的娱乐场所，应当向所在地省、自治区、直辖市人民政府文化主管部门提出申请。申请设立娱乐场所，应当提交投资人员、拟任的法定代表人和其他负责人没有本条例第五条规定情形的书面声明。申请人应当对书面声明内容的真实性负责。受理申请的文化主管部门应当就书面声明向公安部门或者其他有关单位核查，公安部门或者其他有关单位应当予以配合；经核查属实的，文化主管部门应当依据本条例第七条、第八条的规定进行实地检查，作出决定。予以批准的，颁发娱乐经营许可证，并根据国务院文化主管部门的规定核定娱乐场所容纳的消费者数量；不予批准的，应当书面通知申请人并说明理由。”

《关于〈娱乐场所管理条例〉贯彻执行中若干问题的意见》第五条规定："文化主管部门受理娱乐场所设立申请应当依法进行公示，通知申请设立的娱乐场所所在地居民委员会或者村民委员会以及附近的学校、医院、机关、危险化学品仓库等利害关系人派人参加听证，并向社会公告听证的时间、地点等事项，积极受理有关人员报名参加听证。文化主管部门应当依照《行政许可法》的有关规定组织听证，本着方便当事人的原则，在工作方式上可以探索与公安、工商、卫生、环境保护等部门建立听证联席会议制度，统筹安排听证事宜。对利害关系人或者其他有关人员没有报名参加听证的行政许可事项，由文化主管部门依法作出决定。”

2. 行政不作为的认定

——某旅游文化产业有限公司与人民防空办公室行政答复纠纷案

基本案情

某市某大厦于1993年投资修建，其中地下负二层中的1984平方米原设计为地下人防工程（五级）。2003年10月13日，该市某旅游文化产业有限公司（以下简称某公司）在由某银行该市分行举办的拍卖会上竞得该大厦主楼的部分楼层及地下一、二层中的部分所有权，并于2004年4月7日办理了房屋所有权证。2012年3月8日，该公司向市人民防空办公室（以下简称人防办）提交《关于对某市某大厦地下人防工程依法进行管理的请求》，认为某市某大厦作为已领取所有权证书的25层大楼，其主楼负二层的地下人防工程应该在市人防办有备案，否则该大厦无法开工建设，该人防工程没有纳入市人防办对人防工程的管理中，违背法律规定。某银行该市分行却将该大厦的人防工程对外拍卖给某公司，严重违反了法律法规的规定，影响了国防建设，系违法行为、无效行为，请求市人防办履行人防工程管理职责，将大厦地下负二层930.82平方米的五级人防工程纳入某市全市人防工程网络管理体系，纠正某银行该市分行非法买卖五级人防工程的行为。2012年4月18日，市人防办对该公司作出书面答复：根据《某省实施〈中华人民共和国人民防空法〉办法》第十一条之规定，凡结合民用建筑修建的人民防空工程的设计审批、质量监督、造价审查及竣工验收，由建设行政主管部门组织，人民防空主管部门负责专业审查，即没有到人防主管部门办理相关手续，人防主管部门没有进行专业审查的工程无法确认为人民防空工程。

某公司认为，市人防办在本案中存在行政不作为行为，市人防办没有主动履行法定职责，遂向某区人民法院提起行政诉讼，请求撤销市人防办于 2012 年 4 月 18 日作出的行政答复并要求市人防办履行法定职责。

一审法院认为，某公司作为某大厦的业主之一，是该大厦地下负二层的所有者，该地下负二层是否属于人防工程，将对某公司权利义务产生实际影响，故某公司应当具备行政诉讼的原告主体资格。本案原告所有的某大厦地下负二层，虽然当时在图纸设计时为五级人防工程，但该工程一直未向人防主管部门申报过资料，人防主管部门没有审批审查资料，也未进行专业审查，故该工程并非法律意义上的人防工程。被告对原告作出的“凡是没有到人防主管部门办理相关手续，人防主管部门没有进行专业审查的工程无法确认为人民防空工程”的答复并无不当，原告起诉被告行政不作为行为违法，请求被告履行法定职责的理由无法律依据，不予支持，遂判决：驳回原告请求撤销被告市人防办作出的行政答复和要求被告履行法定职责的诉讼请求。

某公司不服一审判决，向上一级人民法院提起上诉，诉称：一、一审判决以 1997 年前法律对人防工程的修建无强制性规定为由，驳回上诉人诉讼请求，显然不当。二、一审判决“该工程一直未向人防主管部门申报过资料，人防主管部门没有审批审查资料，也未进行专业审查，故该工程并非法律意义上的人防工程”的认定缺乏法律依据。三、某大厦地下负二层构筑物的建设完全是按五级人防工程建设的，并且和某市整体人防工程系统互相连接，彼此相通。四、被上诉人提供的证据（某省人大常委会法制工作委员会“关于人民防空工程产权归属问题的批复”，用于证明市人防办答复来源于省人大法工委）系伪造证据，依据该伪造证据作出的行政答复应当依法撤销。

二审法院经审查认为，某大厦始建于 1993 年，而 1984 年 7 月 20 日实施的《中华人民共和国人民防空条例》第十八条规定，人民防空重点城市修建民用建筑时，必须按照国家有关规定修建防空地下室，由城市建设部门制订计划、标准，并负责监督检查。《某省实施〈中华人民共和国人民防空法〉办法》第十一条也规定，结合民用建筑修建的人民防空工程的设计审批、质量监督、造价审查及竣工验收，由建设行政主管部门组织，人民防空主管部门负责专业审查。按照上述规定，人防工程必须经过人民防空主管部门专业审查。本案上诉人所有的某大厦地下负二层虽然当时设计为五级人防工程，但该工程建设时从未向人防主管部门申报过资料，也没有经过人防主管部门的专业审查，故上诉人某公司向市人防办提出的将某大厦地下负二层纳入人民防空管理的申请缺乏事实和法律依据。被上诉人市人防办对上诉人某公司的答复“凡是没有到人防主管部门办理相关手续，人防主管部门没有进行专业审查的工程无法确认为人民防空工程”并无不当。综上，原审判决认定事实清楚，适用法律正确，上诉人的上诉理由不能成立。故依据《中华人民共和国行政诉讼法》第六十一条（一）项之规定，判决驳回上诉，维持原判。

裁判解析

本案的争议焦点有以下三点：

一、行政不作为诉讼中原告的资格问题。

行政诉讼原告的主体资格，是指哪些人可以以自己的名义向人民法院提起诉讼，请求法院审查被诉行政机关的行政行为并作出相应裁判。《中华人民共和国行政诉讼法》第二条第一款规定：“公民、法人或者其他组织认为行政机关和行政机关工作人员的行政行为侵犯其合法权益，有权依照本法向人民法院提起诉讼。”第二十五条第一款规定：“行政行为的相对人以及其他与行政行为有利害关系的公民、法人或者其他组织，有权提起诉讼。”所谓与具体行政行为有利害关系，是指行政机关的具体行政行为对公民、法人或者其他组织的权利义务已经或将会产生实际影响。本案中，原告某公司作为某大厦的业主之一，是该大厦地下负二层的所有者，该大厦地下负二层930.82平方米的工程是否被确认为人防工程当然会对原告某公司的权利义务产生实际影响，故其具备行政诉讼的原告主体资格。

二、被上诉人是否存在行政不作为行为，是否应主动履行法定职责的问题。

行政不作为是指行政主体应当履行也有可能履行相应的法定职责或义务，但却不予答复或者拖延履行。行政不作为的前提条件是有作为义务存在，而行政法领域的作为义务具有法定性和行政性。法定性可以理解为法律性和特定性，就是指作为义务必须来源于法律规范的规定，它属于一种法定义务，是应当履行的一种义务；而特定性则是指在现实特定条件已经促成的情况下，针对特定的行政相对人应当负担的作为义务。其次，这种作为义务具有行政性，即承担这种作为义务的主体是由法律法规明确规定的行政主体及其工作人员；履行义务的方式也规定在行政法律规范中，通常体现在行政主体实施行政管理或提供公共服务的过程中。

《中华人民共和国人民防空法》第七条规定："县级以上地方各级人民政府人民防空主管部门管理本行政区域的人民防空工作。县级以上人民政府的计划、规划、建设等有关部门在各自的职责范围内负责有关的人民防空工作。"据此，地方人防主管部门应当履行管理人民防空的工作。又根据 1984 年 7 月 20 日实施的《中华人民共和国人民防空条例》第十八条和《某省实施〈中华人民共和国人民防空法〉办法》第十一条的规定，人防工程必须由人民防空主管部门进行专业审查，而本案中上诉人所有的某市某大厦始建于 1993 年，其地下负二层虽然当时设计为五级人防工程，但该工程建设时从未向人防主管部门申报过资料，也没有经过人防主管部门专业审查，所以被上诉人并不对其具有作为义务。

三、新法是否溯及既往的问题。

最高人民法院在 2004 年颁布的《关于审理行政案件适用法律规范问题的座谈会纪要》中对行政审判中新旧法律的适用规则作出了如下规定："行政相对人的行为发生在新法施行以前，具体行政行为作出在新法施行以后，人民法院审查具体行政行为的合法性时，实体问题适用旧法规定，程序问题适用新法规定，但下列情形除外：（一）法律、法规或规章另有规定的；（二）适用新法对保护行政相对人的合法权益更为有利的；（三）按照具体行政行为的性质应当适用新法的实体规定的。"本案中，关于人防工程是否属于人防办管理职责的问题属于实体问题的范畴。而 1998 年出台、2010 年 7 月 29 日修订施行的《某省实施〈中华人民共和国人民防空法〉办法》以及 1997 年 1 月 1 日起施行的《中华人民共和国人民防空法》是针对 1997 年以后新建民用建筑要按照规定修建防空地下室的规定，所以由于法不溯及既往，本案仍适用旧法是正确的。

法律建议

在签订不动产买卖合同时，一方面要审查不动产的权属以及是否设置了抵押权等担保物权，以防日后出现不必要的纠纷；另一方面对于诸如人防工程、车位等特殊的不动产的买卖，在签订买卖合同之前还应了解有关法律、法规、规章的施行、废止和修改等情况。

特别提示

2014 年修改、2015 年 5 月 1 日施行的行政诉讼法中对原告资格做出了新的规定。

《中华人民共和国行政诉讼法》第二十五条规定："行政行为的相对人以及其他与行政行为有利害关系的公民、法人或者其他组织，有权提起行政诉讼。有权提起诉讼的公民死亡，其近亲属可以提起诉讼。有权提起诉讼的法人或者其他组织终止，承受其权利的法人或者其他组织可以提起诉讼。"

3. 行政执法主体资格

——杨某与某县文化市场综合执法局文化行政强制案

基本案情

2012 年 5 月 22 日，某县人民政府办公室下发《关于印发加强文化市场监管的通知》，确定组建县文化市场综合执法局（以下简称“县综合执法局”），负责对全县文化市场实施监督、依法行使行政处罚以及与行政处罚权相关的行政强制权和行政检查权,保护合法经营。2012 年 11 月 25 日,县综合执法局接到群众举报称，杨某无证开设网吧，有偿接纳未成年人上网。县综合执法局的工作人员来到杨某家进行执法检查，果然发现杨某家有未成年人上网。工作人员当即对现场进行了拍照，制作了现场检查笔录；对现场证据进行登记保存，扣押了杨某服务场所里 8 台电脑中的 2 台，但杨某拒绝在扣押清单上签字。后县综合执法局未在 7 日内作处理决定，杨某于 2013 年 3 月 4 日向法院提起行政诉讼。

一审法院经过审理认为，县综合执法局依法成立后，依照法律、法规及规范性文件的规定行使职权。该局在查明杨某无证经营网吧、容留未成年人上网的行为后，依据《文化市场综合行政执法管理办法》第二十三条、第二十四条的规定，扣押了杨某服务场所里 8 台电脑中的 2 台，并进行异地保存，且向杨某出具了现场检查笔录、证据先行登记保存清单，当时的执法行为合法有效。

根据《互联网上网服务营业场所管理条例》第二十七条之规定，杨某擅自从事互联网上网服务经营活动，由文化行政部门或者由文化行政部门会同公安机关依法予以取缔，查封其从事违法经营活动的场所，扣押从事违法经营活动的专用工具、设备。但县综合执法局未在 7 日内作出处理，超期扣押杨某电脑的行为违法。

杨某提出县综合执法局的执法人员损坏其一台电脑，因没有提供充分的证据予以证实，故对杨某要求赔偿3000元损失的诉讼请求不予支持。根据《中华人民共和国行政诉讼法》第五十四条第（二）款第三项、《最高人民法院关于执行中华人民共和国行政诉讼法若干问题的解释》第九十七条、《中华人民共和国民事诉讼法》第六十四条的规定，判决：一、撤销被告县综合执法局对原告杨某的两台电脑超期保存的行为，由被告将被保存的两台电脑返还给原告杨某；二、驳回原告杨某要求被告县综合执法局赔偿经济损失3000元的诉讼请求。

杨某不服一审判决，上诉称：县综合执法局根本没有执法主体资格，其执法行为当然违法。

二审法院认为：县综合执法局是依据某县人民政府办公室下发的《关于印发加强文化市场监管的通知》成立的，该文件对新设立的县综合执法局的编制、内设机构、主要职责均做了明确规定。因此，该局成立后，可依照文件的规定在本县范围内开展对文化市场的监督检查工作，应当认定该局具有对本县文化市场进行监督检查的执法主体资格。关于杨某的赔偿请求，《最高人民法院关于行政诉讼证据若干问题的规定》第五条规定："在行政赔偿诉讼中，原告应当对被诉具体行政行为造成损害的事实提供证据。"《最高人民法院关于审理行政赔偿案件若干问题的规定》第三十三条规定："被告的具体行政行为违法但尚未对原告合法权益造成损害的，或者原告的请求没有事实根据或法律根据的，人民法院应当判决驳回原告的赔偿请求。"据此，二审法院驳回上诉，维持原判。

裁判解析

本案的争议焦点有以下两点：

一、某县综合执法局是否具备对本县文化市场进行监督检查的执法主体资格。

行政执法主体资格是行政执法主体实施具体行政行为合法的必要条件，其构成要件主要有组织要件和法律要件两个方面。

（一）组织要件

1. 行政执法机关的成立必须获得有权力机关的批准。

2. 行政执法机关的组成，必须遵守法律规范。《中华人民共和国地方各级人民代表大会及地方各级人民政府组织法》对地方各级人民政府及其工作部门的组成、人员任免及职责、组织管理等作了明确规定，地方各级执法机关必须遵照执行。

3. 有法定编制并按编制配备了人员。行政执法活动必须由行政执法人员实施，否则不具有行政执法主体资格。

4. 按法定方式公布。公布的内容一般包括：该行政执法机关成立的时间和批准时间，行政执法机关的名称、性质、级别、任务、职权、机关的印章和办公地点等。公布的具体形式，既可以用文件的形式公布，也可以用登报的形式公布。

本案中，从两审法院认定的事实来看，法院对县综合执法局的组织要件予以认可。

（二）法律要件

由于行政行为对行政相对人影响的程度不同，行政行为的法律要件构成也有所不同，行政执法主体在法律、法规、规章明确规定的前提下，可以成为行政征收、行政奖励、行政检查的主体。

《文化市场综合行政执法管理办法》第三条规定："本办法所称综合执法机构包括：（一）经法律、法规授权实施文化市场综合行政执法，对同级人民政府负责的执法机构；（二）接受有关行政部门委托实施文化市场综合行政执法，接受委托机关的指导和监督，对委托机关负责的执法机构。"《中华人民共和国行政处罚法》第十五条规定："行政处罚由具有行政处罚权的行政机关在法定职权范围内实施。"第十六条规定："国务院或者经国务院授权的省、自治区、直辖市人民政府可以决定一个行政机关行使有关行政机关的行政处罚权，但限制人身自由的行政处罚权只能由公安机关行使。"《中华人民共和国行政许可法》第二十二条规定："行政许可由具有行政许可权的行政机关在其法定职权范围内实施。"第二十三条规定："法律、法规授权的具有管理公共事务职能的组织，在法定授权范围内，以自己的名义实施行政许可。被授权的组织适用本法有关行政机关的规定。"

本案中，县综合执法局对杨某实施的一系列行为，可以概括为两种性质：第一，县综合执法局前往杨某家中调查是否存在无证经营网吧的行为，是依法对行政相对方是否遵守法律进行的督促检查行为，属于行政检查；第二，县综合执法局对杨某的 2 台电脑进行扣押，是为了防止证据损毁、控制不法损害扩大，而依法对公民的财物实施暂时性控制的行为，属于采取行政强制措施。

《文化市场综合行政执法管理办法》作为文化部颁布的部门规章，已经对文化市场综合行政执法机构实施行政检查进行了授权。该办法第二十三条规定："在调查或者执法检查中，发现正在发生的违法违规行为，情况紧急无法立案的，执法人员可以采取以下措施：（一）对违法行为予以制止或者纠正；（二）依据相关法律法规规定，对有关物品、工具进行查封或者扣押;（三）收集、提取有关证据。"因此，本案中县文化市场综合行政执法局有权对杨某是否存在违反文化市场的规定进行调查、取证。

《互联网上网服务营业场所管理条例》第二十七条规定："违反本条例的规定，擅自从事互联网上网服务经营活动的，由文化行政部门或者由文化行政部门会同公安机关依法予以取缔，查封其从事违法经营活动的场所，扣押从事违法经营活动的专用工具、设备；触犯刑律的，依照刑法关于非法经营罪的规定，依法追究刑事责任；尚不够刑事处罚的，由文化行政部门没收违法所得及其从事违法经营活动的专用工具、设备；违法经营额 1 万元以上的，并处违法经营额 5 倍以上 10 倍以下的罚款；违法经营额不足 1 万元的，并处 1 万元以上 5 万元以下的罚款。"上述法规已经授权文化行政部门可以对杨某这种擅自从事互联网上网服务经营活动的行为依法取缔，也授权了文化行政部门可以扣押从事违法经营的专用工具、设备。故本案中县综合执法局依法具备行政强制执法主体资格。

二、县综合执法局超期扣押电脑的行为是否违法。

《文化市场综合行政执法管理办法》第二十五条规定："对先行登记保存的证据，应当在 7 日内作出下列处理决定：（一）需要进行技术检验或者鉴定的，送交检验或者鉴定；（二）依法不需要没收的物品，退还当事人；（三）依法应当移交有关部门处理的，移交有关部门。法律法规另有规定的，从其规定。"

依据《互联网上网服务营业场所管理条例》第二十七条，杨某在本案中擅自从事互联网上网服务经营活动，应当由文化行政部门或者文化行政部门会同公安机关依法予以取缔。因此，县综合执法局应当在法定期限内对被保存的两台电脑进行处理，或者退还给行政相对人。法院据此判决县综合执法局将所扣押的两台电脑退还给杨某符合法律规定。

法律建议

由于我国文化领域实行分业管理，因此目前的行政法规所规定的文化执法主体也不同，比如《音像制品管理条例》规定音像制品的出版、制作和复制的监督管理工作由县级以上地方人民政府负责出版管理的行政部门负责。《互联网上网服务营业场所管理条例》则规定了负责互联网上网服务营业场所经营单位的监督管理县级以上人民政府文化行政部门，同时公安机关、工商行政管理部门也各自负有监督管理责任。实践中，有些地方实行文化综合执法体制，行政相对人对此应加以注意。

特别提示

《文化市场综合行政执法管理办法 》

第二十三条规定 :“在调查或者执法检查中，发现正在发生的违法违规行为，情况紧急无法立案的，执法人员可以采取以下措施 :(一) 对违法行为予以制止或者纠正;(二) 依据相关法律法规规定，对有关物品、工具进行查封或者扣押;(三) 收集、提取有关证据。”

第三十七条规定 :“在执法过程中有下列情形之一的，应当予以纠正或者撤销行政处罚，损害当事人合法权益的，应当依法给予赔偿 :(一) 执法主体不合法的;(二) 执法程序违法的;(三) 具体行政行为适用法律、法规、规章错误的;(四) 违法处置罚没或者扣押财物的。”

《最高人民法院关于审理行政赔偿案件若干问题的规定》

第三十三条规定 :“被告的具体行政行为违法但尚未对原告合法权益造成损害的，或者原告的请求没有事实根据或法律根据的，人民法院应当判决驳回原告的赔偿请求。”

4. 行政处罚的证据

——某网吧与某文化局行政处罚纠纷案

基本案情

2002 年某文化局向某网吧颁发了《网络文化经营许可证》。2013 年 2 月 25 日，某公安局向某文化局发送了《关于建议吊销某网吧〈网络文化经营许可证〉的函》，并附送了某公安局对某网吧处罚卷宗及相关文件。卷宗及文件载明，自 2006 年 9 月 4 日至 2013 年 2 月 23 日，某网吧多次违反监管规定，未按规定核对、登记上网消费者有效证件和记录有关上网信息。2013 年 3 月 5 日，某文化局立案受理此案。2013 年 3 月 11 日，某文化局询问了某网吧的法定代表人林某，对上述公安机关移送的卷宗及文件内容进行了核实，并制作了《调查询问笔录》。

2013 年 3 月 13 日，某文化局向某网吧发出《行政处罚事先告知书》，告知了拟对某网吧吊销《网络文化经营许可证》的处罚内容以及陈述、申请听证的权利。某网吧未向某文化局申请听证。2013 年 4 月 2 日，某文化局作出《行政处罚决定书》，吊销了某网吧《网络文化经营许可证》。

某网吧遂于 2014 年 1 月 27 日向法院提起行政诉讼，请求撤销某文化局作出的行政处罚决定书。

一审法院审理后认为：一、某文化局作为文化行政部门对互联网上网服务营业场所经营活动享有行政监管职权，行政执法主体适格。二、公安机关依据其职权将核查到“某网吧”未按规定核对、登记上网消费者的有效身份证证件或者记录有关上网信息的处罚证据材料，移交享有“吊销许可证”职权的某文化局，并通过“建议函”表明自己的意见，不为法律所禁止。三、《互联网上网服务营业场所管理条例》第三十一条第三项规定："互联网上网服务营业场所经营单位未按规定核对、登记上网消费者的有效身份证证件或者记录有关上网信息，情节严重的，可由文化行政部门吊销《网络文化经营许可证》。"据此，一审法院依照《中华人民共和国行政诉讼法》第五十四条第（一）项的规定，判决维持某文化局作出的行政处罚决定。

某网吧提起上诉称：一、某文化局对某网吧作出行政处罚的事实依据，均来自第三人某公安局，某文化局依据公安局"移交"的证据实施行政处罚，没有法律依据，违反法律的禁止性规定。二、《中华人民共和国行政处罚法》第十五条规定："行政处罚由具有行政处罚权的行政机关在法定职权范围内实施。"行政处罚包括行政检查、调查取证、告知、送达处罚决定书这几个组成部分，在实施时，必须做到主体合法，程序合法。而某公安局超越法定职权，违法对某网吧检查、调查取证，其取得的事实证据，均系在主体不合法、程序违法的前提下取得，因此均系非法无效证据，不能作为认定案件事实的依据和作出行政处罚的依据。综上，请求二审法院再次公开开庭审理，撤销原判并依法改判；由某文化局承担一、二审诉讼费用。

二审法院认为：某文化局于2013年4月2日作出的《行政处罚决定书》合法。一、某公安局移交的证据表明，某网吧自2006年9月至2012年6月多次未按规定核对、登记上网消费者有效身份证件和记录有关上网信息，经某文化局调查核实，某网吧对上述事实不持异议，其实施了违反网络经营管理行为的证据确凿。二、行政机关可以根据经核实的非本机关取得的证据作出行政处罚。《中华人民共和国行政处罚法》第十五条规定："行政处罚由具有行政处罚权的行政机关在法定职权范围内实施。"但是，针对违法的客观事实，法律并无规定必须是行政机关自行取得的证据才能作为依据，投诉人的举报，案外人主动递交的证人证言，其他机关移送的证据，以及其他行政机关、司法机关生效法律文书认定的事实等，经过具有行政处罚权的行政机关核实，都可以作为定案的依据。因此，某网吧称某文化局对经过核实的其他机关移交的证据以及其他生效文书认定的事实不能作为证据使用等，理由不充分。

综上，二审法院判决驳回某网吧的上诉请求。

裁判解析

本案的焦点问题有以下两点：

一、某公安局主动将调查的证据材料移交给某文化局是否符合法律规定。

《中华人民共和国治安管理处罚法》第九十五条第（四）项规定："治安案件调查结束后，公安机关应当根据不同情况，分别作出以下处理……（四）发现违反治安管理行为人有其他违法行为的，在对违反治安管理行为作出处罚决定的同时，通知有关行政主管部门处理。"《公安机关办理行政案件程序规定》第一百四十七条规定："公安机关根据行政案件的不同情况分别作出下列处理决定：……（七）发现违法行为人有其他违法行为的，在依法作出行政处理决定的同时，通知有关行政主管部门处理。"上述规定，明确了公安机关发现违反治安管理行为人有其他违法行为时，享有通知有关行政主管部门处理的权利。

本案中，某市公安局某分局在对某网吧的行为作出处罚时，发现某网吧的违法行为情节严重，建议具有颁发和吊销《网络文化经营许可证》的文化行政部门作出行政处罚，某文化局接到公安机关移送的材料后，经核实对某网吧作出行政处罚，不是违反程序的行为。因此，某网吧认为公安机关只能按照《公安机关办理行政案件程序规定》第四十七条第（一）项的规定处理，没有移送案件和通知、建议其他有权处理的行政机关对违法行为作出处理的权力，某文化局采用这些证据属于超越职权行为或者违法行为，理由不充分。

二、某文化局能否直接依据某公安局调查得来的证据材料作为依据向行政相对人作出行政处罚。

《中华人民共和国行政处罚法》第十五条规定："行政处罚由具有行政处罚权的行政机关在法定职权范围内实施。"第三十条规定："公民、法人或者其他组织违反行政管理秩序的行为，依法应当给予行政处罚的，行政机关必须查明事实；违法事实不清的，不得给予行政处罚。"第三十六条规定："除本法第三十三条规定的可以当场作出的行政处罚外，行政机关发现公民、法人或者其他组织有依法应当给予行政处罚的行为的，必须全面、客观、公正地调查，收集有关证据；必要时，依照法律、法规的规定，可以进行检查。”

本案中，某文化局接到某公安局移送的证据材料后，并无不加核实直接采用，而是向某网吧负责人进行核实，该负责人对某公安局认定的事实未予否认。且某文化局提供的证据材料反映，某网吧存在多次违法行为，处罚后仍未改正，某文化局认定其情节特别严重，才依此作出“吊销许可证”的行政处罚决定。所以法院判决维持某文化局作出的行政处罚决定是正确的。

法律建议

行政处罚的证据是指经过查证属实的、能够证明案件事实的文字、符号、标记、图像、声音及其载体、实物和其他材料。证据的三大基本特征是客观性、关联性和合法性。未经查证属实的各种证据形式是证据资料或者证据材料，可能是虚假的，当然不能直接作为定案的依据。

特别提示

《文化市场行政处罚自由裁量权适用办法（试行）》

第十四条规定：“当事人有下列情形之一的，应当依法从重处罚：（一）在共同实施的文化市场违法行为中起主要作用或者教唆、胁迫、诱骗他人实施文化市违法行为的；（二）经国家机关通过新闻媒体、发布公告等方式专门禁止或者告诫后，继续实施文化市场违法行为的；（三）经执法部门责令改正文化市场违法行为后，继续实施同一违法行为的；（四）因同种文化市场违法行为一年内受到二次行政处罚，再次被执法部门查处的；（五）隐匿、破坏、销毁、篡改有关证据，或者阻碍、以暴力威胁执法人员依法执行职务的；（六）对证人、举报人或者执法人员打击报复的；（七）文化市场违法行为引起群众强烈反映或者引发群体性事件的；（八）扰乱公共秩序、妨害公共安全和社会管理，情节严重、尚未构成犯罪的；（九）法律、法规和规章规定的其他情形。”

《公安机关办理行政案件程序规定》

第四十七条规定："公安机关对报案、控告、举报、群众扭送或者违法嫌疑人投案，以及其他行政主管部门、司法机关移送的案件，应当及时受理，制作受案登记表，并分别作出以下处理：(一) 对属于本单位管辖范围内的事项，应当及时调查处理；(二) 对属于公安机关职责范围，但不属于本单位管辖的，应当在受理后的二十四小时内移送有管辖权的单位处理，并告知报案人、控告人、举报人、扭送人、投案人；(三) 对不属于公安机关职责范围内的事项，书面告知报案人、控告人、举报人、扭送人、投案人向其他有关主管机关报案或者投案。公安机关接受案件时，应当制作受案回执单一式二份，一份交报案人、控告人、举报人、扭送人，一份附卷。公安机关及其人民警察在日常执法执勤中发现的违法行为，适用第一款的规定。"

5. 未经许可非法演出的行政处罚

——李某、李某某与某县文化广播电影电视局文化行政处罚纠纷案

基本案情

2011 年 6 月 15 日，原告李某，李某某带领其演出团队以某市豫剧团的名义在西关进行营业性演出，某县文化广播电影电视局接到举报后，到现场进行调查。调查过程中双方发生争执，随即报警，某县公安局某镇派出所民警出警进行协调。某县文化广播电影电视局最终于 2011 年 7 月 1 日作出了文化行政处罚决定书，并以邮寄的方式向当事人李某、李某某进行送达，由于邮局工作人员失误导致交邮时间出现了错误。当事人李某、李某某不服某县文化广播电影电视局作出的行政处罚决定，起诉至一审法院。

一审法院审理查明，某县文化广播电影电视局作出被诉具体行政行为，事实清楚，程序合法，适用法律、法规正确，依据《中华人民共和国行政诉讼法》第五十四条第（一）项之规定，判决如下：维持某县文化广播电影电视局于 2011 年 7 月 1 日作出的文化行政处罚决定书。另查明，某市豫剧团法定代表人为杨某某，李某、李某某冒用其名号，与某市豫剧团毫无关系。案件受理费 50 元，由李某、李某某承担。

原告李某、李某某不服一审判决，向上级法院提起上诉称：某县文化广播电影电视局做出的文化行政处罚决定书认定事实不清，处罚程序多处违法。首先，某县文化广播电影电视局文化行政处罚决定书认定上诉人非法演出九场，违法收入九千元，没有任何证据支持。其次，某县文化广播电影电视局执法人员在调查取证时，未向上诉人出示执法证，其行为违反了《中华人民共和国行政处罚法》

第三十七条第一款的规定，即“行政机关在调查或者进行检查时，执法人员不得少于两人，并应当向当事人或者有关人员出示证件。当事人或者有关人员应当如实回答询问，并协助调查或者检查，不得阻挠。询问或者检查应当制作笔录。”第三，某县文化广播电影电视局文化行政处罚决定书作出前，未告知上诉人享有陈述、申辩权，违反了《中华人民共和国行政处罚法》第三十二条第一款的规定，即“当事人有权进行陈述和申辩。行政机关必须充分听取当事人的意见，对当事人提出的事实、理由和证据，应当进行复核；当事人提出的事实、理由或者证据成立的，行政机关应当采纳”。最后，某县文化广播电影电视局文化行政处罚决定书是2011年7月1日作出的，而邮寄送达交邮的时间是2011年6月30日，其程序严重违法。某县人民法院滥用司法调查取证权，为证明被上诉人行政行为的合法性到某县邮政局调查取证，该行为违反相关法律规定。综上，某县人民法院的判决，认定事实不清，审理程序违法，请某市中级人民法院查清事实，依法撤销某县人民法院的行政判决，改判撤销某县文化广播电影电视局文化行政处罚决定书或发回重审；并由被上诉人承担本案一审、二审诉讼费。某县文化广播电影电视局则答辩称：一审认定事实清楚，判决正确，应予维持。

二审法院另查明，李某、李某某陈述其在西关演出三天（共九场），收取演出费用9000余元；2011年6月15日，县文化广播电影电视局已经向李某、李某某送达文化行政处罚告知书，告知其可以提出听证申请。

基于一审、二审法院查明的事实，二审法院认为，原审判决认定事实基本清楚，适用法律、法规正确，故依照《中华人民共和国行政诉讼法》第六十一条第（一）项之规定，判决驳回上诉，维持原判。二审案件受理费50元，由上诉人李某、李某某承担。

裁判解析

本案争议的焦点有以下三点：

一、某县文化广播电影电视局对李某、李某某的演出是否享有监督管理权。

行政处罚，是指具有行政处罚权的行政主体为维护公共利益和社会秩序，保护公民、法人或者其他组织的合法权益，依法对行政相对人违反行政法律法规而尚未构成犯罪的行政行为所实施的法律制裁，包括人身罚、行为罚、申诫罚、财产罚。行使行政处罚的主体主要有具有行政处罚权的行政机关，根据行政管理的需要，法律法规授权的组织，行政机关委托的具有管理公共事务职能的组织。

某县文化广播电影电视局作为县级人民政府文化主管部门，根据《营业性演出管理条例》的相关规定，基于法定职责，依法享有对该辖区内营业性演出进行监督管理的职权。本案中，上诉人李某、李某某擅自以某市豫剧团的名义，未经主管部门批准即举行营业性演出，属于明显违法的行为，应该受到应有的行政处罚，一审据此维持某县文化广播电影电视局文化行政处罚决定并无不当，二审法院予以维持的判决合法合理。

二、某县文化广播电影电视局的行政处罚程序是否违法。

本案中李某和李某某认为，某县文化广播电影电视局的行政处罚程序有三点瑕疵：第一，某县文化广播电影电视局执法人员在调查取证时，未向上诉人出示执法证，其行为违反了《中华人民共和国行政处罚法》第三十七条第一款之规定。第二，某县文化广播电影电视局文化行政处罚决定书作出前，未告知上诉人享有陈述、申辩权，违反了《中华人民共和国行政处罚法》第三十二条第一款之规定。第三，某县文化广播电影电视局文化行政处罚决定书是 2011 年 7 月 1 日作出的，而邮寄送达交邮的时间是 2011 年 6 月 30 日，其程序是严重违法的。

然而两级法院查明的事实是：第一，某县文化广播电影电视局在作出处罚决定前已告知上诉人可以提出听证申请，因此某县文化广播电影电视局尽到了告知义务。第二，2011 年 6 月 15 日某县文化广播电影电视局向李某、李某某送达文化行政处罚告知书，告知其可以提出听证申请。所以该县文化广播电影电视局作出行政处罚决定的程序合法。第三，上诉人提出被上诉人向其邮寄送达行政处罚决定回执所显示时间的问题，经查证系邮局工作人员失误造成，且未对上诉人的合法权利造成实质性侵害。

综上，本案中李某、李某某认为某县文化广播电影电视局在作出行政处罚决定前，未告知其享有陈述、申辩权，且行政处罚决定书交邮时间错误导致程序严重违法的上诉理由没有事实和法律依据。

三、演出所得如何确定。

本案中，李某和李某某上诉称某县文化广播电影电视局文化行政处罚决定书认定上诉人非法演出九场，违法收入 9000 元，没有任何证据支持，但上诉人李某，李某某在二审审理时陈述其在西关演出三天（共九场），收取演出费用 9000 余元。某县文化广播电影电视局根据李某的陈述以及实际情况做出文化行政处罚决定并无不当。《营业性演出管理条例实施细则》第五十五条规定："违反本实施细则第三十条规定，未经批准，擅自出售演出门票的，由县级文化主管部门责令停止违法活动，并处 3 万元以下罚款。"据此，两级法院认为某县文化广播电影电视局作出被诉具体行政行为，事实清楚，程序合法，适用法律、法规正确，故判决维持文化行政处罚决定符合法律规定。

法律建议

行政处罚法的制定实施，对于规范行政机关依法行政，改进和提高行政管理工作，维护社会秩序和公共利益，加强廉政建设，克服官僚主义，消除腐败，保护公民的合法权益，具有促进作用。实践中，要注意三点。一是行政处罚的种类，我国《行政处罚法》规定的处罚的种类有七种：（一）警告，（二）罚款，（三）没收违法所得、没收非法财物，（四）责令停产停业，（五）暂扣或者吊销许可证、暂扣或者吊销执照，（六）行政拘留，（七）法律、行政法规规定的其他行政处罚。二是行政处罚的适用条件：首先是必须已经实施了违法行为，且该违法行为违反了行政法律规范；其次是行政相对人具有责任能力；再次是行政相对人的行为依法应当受到处罚；最后是违法行为未超过追究时效。三是不服行政处罚的救济，目前我国行政处罚的救济方式有：要求举行听证、申请复议、向法院起诉、申请行政赔偿等。

特别提示

《营业性演出管理条例》

第十条规定："以从事营业性演出为职业的个体演员（以下简称个体演员）和以从事营业性演出的居间、代理活动为职业的个体演出经纪人（以下简称个体演出经纪人），应当依法到工商行政管理部门办理注册登记，领取营业执照。个体演员、个体演出经纪人应当自领取营业执照之日起20日内向所在地县级人民政府文化主管部门备案。"

《营业性演出管理条例实施细则》

第十八条规定："申请举办营业性演出，应当在演出日期3日前将申请材料提交负责审批的文化主管部门。申请举办营业性涉外或者涉港澳台演出，应当在演出日期20日前将申请材料提交负责审批的文化主管部门。"

第三十条规定："营业性演出活动经批准后方可出售门票。"

第五十条规定："违反本实施细则第二十四条规定，非演出场所经营单位擅自举办演出的，由县级文化主管部门依照《条例》第四十三条规定给予处罚。"

第五十五条规定："违反本实施细则第三十条规定，未经批准，擅自出售演出门票的，由县级文化主管部门责令停止违法活动，并处3万元以下罚款。"

6. 行政赔偿的适用条件

——严某等与某区文体局文化行政处罚及行政赔偿纠纷案

基本案情

2013 年 12 月 14 日，某市文化执法支队对某区的网络经营场所进行检查。在鑫鑫网络会所检查时，发现该会所涉嫌接纳四名未成年人上网，遂以该会所涉嫌违反《互联网上网服务营业场所管理条例》的有关规定为由对该会所的服务器两台予以登记保存。2013 年 12 月 17 日某市文化执法支队决定立案调查，向鑫鑫网络会所送达了《某市文化市场综合执法立案通知书》，并分别对四名未成年人进行了询问，制作了调查询问笔录。2014 年 1 月 10 日某市文化执法支队将案件交于某市某区文化市场综合执法大队督办处理。2014 年 4 月 1 日某区文体局向鑫鑫网络会所送达了《行政处罚事先告知书》，告知了拟对其作出的行政处罚及相关权利，由该会所法定代表人任某签收，任某于当日向某区文体局递交了放弃听证申请书。该会所实际经营者严某、李甲、李乙三人于 2014 年 4 月 4 日通过邮寄的方式向某区文体局递交了加盖“某市某区鑫鑫网络会所”印章的听证申请书。因鑫鑫网络会所接纳未成年人上网消费的行为违反《互联网上网服务营业场所管理条例》第二十一条第一款之规定，构成接纳未成年人的违规行为，某区文体局于 2014 年 4 月 4 日对鑫鑫网络会所作出责令停业整顿 30 日的行政处罚决定，并于当日送达了该行政处罚决定书，由任某签收。

2014 年 4 月 25 日，严某、李甲、李乙向某法院提起行政诉讼，请求认定某区文体局作出的具体行政行为无效并予以撤销，判令某区文体局立即停止其违法行为的执行，某区文体局赔偿 45 万元。

一审法院审理查明，第三人鑫鑫网络会所系个人独资企业，登记的投资人系任某，网络文化经营许可证登记的负责人系任某。严某等三人提交的其与任某签订的股份转让协议、会议记录、收条、任某出具的法定代表人变更申请书和委托书以及严某等三人共同投资合伙经营网吧的协议等证据可认定严某等系鑫鑫网络会所的实际经营者，因此严某等三人与某区文体局作出的行政处罚决定具有法律上的利害关系。

一审法院认为:根据国务院《互联网上网服务营业场所管理条例》第四条“县级以上人民政府文化行政部门负责互联网上网服务营业场所经营单位的设立审批，并负责对依法设立的互联网上网服务营业场所经营单位经营活动的监督管理”的规定，某区文体局具有进行行政处罚的法定职责。某区文体局对该会所作出的行政处罚决定，事实清楚，证据确凿。遂判决：驳回严某、李甲、李乙的诉讼请求。案件受理费 50 元由严某、李甲、李乙承担。

原告严某等三人不服一审判决，遂上诉。请求撤销原判，发回重审或认定某区文体局行政行为违法并依法撤销其对该会所作出的行政处罚决定，损失由被上诉人赔偿。

二审中，三上诉人向法院提供了《民事调解书》，拟证明任某与鑫鑫会所无任何关系，三上诉人是鑫鑫会所的财产所有人，是本案适格当事人。该《民事调解书》已发生法律效力。二审法院查明，第三人鑫鑫网络会所工商营业执照登记的投资人及网络文化经营许可证的法定代表人仍为任某。

二审法院认为，依照《互联网上网服务营业场所管理条例》第四条的规定，某区文体局具有对鑫鑫网络会所进行监督管理的法定职责。依照《中华人民共和国国家赔偿法》第四条之规定，取得行政赔偿的前提条件是具体行政行为违法，因某区文体局作出的行政处罚决定合法，因此严某等诉请要求某区文体局行政赔偿不予支持。一审法院判决驳回严某等三上诉人的行政赔偿诉讼请求正确。综上，判决驳回上诉，维持原判。

裁判解析

本案的争议焦点有以下两点：

一、行政处罚的相对人是否适格。

《中华人民共和国行政处罚法》第三条规定："公民、法人或者其他组织违反行政管理秩序的行为，应当给予行政处罚的，依照本法由法律、法规或者规章规定，并由行政机关依照本法规定的程序实施。"据此，可以被处罚主体包括公民、法人其他组织。《互联网上网服务营业场所管理条例》第八条第一款规定："互联网上网服务营业场所经营单位从事互联网服务经营活动，应当具备下列条件：（一）有企业的名称、住所、组织机构和章程。"因此，设立互联网上网服务营业场所经营单位，应当采用"企业"而非"个体"的组织形式设立。

本案中，第三人鑫鑫网络会所的确系个人独资企业，登记的投资人系任某。网络文化经营许可证登记的负责人也是任某。个人独资企业是指依据《中华人民共和国个人独资企业法》在中国境内设立的，由一个自然人投资，财产为投资人个人所有，投资人以其个人财产对企业债务承担无限责任的经营实体。个人独资企业属于非法人组织，可将其划入被处罚主体中的非法人其他组织的范畴。鑫鑫网络会所就属于"非法人组织"。

《互联网上网服务营业场所管理条例》第四条规定："县级以上人民政府文化行政部门负责互联网上网服务营业场所经营单位的设立审批，并负责对依法设立的互联网上网服务营业场所经营单位经营活动的监督管理……"据此，某区文体局具有进行行政处罚的法定职责。当个人独资企业作为行政处罚的相对人时，应当以企业名称作为行政处罚相对人名称，后面可用括号注明负责人。所以，某区文体局对某网络会所作出的行政处罚决定事实清楚，证据确凿，一审、二审法院认定某区文体局作出的行政处罚决定符合法律规定。

二、严某等诉请要求某区文体局行政赔偿是否正确。

行政赔偿是指行政机关及其工作人员违法行使行政职权侵犯公民、法人和其他组织的合法权益造成损害的，行政机关作为赔偿义务机关应当给予赔偿。

《中华人民共和国国家赔偿法》第二条规定："国家机关和国家机关工作人员

行使职权，有本法规定的侵犯公民、法人和其他组织合法权益的情形，造成损害的，受害人有依照本法取得国家赔偿的权利。本法规定的赔偿义务机关，应当依照本法及时履行赔偿义务。”据此，行政赔偿责任的构成要件由行政主体、行政违法行为、损害后果和因果关系四个部分构成。所谓行政主体是指行使职权的行政机关及其工作人员。所谓职务违法行为是指违法行使职权的行为。它是行政赔偿责任中最根本的构成要件。确立行政赔偿责任的目的在于对受害人受到的损害进行赔偿。因此，损害的发生是行政赔偿责任产生的前提。损害包括人身损害与财产损害、物质损害与精神损害、直接损害与间接损害。因果关系是连接违法行为与损害后果的纽带，是责任主体对损害后果承担赔偿责任的基础与前提。一般是指行为与结果间存在着逻辑上的直接关系。

《中华人民共和国国家赔偿法》第四条第一款规定：“行政机关及其工作人员在行使行政职权时有下列侵犯财产权情形之一的，受害人有取得赔偿的权利：(一)违法实施罚款、吊销许可证和执照、责令停产停业、没收财物等行政处罚的。”最高人民法院《关于审理行政赔偿案件若干问题的规定》第三十三条规定：“被告的具体行政行为违法但尚未对原告合法权益造成损害的，或者原告的请求没有事实根据或法律根据的，人民法院应当判决驳回原告的赔偿请求。”

本案中，某区文体局出具了行政处罚事先告知书，并告知了申请听证的期限、程序等内容。鑫鑫网络会所投资人任某明确表示放弃听证，该会所在接受行政处罚时，工商登记的投资人为任某，网络文化经营许可证的法定代表人亦为任某，拟处罚的对象是鑫鑫网络会所，因此，严某等在任某已经明确放弃听证的情况下再次以该会所名义申请听证没有事实和法律依据。而取得行政赔偿的前提条件是具体行政行为违法，某区文体局作出的行政处罚决定并未被确认违法。因此在某区文体局作出的行政处罚决定并没有程序瑕疵、也不存在违法情形的情况下，严某等诉请要求某区文体局行政赔偿没有法律依据，法院判决无误。

法律建议

实践中，应依据《中华人民共和国国家赔偿法》的规定，请求国家赔偿。根据法律规定，我国国家赔偿的范围包括：行政机关及其工作人员在行使行政职权时有下列侵犯人身权情形之一的，受害人有取得赔偿的权利：(一)违法拘留或者违法采取限制公民人身自由的行政强制措施的；(二)非法拘禁或者以其他方法非法剥夺公民人身自由的；(三)以殴打、虐待等行为或者唆使、放纵他人以殴打、虐待等行为造成公民身体伤害或者死亡的；(四)违法使用武器、警械造成公民身体伤害或者死亡的；(五)造成公民身体伤害或者死亡的其他违法行为。此外，行政机关及其工作人员在行使行政职权时有下列侵犯财产权情形之一的，受害人也有取得赔偿的权利：(一)违法实施罚款、吊销许可证和执照、责令停产停业、没收财物等行政处罚的；(二)违法对财产采取查封、扣押、冻结等行政强制措施的；(三)违法征收、征用财产的；(四)造成财产损害的其他违法行为。还应注意，属于下列情形之一的，国家不承担赔偿责任：(一)行政机关工作人员与行使职权无关的个人行为；(二)因公民、法人和其他组织自己的行为致使损害发生的；(三)法律规定的其他情形。

特别提示

《中华人民共和国国家赔偿法》第三十六条规定："侵犯公民、法人和其他组织的财产权造成损害的，按照下列规定处理：(一)处罚款、罚金、追缴、没收财产或者违法征收、征用财产的，返还财产；(二)查封、扣押、冻结财产的，解除对财产的查封、扣押、冻结，造成财产损坏或者灭失的，依照本条第三项、第四项的规定赔偿；(三)应当返还的财产损坏的，能够恢复原状的恢复原状，不能恢复原状的，按照损害程度给付相应的赔偿金；(四)应当返还的财产灭失的，给付相应的赔偿金；(五)财产已经拍卖或者变卖的，给付拍卖或者变卖所得的价款；变卖的价款明显低于财产价值的，应当支付相应的赔偿金；(六)吊销许可证和执照、责令停产停业的，赔偿停产停业期间必要的经常性费用开支；(七)返还执行的罚款或者罚金、追缴或者没收的金钱，解除冻结的存款或者汇款的，应当支付银行同期存款利息；(八)对财产权造成其他损害的，按照直接损失给予赔偿。"

《最高人民法院关于民事、行政诉讼中司法赔偿若干问题的解释》第十二条规定:“国家赔偿法第二十八条第(七)项规定的直接损失包括下列情形:(一)保全、执行过程中造成财物灭失、毁损、霉变、腐烂等损坏的;(二)违法使用保全、执行的财物造成损坏的;(三)保全的财产系国家批准的金融机构贷款的,当事人应支付的该贷款借贷状态下的贷款利息。执行上述款项的,贷款本金及当事人应支付的该贷款借贷状态下的贷款利息;(四)保全、执行造成停产停业的,停产停业期间的职工工资、税金、水电费等必要的经常性费用;(五)法律规定的其他直接损失。”

《最高人民法院关于审理行政赔偿案件若干问题的规定》第三十三条规定:“被告的具体行政行为违法但尚未对原告合法权益造成损害的,或者原告的请求没有事实根据或法律根据的,人民法院应当判决驳回原告的赔偿请求。”

《文化市场综合行政执法管理办法》第十三条规定:“综合执法机构应当建立健全 12318 文化市场举报体系,向社会公布举报方式,依法及时有效受理、办理举报,对举报有功人员可给予一定奖励。对日常巡查或者定期检查中发现的违法行为,公民、法人及其他组织举报的违法行为,上级交办的、下级报请处理的或者有关部门移送的案件,应当及时处理。”

7. 商标近似和类似商品的认定

——某电视台与某商标评审委员会商标驳回复审行政纠纷案

基本案情

2005 年 7 月 5 日，某信息技术有限公司向国家工商行政管理总局商标局（以下简称“商标局”）提出“引证商标”（中文文字由“酷卡”构成）的注册申请，指定使用在国际分类第 16 类的卡片、索引卡片（文具）、说明书、图画、照片、姓名地址印写机、门牌机用门牌板等商品上。2005 年 9 月 19 日，某电视台向商标局提出“申请商标”（中文文字由“卡酷”构成）的注册申请，指定使用在国际分类第 16 类的纸或纤维素制婴儿尿布（一次性）、卷笔刀、书写工具、文具胶布、绘画材料、教学教具、纸手帕、复写纸、建筑模型、文具等商品上。2008 年 12 月 1 日，商标局根据《中华人民共和国商标法》第二十七条、第二十八条及《中华人民共和国商标法实施条例》第二十一条的规定，驳回“申请商标”在文具上的注册申请。某电视台不服，于 2008 年 12 月 19 日向商标评审委员会提出复审申请。2010 年 6 月 28 日，商标评审委员会作出《关于第某号“卡酷”商标驳回复审决定书》，依据《中华人民共和国商标法》第二十八条的规定，决定对指定使用在复审商品上的“申请商标”予以驳回。某电视台不服该决定，向某市中级人民法院提起行政诉讼。

一审法院认为，“引证商标”指定使用的商品为卡片、索引卡片（文具）等商品，“申请商标”被商标局决定驳回申请的商品为文具。“引证商标”核定使用的索引卡片系文具的具体一种，故其与“申请商标”指定使用的文具在功能、用途、销售渠道等方面具有较大的重合性，二者构成类似商品。故指定使用在“文具”商品上的“申请商标”与“引证商标”构成类似商品上的近似商标。商标评审委员会作出的决定认定事实清楚，适用法律正确，依法应予维持。遂判决维持商标评审委员会决定。某电视台不服一审判决，向某省高级人民法院提起上诉。

某电视台上诉称：一、“申请商标”与“引证商标”指定使用商品属于不同类似群，且指定使用的产品在功能、用途、消费对象等方面有较大差异，不构成类似商品。二、“申请商标”与“引证商标”在申请时已经确定了各自固定的呼叫方式，不会存在两种认读顺序，且“申请商标”文字的书写方式具有较强的显著性和独创性。三、卡酷不仅代表着某电视台卡酷动画卫视，也是某卡酷动画所推出的各种卡通品牌的母品牌，随着某卡酷动画卫视的发展，卡酷商标已经具有极高知名度。卡酷商标使用在文具类商品上，已经被消费者熟知和认可。

二审法院经审理认为：在本案诉讼过程中，上诉人某电视台提交的涉及卡酷动画卫视及卡酷形象商品宣传情况的相关证据不能证明“申请商标”在指定商品上的使用，更不能证明“申请商标”在指定商品上具有较高知名度，且上述证据均产生于“申请商标”的申请日之后。据此，法院对上诉人某电视台在诉讼过程中提交的证据不予采纳，对其相关上诉理由不予支持。商标评审委员会决定和一审判决认定事实清楚，适用法律正确，程序合法，法院予以维持。上诉人某电视台的上诉请求及其理由均缺乏依据，法院不予支持。依照1990年10月1日施行的《中华人民共和国行政诉讼法》第六十一条第（一）项之规定，判决驳回上诉，维持原判。

裁判解析

本案的争议焦点是在商标注册行政纠纷中如何判定商标近似和类似商品。

根据商标法理论，商标是识别和区分商品来源的标记。从本质意义上讲，商标是包含三个要素的结构，即标志、商品及标志对商品来源的识别能力，缺乏任何一个要素均不构成商标。保护商标专用权，可以促使生产、经营者保证商品和服务质量，维护商标信誉，保障消费者和生产、经营者的利益，促进社会主义市场经济的发展。

2001 年修正的《中华人民共和国商标法》第二十八条规定:“申请注册的商标,凡不符合本法有关规定或者同他人在同一种商品或者类似商品上已经注册的或者初步审定的商标相同或者近似的,由商标局驳回申请,不予公告。”第五十二条规定:“有下列行为之一的,均属侵犯注册商标专用权:……(二)未经商标注册人的许可,在同一种商品上使用与其注册商标近似的商标,或者在类似商品上使用与其注册商标相同或者近似的商标,容易导致混淆的……”根据上述法律规定,我国《商标法》第二十八条将商标近似、类似商品作为商标确权的判定标准,第五十二条将商标近似、类似商品作为商标侵权的判定标准。

何谓商标近似?《最高人民法院关于审理商标民事纠纷案件适用法律若干问题的解释》第九条规定:“商标法第五十二条第(一)项规定的商标近似,是指被控侵权的商标与原告的注册商标相比较,其文字、读音、含义或者图形的构图及色彩,或者其各要素组合后的整体结构相似,或者其立体形状、颜色组合近似,容易使相关公众对商品的来源产生误认,或者认为其来源与原告注册商标的商品有特定的联系。”根据国家工商行政管理总局《商标审查标准》的规定,商标近似指的是商标文字的字形和读音、含义近似,商标图形的构图和着色、外观近似,或者文字与图形组合的整体排列组合方式和外观近似,立体商标的三维标志的形状和外观近似,颜色商标的颜色或者颜色组合近似,使用在同一种或者类似商品或者服务上易使相关公众对商品或者服务的来源产生误认。

在司法实践中如何认定商标近似?《最高人民法院关于审理商标民事纠纷案件适用法律若干问题的解释》第十条规定:“人民法院依据商标法第五十二条第(一)项的规定,认定商标相同或者近似按照以下原则进行:(一)以相关公众的一般注意力为审查标准;(二)既要进行对商标的整体比对,又要进行对商标主要部分的比对,比对应当在比对对象隔离的状态下分别进行;(三)判断商标是否近似,应当考虑请求保护注册商标的显著性和知名度。”

本案中,某信息技术有限公司于 2005 年 7 月 5 日申请的“引证商标”由中文文字“酷卡”构成,某电视台于 2005 年 9 月 19 日提出的“申请商标”经由一定艺术化处理的中文文字“卡酷”构成,二者的差别在于文字排列顺序不同及字体存在差异，但由于中文文字的认读顺序确实存在从左至右或从右至左两种方式，在“申请商标”与“引证商标”所含文字内容相同的情况下，相关公众在对“引证商标”和“申请商标”进行识别和记忆时，确有对二者发生混淆、误认的可能性。因此，某电视台的“申请商标”与某信息技术有限公司的“引证商标”已构成使用在同一种或类似商品上的近似商标，2001 年修正的《中华人民共和国商标法》第二十八条规定：“申请注册的商标，凡不符合本法有关规定或者同他人在同一种商品或者类似商品上已经注册的或者初步审定的商标相同或者近似的，由商标局驳回申请，不予公告。”故商标评审委员会驳回申请商标在文具上的注册申请是正确的。

何谓类似商品？《最高人民法院关于审理商标民事纠纷案件适用法律若干问题的解释》第十一条规定：“商标法第五十二条第（一）项规定的类似商品，是指在功能、用途、生产部门、销售渠道、消费对象等方面相同，或者相关公众一般认为其存在特定联系、容易造成混淆的商品。类似服务，是指在服务的目的、内容、方式、对象等方面相同，或者相关公众一般认为存在特定联系、容易造成混淆的服务。商品与服务类似，是指商品和服务之间存在特定联系，容易使相关公众混淆。”在明晰类似商品的概念后，如何认定类似商品呢？《最高人民法院关于审理商标民事纠纷案件适用法律若干问题的解释》第十二条规定：“人民法院依据商标法第五十二条第（一）项的规定，认定商品或者服务是否类似，应当以相关公众对商品或者服务的一般认识综合判断；《商标注册用商品和服务国际分类表》、《类似商品和服务区分表》可以作为判断类似商品或者服务的参考。”

本案中，某信息技术有限公司于 2005 年 7 月 5 日向商标局提出“引证商标”的注册申请，指定使用在国际分类第 16 类的卡片、索引卡片（文具）、说明书、图画、照片、姓名地址印写机、门牌机用门牌板等商品上。某电视台于 2005 年 9 月 19 日向商标局提出“申请商标”的注册申请，指定使用在国际分类第 16 类的纸或纤维素制婴儿尿布（一次性）、卷笔刀、书写工具、文具胶布、绘画材料、教学教具、纸手帕、复写纸、建筑模型、文具等商品上。“申请商标”与“引证商标”指定使用的商品在《类似商品和服务区分表》中均属第 16 类，虽然分属不同的类似群，但“申请商标”指定使用的商品与“引证商标”核定使用的商品在功能、用途、生产部门、销售渠道、消费对象等方面差异不大，相关公众易认为二者之间存在特定联系并造成混淆,故应当认定“申请商标”指定使用的商品与“引证商标”核定使用的商品构成类似商品。

法律建议

实践中，应注意我国商标法规定的被异议人对商标评审委员会的决定不服的，可以自收到通知之日起三十日内向人民法院起诉。

刑事诉讼案例

1. 私自印刷并销售图书

——高某等侵犯著作权案

基本案情

2011年4月，高某以营利为目的，未经享有发行权的某书业公司许可，擅自委托被告人焦某在某印刷公司印刷40种共计23万册图书，并销售给某科技公司。2012年9月14日，经群众匿名举报，民警在某科技公司库房起获46种86969册图书。经鉴定，其中的45种共80939册图书为非法出版物。截至案发，高某已收到货款人民币50万元，且高某已将上述款项支付给焦某。经某市公安局某分局某派出所分别电话通知，高某于2012年9月15日主动投案，焦某于同年9月20日主动投案。本案审理期间，被告人高某、焦某的家属协助其二人分别退缴人民币25万元，共计人民币50万元，扣押在案。

一审法院认为：被告人高某、焦某以营利为目的，未经著作权人许可，复制发行其图书达23万册，情节特别严重，其二人的行为均已构成侵犯著作权罪，应予惩处。由于涉案的人民币50万元系被告人高某、焦某未经著作权人许可复制发行、出版图书并销售给某科技公司所得的货款，其本质系侵犯著作权犯罪行为的违法所得。被告人高某、焦某经民警电话传唤主动到案，并如实供述了自己的罪行，具有自首情节，且鉴于某书业公司与某印刷公司具有委托印刷书籍的合作关系，被告人高某、焦某亦为上述单位的主管人员，系在委托印刷单的范畴外私自加印书籍，与盗印书籍等侵犯著作权行为的社会危害性存在差别，结合被告人的认罪态度、悔罪表现以及在共同犯罪中的作用，一审法院判决：一、被告人高某犯侵犯著作权罪，判处有期徒刑三年，缓刑四年，罚金人民币10万元；二、被告人焦某犯侵犯著作权罪，判处有期徒刑二年六个月，缓刑三年，罚金人民币5万元；三、在案扣押的人民币50万元，发还某书业公司。

某区人民检察院抗诉称：一、原审判决对二原审被告人量刑畸轻，适用缓刑错误。二、涉案的人民币50万元系侵犯著作权罪的违法所得，根据《刑法》第六十四条的规定，应当予以追缴。由于该款项并非某书业公司的合法财产，也不必然是其损失，原审判决将其直接发还某书业公司，属于适用法律错误。三、原审判决关于本案罚金的处理属于适用法律错误，数额过低。

二审审理过程中，原审被告高某、焦某对原审判决认定的事实与罪名并无异议，对某区人民检察院增加的关于罚金的抗诉意见无异议。

二审法院认为：对于某区人民检察院提出的在案扣押的人民币50万元系侵犯著作权行为的违法所得，应当予以追缴，而不应予以发还的抗诉意见，经查，在案证据不能证明某书业公司是涉案图书的合法权利人，因此，原审法院将50万发还某书业公司缺乏事实及法律依据，属于适用法律错误，本院对该点抗诉意见予以支持。经查，仅以一审庭审举证、质证的某书业公司自行出具的《证明》及一份《委托发行合同》，尚不足以证明某书业公司享有涉案图书的发行权。二审阶段，虽然法院依职权调取了25份合同，但由于涉案40种图书由11家出版社出版，上述合同仅涉及5家出版社，故仍不能证明某书业公司有权利行使全部涉案图书的发行权。对于原审法院提出的罚金数额过低的意见，经查，本案中原审法院对原审被告人高某判处罚金50万元，相对于其违法所得属于减轻处罚，而原审法院对其主刑适用的是从轻处罚，二者的判罚力度显然并不一致；此外，原审法院对原审被告人焦某判处罚金5万元亦畸轻，故对二原审被告人罚金数额判处应予增加，对某区人民检察院所提此项抗诉意见予以支持。

二审法院判决：一、撤销一审判决；二、对被告人高某的行为判处有期徒刑三年，缓刑四年，罚金人民币25万元；三、对被告人焦某犯侵犯著作权罪，判处有期徒刑二年六个月，缓刑三年，罚金人民币15万元；四、没收在案扣押的人民币50万元。

裁判解析

本案的争议焦点有以下三点：

一、高某、焦某的行为是否构成侵犯著作权罪。

《中华人民共和国刑法》第二百一十七条规定："以营利为目的，有下列侵犯著作权情形之一，违法所得数额较大或者有其他严重情节的，处三年以下有期徒刑或者拘役，并处或者单处罚金；违法所得数额巨大或者有其他特别严重情节的，处三年以上七年以下有期徒刑，并处罚金：（一）未经著作权人许可，复制发行其文字作品、音乐、电影、电视、录像作品、计算机软件及其他作品的；（二）出版他人享有专有出版权的图书的；（三）未经录音录像制作者许可，复制发行其制作的录音录像的；（四）制作、出售假冒他人署名的美术作品的。"

据此，侵犯著作权罪，是指自然人或单位，以营利为目的，侵犯他人著作权，违法所得数额较大或者有其他严重情节的行为。本罪的构成要件包括：本罪侵犯的客体是国家的著作权管理制度以及他人的著作权和与著作权有关的权益。本罪客观方面表现为侵犯了他人著作权，包括没有得到著作权人授权或者伪造、涂改著作权人授权许可文件或者超出授权许可范围等侵犯他人著作权的行为。本罪的主体为一般主体，自然人及单位均可以构成本罪。本罪主观方面要求行为人应当具有以营利为目的的故意。

最高人民法院、最高人民检察院、公安部2011年1月10日《关于办理侵犯知识产权刑事案件适用法律若干问题的意见》第十条规定："关于侵犯著作权犯罪案件'以营利为目的'的认定问题。除销售外，具有下列情形之一的，可以认定为'以营利为目的'：（一）以在他人作品中刊登收费广告、捆绑第三方作品等方式直接或者间接收取费用的；（二）通过信息网络传播他人作品，或者利用他人上传的侵权作品，在网站或者网页上提供刊登收费广告服务，直接或者间接收取费用的；（三）以会员制方式通过信息网络传播他人作品，收取会员注册费或者其他费用的；（四）其他利用他人作品牟利的情形。"

本案中，被告人高某、崔某以营利为目的，未经著作权人许可，复制发行其图书达23万册，情节特别严重，二人的行为均已构成侵犯著作权罪。因此，法院将二被告人的行为定性为侵犯著作权罪，符合事实与法律规定。

二、对于高某、焦某判处的主刑是否过轻。

本案中，一审法院判决高某有期徒刑三年，缓刑四年，焦某有期徒刑二年六个月，缓刑三年。某区人民检察院以原审判决适用法律错误为由提出抗诉。认为原审判决对二原审被告人量刑畸轻，适用缓刑错误。但是二审法院经过审查，维持了对于高某、焦某适用缓刑的判决。《中华人民共和国刑法》第七十二条规定："对于被判处拘役、三年以下有期徒刑的犯罪分子，根据犯罪分子的犯罪情节和悔罪表现，适用缓刑确实不致再危害社会的，可以宣告缓刑。"据此，对犯罪分子宣告缓刑必须同时具备以下条件：首先，犯罪分子被判处的是三年以下有期徒刑或者拘役。其次，要看犯罪分子有无真实的悔罪表现，是否真诚悔过自新。再次，是根据被告人犯罪情节等综合判断，包括适用缓刑是否不致再危害社会，是否是偶犯、初犯或者连续犯，是否容易改造，在共同犯罪中是否居于主犯、从犯或者胁从犯地位犯罪后对危害后果的认识等。本案中被告人高某、焦某违法所得数额较大，同时高某、焦某经民警电话传唤主动到案，并如实供述了自己的罪行，具有自首情节，且鉴于某书业公司与某公司具有委托印刷书籍的合作关系，被告人高某、焦某亦为上述单位的主管人员，系在委托印刷单的范畴外私自加印书籍，与盗印书籍等侵犯著作权行为的社会危害性存在差别，结合被告人的认罪态度、悔罪表现以及在共同犯罪中的作用，人民法院对被告人高某、焦某依法从轻处罚，并对二人适用缓刑并无不当。

三、对高某、焦某罚金数额的认定是否适当。

本案中，一审法院对高某作出罚金10万元、对焦某作出罚金5万元的处罚决定。然而，二审法院认为，最高人民法院、最高人民检察院《关于办理侵犯知识产权刑事案件具体应用法律若干问题的解释（二）》第四条规定："对于侵犯知识产权犯罪的，人民法院应当综合考虑犯罪的违法所得、非法经营数额、给权利人造成的损失、社会危害性等情节，依法判处罚金。罚金数额一般在违法所得的一倍以上五倍以下，或者按照非法经营数额的50%以上一倍以下确定。"根据刑事案件量刑的基本原则，对于附加刑的判罚力度应与主刑的量刑幅度相一致。本案中，二原审被告人共同违法所得50万元,原审法院对原审被告人高某判处罚金10万元,相对于其违法所得属于减轻处罚，而原审法院对其主刑适用的是从轻处罚，二者的判罚力度显然并不一致；此外，原审法院对原审被告人焦某判处罚金5万元亦畸轻。因此，二审法院对二被告人的罚金数额酌情增加的判决符合事实与法律的规定。

法律建议

根据我国著作权法的规定，图书出版者出版图书应当与作品的作者签订图书出版合同，并且支付报酬。图书出版者是否取得作品的专有出版权由合同约定。现实中，如发生符合刑法第二百一十七条规定的侵犯著作权罪的犯罪行为，应按照刑事诉讼法的规定维护合法权益。

特别提示

《中华人民共和国刑法》第二百一十八条规定："以营利为目的，销售明知是本法第二百一十七条规定的侵权复制品，违法所得数额巨大的，处三年以下有期徒刑或者拘役，并处或者单处罚金。"

《最高人民法院、最高人民检察院关于办理侵犯知识产权的解释》第五条规定："以营利为目的，实施刑法第二百一十七条所列侵犯著作权行为之一，违法所得数额在三万元以上的，属于"违法所得数额较大"；具有下列情形之一的，属于'有其他严重情节'，应当以侵犯著作权罪判处三年以下有期徒刑或者拘役，并处或者单处罚金：(一)非法经营数额在五万元以上的；(二)未经著作权人许可，复制发行其文字作品、音乐、电影、电视、录像作品、计算机软件及其他作品，复制品数量合计在一千张(份)以上的；(三)其他严重情节的情形。以营利为目的，实施刑法第二百一十七条所列侵犯著作权行为之一，违法所得数额在十五万元以上的，属于'违法所得数额巨大'；具有下列情形之一的，属于'有其他特别严重情节'，应当以侵犯著作权罪判处三年以上七年以下有期徒刑，并处罚金：(一)非法经营数额在二十五万元以上的；(二)未经著作权人许可，复制发行其文字作品、音乐、电影、电视、录像作品、计算机软件及其他作品，复制品数量合计在五千张（份）以上的；（三）其他特别严重情节的情形。”

《最高人民法院、最高人民检察院关于办理侵犯知识产权刑事案件具体应用法律若干问题的解释（二）》第一条规定：“以营利为目的，未经著作权人许可，复制发行其文字作品、音乐、电影、电视、录像作品、计算机软件及其他作品，复制品数量合计在五百张（份）以上的，属于刑法第二百一十七条规定的‘有其他严重情节’；复制品数量在二千五百张（份）以上的，属于刑法第二百一十七条规定的‘有其他特别严重情节’。”

2. 伪造注册商标

——江某假冒注册商标、侵犯知识产权案

基本案情

2013 年 5 月至 6 月间，江某的父亲江某升（另案处理）在某市马皮乡新街处开设了一家名为“马皮越强服装厂”的工厂，被告人江某负责管理该厂的生产。江某在没有取得某著名服装服饰设计制作公司许可的情况下，将其注册商标“a”印制在自己服装厂生产的运动服上。2014 年 7 月 22 日，某市技术监督局在该厂扣押印制有“a”商标的运动裤 23600 条、运动服 7990 套。经鉴定，上述扣押的运动服均为假冒阿迪达斯公司商标的运动服，价值人民币 192904 元。

一审法院认为：被告人江某未经注册商标所有人的许可，在同一种商品上使用与其注册商标相同的商标，情节严重，其行为构成假冒注册商标罪。被告人江某如实供述自己的犯罪事实，依法可以从轻处罚。依照《中华人民共和国刑法》第二百一十三条、第五十二条、第五十三条、第六十四条、第六十七条第三款、第六十一条、第四十七条及《最高人民法院、最高人民检察院关于办理侵犯知识产权刑事案件具体应用法律若干问题的解释》第一条、第十二条的规定，并经审判委员会讨论决定，判决如下：一、被告人江某犯假冒注册商标罪，判处有期徒刑一年六个月，并处罚金人民币 97000 元。二、对扣押的假冒“a”注册商标的运动裤 23600 条、运动服 7990 套予以没收。（上述物品扣押在某市质量技术监督局）

江某不服一审判决，提起上诉称：一、被扣押的服装是因为积压而不能销售出去，应当按照处理价来确定这批服装的价值，一审判决按正常销售价来认定这批服装的价值不当。二、一审对其判处的罚金刑过高。三、其系初犯，能够如实

供述犯罪事实，本案的服装也未流入市场，社会危害性小，请求二审法院改判其一年以下有期徒刑并适用缓刑。

二审法院经审理认为：上诉人江某未经注册商标所有人许可，在同一种商品上使用与其注册商标相同的商标，情节严重，其行为构成假冒注册商标罪。上诉人江某到案后如实供述自己的犯罪事实，依法可以从轻处罚。上诉人江某及其辩护人提出，应当按照处理价来确定本案涉案服装的价值。经查，某价格认证中心出具的价格鉴定结论书是由具有法定资质的鉴定人根据查获的实物依照公开市场价值标准确定的客观合理的市场价格而作出，该鉴定意见客观真实，可作为本案的定案依据。上诉人江某及其辩护人提出，一审对其判处的罚金刑过高。经查，《最高人民法院、最高人民检察院关于办理侵犯知识产权刑事案件具体应用法律若干问题的解释（二）》第四条明确规定："对于侵犯知识产权犯罪的，人民法院应当综合考虑犯罪的违法所得、非法经营数额、给权利人造成的损失、社会危害性等情节，依法判处罚金。罚金数额一般在违法所得的一倍以上五倍以下，或者按照非法经营数额的50%以上一倍以下确定。"上诉人江某的非法经营数额为192904元，一审法院根据相关司法解释的规定对其判处罚金人民币97000元，于法有据，判处罚金刑适当。上诉人江某及其辩护人还提出，其系初犯，能够如实供述犯罪事实，本案的服装未流入市场，社会危害性小。经查，上诉人江某及其辩护人所提的上述量刑情节，一审法院在对其量刑时已予考虑，其再据此请求从轻处罚，没有法律依据。原判认定事实清楚，证据确实、充分，定性准确，量刑适当，审判程序合法，应予维持。依照《中华人民共和国刑事诉讼法》第二百二十五条第一款第（一）项的规定，裁定驳回上诉，维持原判。

裁判解析

本案的争议焦点有以下两点：

一、江某是否符合假冒注册商标罪的构成要件。

假冒注册商标罪与一般的商标侵权本质区别在于情节的严重程度不同。构成假冒注册商标罪应当达到情节严重的程度。如果假冒他人的注册商标情节轻微，对注册商标所有人的危害不大，或者违法所得不大或者并不具有其他严重情节，即达不到上述标准，则属于一般商标侵权行为。《中华人民共和国商标法》第五十二条规定："有下列行为之一的，均属侵犯注册商标专用权：（一）未经商标注册人的许可，在同一种商品或者类似商品上使用与其注册商标相同或者近似的商标的；（二）销售侵犯注册商标专用权的商品的；（三）伪造、擅自制造他人注册商标标识或者销售伪造、擅自制造的注册商标标识；（四）未经商标注册人同意，更换其注册商标并将该更换商标的商品又投入市场的；（五）给他人的注册商标专用权造成其他损害的。"

《中华人民共和国刑法》第二百一十三条规定："未经注册商标所有人许可，在同一种商品上使用与其注册商标相同的商标，情节严重的处3年以下有期徒刑或者拘役，并处或者单处罚金；情节特别严重的，处3年以上7年以下有期徒刑，并处罚金。"

据此，假冒注册商标罪侵犯的客体为他人合法的注册商标专用权以及国家的商标管理秩序；该罪的客观方面表现为行为人实施了刑法所禁止的假冒商标行为，且情节严重；该罪的犯罪主体为一般主体，即任何单位或者个人；该罪主观方面为故意，且以营利为目的。本案中，江某在没有取得某著名服装服饰设计制作公司许可的情况下，将其商标"a"印制在其服装厂生产的运动服上，其中印制有"a"商标的运动裤23600条、运动服7990套。经鉴定，上述扣押的运动服均为假冒阿迪达斯公司商标的运动服，价值人民币192904元。因此，江某以营利为目的侵犯了他人合法的注册商标专用权和国家商标管理秩序，客观上实施了刑法所禁止的假冒商标行为，且情节严重，符合假冒注册商标罪的构成要件。

二、对江某的量刑是否过重。

对江某的量刑需要结合是否达到了情节严重或者特别严重的程度以及其他的量刑情节加以分析。

《最高人民法院、最高人民检察院关于办理侵犯知识产权刑事案件具体应用法律若干问题的解释》第一条规定："未经注册商标所有人许可，在同一种商品上使用与其注册商标相同的商标，具有下列情形之一的，属于刑法第二百一十三条规定的'情节严重'，应当以假冒注册商标罪判处三年以下有期徒刑或者拘役，并处或者单处罚金：(一)非法经营数额在五万元以上或者违法所得数额在三万元以上的；(二)假冒两种以上注册商标，非法经营数额在三万元以上或者违法所得数额在二万元以上的；(三)其他情节严重的情形。具有下列情形之一的，属于刑法第二百一十三条规定的'情节特别严重'，应当以假冒注册商标罪判处三年以上七年以下有期徒刑，并处罚金：(一)非法经营数额在二十五万元以上或者违法所得数额在十五万元以上的；(二)假冒两种以上注册商标，非法经营数额在十五万元以上或者违法所得数额在十万元以上的；(三)其他情节特别严重的情形。"据此，对"非法经营数额"与"违法所得数额"两个概念的准确理解是判定"情节严重"的前提。非法经营额是指行为人通过假冒注册商标获得的营业金额，包含销售金额和未销售商品的库存金额。销售金额是指销售商品没有扣除成本、税收的营业所得；库存金额是指库存产品以市场价格计算的应得。国家工商行政管理局在1994年出台的《关于执行〈商标法〉及其〈实施细则〉若干问题的通知》中指出："非法经营数额包括假冒商品的销售额以及被查获假冒商品的货值之和。"本案中江某被查获的货值经鉴定为人民币192904元，构成情节严重，但未达到情节特别严重要求的非法经营数额在25万元以上，故对其应当在处以三年以下有期徒刑或者拘役、并处或者单处罚金区间进行量刑。被告人江某如实供述自己的犯罪事实，其系初犯，本案的服装未流入市场，社会危害性小，因此，对其可以从轻处罚，一审、二审法院在法定刑区间内对其酌情予以从轻处罚，判处一年六个月的实刑并无不当。江某的非法经营数额为192904元，人民法院根据相关司法解释的规定对其判处罚金人民币97000元，于法有据，判处罚金刑适当。

法律建议

注册商标专用权的取得方法包括原始取得、通过转让取得、商标权使用许可三种方式。实践中，既要保护自己的注册商标不被侵犯，也要防范侵犯他人注册商标带来的刑事法律风险。假冒他人注册商标，不仅严重影响了其他企业的商品信誉，同时也侵害了消费者的合法权益，作为侵权企业和经营者不仅要面对商标权利人的民事侵权之诉，情节严重的还会受到刑事处罚。

特别提示

《最高人民法院、最高人民检察院关于办理侵犯知识产权刑事案件具体应用法律若干问题的解释》

第八条规定 :“刑法第二百一十三条规定的‘相同的商标’，是指与被假冒的注册商标完全相同，或者与被假冒的注册商标在视觉上基本无差别、足以对公众产生误导的商标。刑法第二百一十三条规定的‘使用’，是指将注册商标或者假冒的注册商标用于商品、商品包装或者容器以及产品说明书、商品交易文书，或者将注册商标或者假冒的注册商标用于广告宣传、展览以及其他商业活动等行为。多次实施侵犯知识产权行为，未经行政处理或者刑事处罚的，非法经营数额、违法所得数额或者销售金额累计计算。本解释第三条所规定的‘件’，是指标有完整商标图样的一份标识。”

第十二条规定 :“本解释所称‘非法经营数额’，是指行为人在实施侵犯知识产权行为过程中，制造、储存、运输、销售侵权产品的价值。已销售的侵权产品的价值，按照实际销售的价格计算。制造、储存、运输和未销售的侵权产品的价值，按照标价或者已经查清的侵权产品的实际销售平均价格计算。侵权产品没有标价或者无法查清其实际销售价格的，按照被侵权产品的市场中间价格计算。多次实施侵犯知识产权行为，未经行政处理或者刑事处罚的，非法经营数额、违法所得数额或者销售金额累计计算。本解释第三条所规定的‘件’，是指标有完整商标图样的一份标识。”

3. 职务侵占罪、侵犯商业秘密罪的认定

——陈某职务侵占、侵犯商业秘密案

基本案情

某市振兴钟表有限公司（以下简称振兴公司）法定代表人为赖某，经营范围为石英电子钟、石英电子表、纸盒、纸箱的制造，自营和代理商品或技术进出口。被告人陈某系振兴公司的业务员，其职责是代表振兴公司与客户洽谈生意、签订合同、根据客户要求向振兴公司下单，安排出货，跟踪收汇等。

2004 年，被告人陈某利用担任振兴公司业务员、代表振兴公司与合胜公司洽谈生意、签订合同并跟踪收汇的便利，以虚构客户需要回扣为由，将振兴公司的货款人民币 230452.35 元据为己有。2009 年，被告人陈某利用担任振兴公司业务员，代表振兴公司与 EMYLORDS 工业有限公司洽谈生意、签订合同并跟踪收汇的便利，虚构振兴公司需要通过华闽公司才能出口产品为由，诱使 EMYLORDS 工业有限公司向华闽公司下订单，后被告人陈某通过华闽公司向振兴公司下单生产钟表，从中侵占振兴公司的货款人民币 74169.18 元。被告人陈某利用同样的手段，诱使尼日利亚 ALBA 国际钟表有限公司、EMYLORDS 工业有限公司、GEMSTORES 公司下订单并侵占了相应的货款。

振兴公司于 2005 年 3 月 1 日修订《公司规章制度》，其中第四章专项制定公司保密制度，振兴公司的公司秘密事项包括国外客户资料、合作渠道、产品报价、合同等经营信息。2011 年 4 月 1 日，振兴公司与被告人陈某补签《劳动合同书》，约定被告人陈某须遵守《公司规章制度》，不得泄露国外客户资料等公司经营信息。2005 年 3 月至 2013 年 12 月，被告人陈某在担任振兴公司业务员

期间，私自从事钟表业务生意，违反振兴公司上述保守商业秘密的规定，利用工作中掌握的振兴公司客户信息、产品信息等经营信息，采取向振兴公司客户尼尔森等人谎称“振兴公司的产品没有竞争力”、“我朋友工厂产品价格较低”及向振兴公司骗取铸造钟表模具、伪造振兴公司的授权书授权同意华闽公司使用振兴公司的产品报告及允许更改货号等方法转移振兴公司客户，致使振兴公司客户向被告人陈某所委托的华闽公司下订单，通过华闽公司再向源龙公司、喜盈门公司、九龙钟表厂、新雅达公司、昇旭公司等企业下单生产钟表，最后通过华闽公司出口给国外客户。经审计，被告人陈某从事上述业务其个人所获取的利润总额为人民币1312980.46元。

一审法院认为：被告人陈某身为振兴公司业务员，利用职务上的便利，将本单位的资金非法占为己有，数额共计人民币405182.88元，属数额巨大，其行为已构成职务侵占罪。被告人陈某身为振兴公司业务员，私自从事钟表业务生意，违反振兴公司有关保守商业秘密的规定，利用其因工作便利而掌握的客户资料、产品信息等振兴公司的经营信息，转移振兴公司客户，销售同类产品，进行营利活动，从中获利人民币1312980.46元，给振兴公司造成重大损失，其行为已构成侵犯商业秘密罪。被告人陈某一人犯数罪，应当数罪并罚。遂判决：一、被告人陈某犯职务侵占罪，判处有期徒刑六年；犯侵犯商业秘密罪，判处有期徒刑一年，并处罚金人民币一百五十万元；决定执行有期徒刑六年六个月，并处罚金人民币一百五十万元。二、责令被告人陈某将未退赔的违法所得人民币1312980.46元退赔给被害单位振兴公司。

宣判后，陈某不服，提起上诉，认为公司保密制度不能作为本案认定振兴公司已对其经营信息采取保密措施的依据。其于2011年4月1日与振兴公司签订《劳动合同书》之前的经营行为，不具备“振兴公司已对其经营信息采取保密措施”这一定罪要件。

二审法院经审查认为：上诉人陈某利用职务便利，将本单位的资金人民币405182.88元非法占为己有，其行为已构成职务侵占罪，数额巨大。上诉人陈某身为振兴公司业务员，违反公司有关保守商业秘密的规定，利用其因工作便利而掌握的客户资料、产品信息等振兴公司的经营信息，私自从事钟表生意，通过其他公司向振兴公司的客户销售同类产品，从中获利人民币 1312980.46 元，给振兴公司造成重大损失，其行为又构成侵犯商业秘密罪。上诉人陈某一人犯二罪，应当数罪并罚；其在归案后能如实供述自己职务侵占的罪行，并将侵占的款项全额归还给振兴公司，所犯该罪依法可以从轻处罚。原判根据本案的犯罪事实、性质和情节等，依法对上诉人陈某定罪处罚、量刑并无不当；但鉴于某省高级人民法院于 2015 年 7 月对《〈关于常见犯罪的量刑指导意见〉实施细则》中职务侵占罪的数额巨大起点作了修改，故对陈某所犯职务侵占罪量刑应作相应调整。原判认定的事实清楚，证据确实、充分，定罪准确，适用法律正确，审判程序合法。遂判决如下：一、维持一审法院判决第一项中对上诉人陈某犯职务侵占罪定罪部分和犯侵犯商业秘密罪定罪量刑部分以及第二项判决。二、撤销第一项中对上诉人陈某犯职务侵占罪量刑部分的判决。三、上诉人陈某犯职务侵占罪，判处有期徒刑五年二个月；犯侵犯商业秘密罪，判处有期徒刑一年，并处罚金人民币一百五十万元；决定执行有期徒刑五年八个月，并处罚金人民币一百五十万元。

裁判解析

本案的争议焦点有以下三点：

一、被告人陈某是否构成职务侵占罪。

《中华人民共和国刑法》第二百七十一条规定："公司、企业或者其他单位的人员，利用职务上的便利，将本单位财物非法占为己有，数额较大的，处五年以下有期徒刑或者拘役；数额巨大的，处五年以上有期徒刑，可以并处没收财产。"

据此，职务侵占罪侵犯的客体是公司、企业或其他单位的财产所有权；客观上表现为行为人利用职务上的便利，将本单位的财物非法占为已有，数额较大的行为。主体是非国有公司、企业或者其他单位中主管、经手、管理本单位财物的人，董事长、总经理、厂长、会计、出纳、业务员、采购员等等都可能成为本罪的主体。值得注意的是，主体要件也是区分贪污罪和职务侵占罪的重要方面之一，如果是国有公司、企业或者其他国有单位委派到非国有公司、企业以及其他单位从事公务的人员有上述行为的，则构成贪污罪。构成本罪的主观要件是故意，且具有非法占有公司、企业或其他单位财物的目的。

本案中，陈某身为振兴公司业务员，利用代表振兴公司与合胜公司、EMYLORDS工业有限公司、尼日利亚ALBA国际钟表有限公司、GEMSTORES公司等洽谈生意、签订合同并跟踪收汇的便利，虚构振兴公司需要通过华闽公司才能出口产品为由，诱使上述公司向华闽公司下订单，陈某再通过华闽公司向振兴公司下单生产钟表，将本单位的资金人民币405182.88元非法占为已有，其行为已构成职务侵占罪，数额巨大，完全符合职务侵占罪的构成要件，两级法院对于陈某构成职务侵占罪的认定是符合法律规定的。如果本案中振兴公司是国有公司、企业或者其他国有单位，又或者陈某是受国有公司、企业或者其他国有单位委派到非国有公司、企业以及其他单位从事公务的人员，那么陈某将公司资产占为已有的行为则只能构成贪污罪。

二、被告人陈某是否构成侵犯商业秘密罪。

《中华人民共和国刑法》第二百一十九条规定："有下列侵犯商业秘密行为之一，给商业秘密的权利人造成重大损失的，处三年以下有期徒刑或者拘役，并处或者单处罚金；造成特别严重后果的，处三年以上七年以下有期徒刑，并处罚金：（一）以盗窃、利诱、胁迫或者其他不正当手段获取权利人的商业秘密的；（二）披露、使用或者允许他人使用以前项手段获取的权利人的商业秘密的；（三）违反约定或者违反权利人有关保守商业秘密的要求，披露、使用或者允许他人使用其所掌握的商业秘密的。明知或者应知前款所列行为，获取、使用或者披露他人的商业秘密的，以侵犯商业秘密论。本条所称商业秘密，是指不为公众所知悉，能为权利人带来经济利益，具有实用性并经权利人采取保密措施的技术信息和经营信息。本条所称权利人，是指商业秘密的所有人和经商业秘密所有人许可的商业秘密使用人。"

根据上述规定，侵犯商业秘密罪的构成要件包括：第一，犯罪客体：侵犯的必须是商业秘密的权利人所拥有的合法权益和国家保护的正常有序的市场经济秩序。第二，犯罪的客观方面必须存在侵权行为，即实施了刑法第二百一十九条规定的行为之一并且必须给商业秘密的权利人造成重大损失。第三，犯罪主体为一般主体，单位和达到刑事责任年龄且具备责任能力的自然人均能构成本罪。第四，犯罪主观方面只能是故意。侵权人通过盗窃、利诱、胁迫等非法手段获取商业秘密时的主观心态表现为故意。构成侵犯商业秘密罪的前提是侵权人明知应当保密，而故意披露、使用或允许他人使用。

本案中，陈某作为达到刑事责任年龄且具备责任能力的自然人，违反公司有关保守商业秘密的规定，利用其因工作便利而掌握的振兴公司的客户资料、产品信息等，转移振兴公司客户，销售同类产品，给权利人造成了重大损失，符合侵犯商业秘密罪的构成要件。

三、对被告人陈某的量刑是否过重。

量刑，即刑罚的裁量，是指根据刑法规定，在认定犯罪的基础上，对犯罪人是否判处刑罚，判处何种刑罚以及判处多重刑罚的确定与裁量。量刑是人民法院的刑罚裁量活动。量刑主要包括三个方面:一是决定是否判处刑罚。根据刑法规定，对于犯罪情节轻微不需要判处刑罚的,可以免予刑事处罚。二是决定判处何种刑罚。三是决定判处多重的刑罚，需根据犯罪事实及情节，裁量确定应当判处的刑罚。

本案中，一审法院认定，陈某归案后能如实供述其职务侵占的罪行，并将所侵占的人民币 405182.88 元归还给被害单位振兴公司，遂对其从轻处罚。一审法院根据本案的犯罪事实、性质和情节等，依法对陈某定罪处罚、量刑并无不当；但一审宣判后，陈某上诉的理由之一就是量刑过重，鉴于某省高级人民法院于 2015 年 7 月对《〈关于常见犯罪的量刑指导意见〉实施细则》中职务侵占罪的数额巨大起点作了修改，二审法院遂对陈某职务侵占部分的量刑予以了改变。这涉及刑法上的一个基本原则，即从旧兼从轻原则，它是指原则上适用行为发生时的旧法，但如果新法处罚较轻，就适用新法，这一原则既符合罪刑法定的精神，又较好地保护了行为人的权益。故二审法院根据该原则对陈某所犯职务侵占罪的量刑作了相应调整，将一审法院对其职务侵占罪的量刑部分从六年改为五年二个月，符合法律规定。

法律建议

要保护商业秘密不受侵犯，一方面可以建立一整套商业秘密保护制度，并且告知所有员工，通过与其签订保密协议，明确双方的权利和义务来有效维护合法权益。另一方面，任何涉及商业秘密的交易合同或协议，均可以当设置“保密条款”。保密条款一般包括：①明示合同所涉及的需要保密的商业秘密范围；②合同对方以及合同对方的任何员工、代理人均受保密条款的约束；③受约束的保密义务人在未经许可的情况下，不可将商业秘密透露给任何第三方或用于合同目的以外的用途；④受约束的保密义务人不可将含有保密信息的资料、文件、实物等携带出保密区域；⑤保密义务人不可在对外接受访问或者与任何第三方交流时涉及合同规定的商业秘密内容；⑥保密信息应当在合同终止后交还；⑦保密期限在合同终止后仍然保持有效；⑧违反保密义务的，应当承担明确的违约责任。

特别提示

最高人民法院、最高人民检察院《关于办理侵犯知识产权刑事案件具体应用法律若干问题的解释》第七条规定：“实施刑法第二百一十九条规定的行为之一，给商业秘密的权利人造成损失数额在五十万元以上的，属于‘给权利人造成重大损失’，应当以侵犯商业秘密罪判处三年以下有期徒刑或者拘役，并处或者单处罚金。给商业秘密的权利人造成损失数额在二百五十万元以上的，属于刑法第二百一十九条规定的‘造成特别严重后果’，应当以侵犯商业秘密罪判处三年以上七年以下有期徒刑，并处罚金。”

4. 利用非法外挂程序牟利

——董某、陈某非法经营案

基本案情

董某、陈某在玩网络游戏过程中，了解到利用非法外挂程序可以替游戏玩家代练升级并可从中牟利，遂购买了数十台电脑，申请了 QQ 号、银行账号、客服电话和电信宽带,向他人购买外挂经营代练升级。2006 年 9 月至 2007 年春节,董某、陈某雇用人员在其居住的某市某区麒麟镇绿色家园 30 幢 2 号，通过使用向他人购得的名为“小金鱼”的外挂,帮助热血传奇游戏玩家升级并牟利。2007 年 3 月,董某、陈某又通过互联网向他人购得名为“冰点传奇”的外挂程序,以“土人部落工作室”的名义，雇用员工在某网络发展有限公司经营的热血传奇游戏中以每周 80 元、每月 300 元的价格帮助玩家使用“冰点管家”外挂程序代练升级，先后替一万多个热血传奇游戏账户代练升级。自 2007 年 3 月至 2007 年 12 月 7 日，董某、陈某接受来自全国各地游戏玩家汇入的资金共计人民币 1989308.6 元。

因被告人董某、陈某所使用的“冰点传奇”外挂程序绕过了正常的游戏客服端与服务器端之间的通讯协议，使某网络发展有限公司计算机系统中的客户认证功能丧失，从而干扰了热血传奇游戏的正常运行。同时，又因破坏了网络游戏规则的均衡和公平，引起了众多游戏玩家的不满和投诉，严重影响了某网络发展有限公司的生产经营秩序。

2008 年 12 月 26 日，某区人民法院依法组成合议庭，公开审理了此案。法庭审理认为，被告人董某、陈某以牟取利益为目的，违反国家规定，未经国家主管部门批准，也未获得某网络发展有限公司许可和授权，在明知是破坏他人享有著作权的互联网游戏作品技术保护措施情况下，将修改他人游戏作品数据的非法互联网出版物“外挂软件”使用到某网络发展有限公司享有著作权的游戏程序上，进行有偿代练经营活动，牟取了巨额非法利益，侵害了某网络发展有限公司的合法权益，属于出版非法互联网出版物的行为，具有严重的社会危害性，构成非法经营罪。某网络发展有限公司是经新闻出版总署许可的经营游戏作品互联网出版业务的公司，其所经营的热血传奇游戏是经过版权局合法登记的游戏软件，受著作权法的保护。而本案中二被告人购买、使用的“冰点传奇”外挂程序软件在出版程序上没有经过主管部门的审批，违反了《出版管理条例》的规定，在内容上也破坏了热血传奇游戏的使用用户在服务器上的内容，不仅违反了《信息网络传播权保护条例》的相关规定，而且侵犯了著作权人的合法权益，为《出版管理条例》、《互联网出版管理暂行规定》所禁止，属于《最高人民法院关于审理非法出版物刑事案件具体应用法律若干问题的解释》第十一条所规定的严重危害社会秩序和扰乱市场秩序的非法出版物。本案中二被告人购买了电脑，聘用了工作人员，先后替一万多名不特定人使用非法外挂程序进行代练，并收取费用，客观上是对该非法外挂程序的发行、传播，属于出版非法互联网出版物的行为，根据《最高人民法院关于审理非法出版物刑事案件具体应用法律若干问题的解释》第十一条规定，应当以非法经营罪定罪处罚。在共同犯罪中，被告人董某起主要作用，是主犯，应当按照其所组织、指挥的全部犯罪处罚。被告人陈某起次要、辅助作用，是从犯，依法应当减轻处罚。

一审法院遂作出如下判决：一、被告人董某犯非法经营罪，判处有期徒刑六年，罚金人民币 160 万元。被告人陈某犯非法经营罪，判处有期徒刑三年，缓刑四年，罚金人民币 140 万元。二、作案工具、非法所得予以没收。

一审宣判后，被告人董某、陈某提出上诉。

某市中级人民法院依法组成合议庭审理了该案，法庭经过审理认为，一审法院认定事实清楚，适用法律正确，对二上诉人主刑量刑适当，应予维持；但罚金刑量刑不当，酌减了部分罚金。

裁判解析

本案争议的焦点有以下三点：

一、购买外挂软件帮人代练牟利，是否属于“出版”行为。

《最高人民法院关于审理非法出版物刑事案件具体应用法律若干问题的解释》第十一条规定：“违反国家规定，出版、印刷、复制、发行本解释第一条至第十条规定以外的其他严重危害社会秩序和扰乱市场秩序的非法出版物，情节严重的，依照刑法第二百二十五条第（三）项的规定，以非法经营罪定罪处罚。”本案中董某、陈某购买电脑并聘请了工作人员，先后替1万多名不特定人使用非法“外挂”程序进行代练升级，同时收取了一定的费用，该1万多名不特定的人汇给他的代练款实际上就是购买非法代练软件的费用，客观上是对该非法“代练”程序的发行、传播，而发行、传播是出版的环节，因此董某、陈某对该“代练”程序的发行、传播无疑属于出版非法互联网出版物的行为。董某、陈某的行为实质上是将非法的互联网出版物提供给社会不特定公众，这与传统的发行、传播并无差别，因此两级法院认定董某、陈某的行为是出版非法互联网出版物的特征。

二、本案中董某、陈某是否构成非法经营罪。

《中华人民共和国刑法》第二百二十五条规定：“违反国家规定，有下列非法经营行为之一，扰乱市场秩序，情节严重的，处五年以下有期徒刑或者拘役，并处或者单处违法所得一倍以上五倍以下罚金；情节特别严重的，处五年以上有期徒刑，并处违法所得一倍以上五倍以下罚金或者没收财产：（一）未经许可经营法律、行政法规规定的专营、专卖物品或者其他限制买卖的物品的；（二）买卖进出口许可证、进出口原产地证明以及其他法律、行政法规规定的经营许可证或者批准文件的；（三）未经国家有关主管部门批准非法经营证券、期货、保险业务的，或者非法从事资金支付结算业务的；（四）其他严重扰乱市场秩序的非法经营行为。”《最高人民法院关于审理非法出版物刑事案件具体应用法律若干问题的解释》第十一条规定：“违反国家规定，出版、印刷、复制、发行本解释第一条至第十条规定以外的其他严重危害社会秩序和扰乱市场秩序的非法出版物，情节严重的，依照刑法第二百二十五条第（三）项的规定，以非法经营罪定罪处罚。”

对于董某、陈某的行为是否构成非法经营罪还要从构成要件的角度进行分析，本罪侵犯的客体是市场管理秩序。本罪的犯罪对象主要是专营、专卖物品或者其他限制买卖的物品、进出口许可证、进出口原产地证明以及其他法律、法规规定的经营许可证、批准文件。本罪的客观方面表现为违反国家规定，非法经营，扰乱市场秩序，情节严重的行为，具体包括：未经许可经营法律、行政法规的专营、专卖物品或者其他限制买卖的物品的；买卖进出口许可证、进出口原产地证明以及其他法律、行政法规规定的经营许可证或者批准文件的；其他严重扰乱市场秩序的非法经营行为。本罪的犯罪主体是一般主体，个人和单位均可构成本罪的主体。本罪主观方面由故意构成，即行为人明知其行为会扰乱市场秩序而进行非法经营。

本案中，董某、陈某在明知是破坏他人享有著作权的互联网游戏作品技术保护措施的情况下，将修改他人游戏作品数据的非法互联网出版物“外挂软件”使用到某网络发展有限公司享有著作权的游戏程序上，进行有偿代练经营活动，侵犯了正常的市场管理秩序。客观上，董某、陈某未经国家主管部门批准，也未获得某网络发展有限公司许可和授权，侵害了某网络发展有限公司的合法权益，属于出版非法互联网出版物的行为。主观方面，董某、陈某购买电脑，聘请人员，替 1 万多名不特定人使用非法“外挂”程序进行代练，并收取费用也能证明其主观上具有扰乱市场秩序的故意。依据相关司法解释，出版非法互联网出版物的，非法经营数额超过 25 万，即为“情节特别严重”，应判处五年以上刑罚。在共同犯罪中，董某系主犯，陈某系从犯，一审、二审法院以非法经营罪判处董某有期徒刑六年，陈某有期徒刑三年缓刑四年，定罪准确，量刑适当。

三、本罪罚金刑量刑是否不当。

罚金刑是一种常用的刑罚方法，是指人民法院判处犯罪分子向国家缴纳一定数额金钱的刑罚方法。

本案中，一审法院判处董某罚金人民币 160 万元、陈某罚金人民币 140 万元。二审法院判处董某罚金人民币 30 万元；陈某罚金人民币 20 万元。

《信息网络传播权保护条例》第十八条规定：“违反本条例规定，有下列侵权行为之一的，根据情况承担停止侵害、消除影响、赔礼道歉、赔偿损失等民事责任；同时损害公共利益的，可以由著作权行政管理部门责令停止侵权行为，没收违法所得，非法经营额5万元以上的，可处非法经营额1倍以上5倍以下的罚款；没有非法经营额或者非法经营额5万元以下的，根据情节轻重，可处25万元以下的罚款；情节严重的，著作权行政管理部门可以没收主要用于提供网络服务的计算机等设备；构成犯罪的，依法追究刑事责任：（一）通过信息网络擅自向公众提供他人的作品、表演、录音录像制品的;（二）故意避开或者破坏技术措施的;（三）故意删除或者改变通过信息网络向公众提供的作品、表演、录音录像制品的权利管理电子信息，或者通过信息网络向公众提供明知或者应知未经权利人许可而被删除或者改变权利管理电子信息的作品、表演、录音录像制品的；（四）为扶助贫困通过信息网络向农村地区提供作品、表演、录音录像制品超过规定范围，或者未按照公告的标准支付报酬，或者在权利人不同意提供其作品、表演、录音录像制品后未立即删除的;（五）通过信息网络提供他人的作品、表演、录音录像制品，未指明作品、表演、录音录像制品的名称或者作者、表演者、录音录像制作者的姓名（名称），或者未支付报酬，或者未依照本条例规定采取技术措施防止服务对象以外的其他人获得他人的作品、表演、录音录像制品，或者未防止服务对象的复制行为对权利人利益造成实质性损害的。”

根据上述规定和《中华人民共和国刑法》第二百二十五条的规定，本案中，董某、陈某在侦查阶段供述的收入总共有150余万元，而“外挂”程序卖家购买“外挂充值点卡”的费用130余万元，据此，二审法院确定董某、陈某从中获利额约20万元，并依此对二人判处了违法所得1倍以上的附加刑，量刑适当。

法律建议

目前我国《刑法》第三章“破坏神会主义市场经济秩序罪”第七节“侵犯知识产权罪”包括以下七个罪名：假冒注册商标罪（第二百一十三条），销售假冒注册商标的商品罪（第二百一十四条），非法制造或者销售非法制造注册商标标识罪（第二百一十五条），假冒专利罪（第二百一十六条），侵犯著作权罪（第二百一十七条），销售侵权复制品罪（第二百一十八条），侵犯商业秘密罪（第二百一十九条）。

实践中，应注意掌握其构成要件。

特别提示

《出版管理条例》（2016 年 2 月 6 日修正）

第六十一条规定："未经批准，擅自设立出版物的出版、印刷或者复制、进口单位，或者擅自从事出版物的出版、印刷或者复制、进口、发行业务，假冒出版单位名称或者伪造、假冒报纸、期刊名称出版出版物的，由出版行政主管部门、工商行政管理部门依照法定职权予以取缔；依照刑法关于非法经营罪的规定，依法追究刑事责任；尚不够刑事处罚的，没收出版物、违法所得和从事违法活动的专用工具、设备，违法经营额 1 万元以上的，并处违法经营额 5 倍以上 10 倍以下的罚款，违法经营额不足 1 万元的，可以处 5 万元以下的罚款；侵犯他人合法权益的，依法承担民事责任。"

《互联网信息服务管理办法》

第十九条规定："违反本办法的规定，未取得经营许可证，擅自从事经营性互联网信息服务，或者超出许可的项目提供服务的，由省、自治区、直辖市电信管理机构责令限期改正，有违法所得的，没收违法所得，处违法所得 3 倍以上 5 倍以下的罚款；没有违法所得或者违法所得不足 5 万元的，处 10 万元以上 100 万元以下的罚款；情节严重的，责令关闭网站。违反本办法的规定，未履行备案手续，擅自从事非经营性互联网信息服务，或者超出备案的项目提供服务的，由省、自治区、直辖市电信管理机构责令限期改正；拒不改正的，责令关闭网站。"

《网络出版服务管理规定》（2016 年 3 月 10 日起施行）

第七条规定："从事网络出版服务，必须依法经过出版行政主管部门批准，取得《网络出版服务许可证》。"

第五十一条规定："未经批准，擅自从事网络出版服务，或者擅自上网出版网络游戏（含境外著作权人授权的网络游戏），根据《出版管理条例》第六十一条、《互联网信息服务管理办法》第十九条的规定，由出版行政主管部门、工商行政管理部门依照法定职权予以取缔，并由所在地省级电信主管部门依据有关部门的通知，按照《互联网信息服务管理办法》第十九条的规定给予责令关闭网站等处罚；已经触犯刑法的，依法追究刑事责任；尚不够刑事处罚的，删除全部相关网络出版物，没收违法所得和从事违法出版活动的主要设备、专用工具，违法经营额 1 万元以上的，并处违法经营额 5 倍以上 10 倍以下的罚款；违法经营额不足 1 万元的，可以处 5 万元以下的罚款；侵犯他人合法权益的，依法承担民事责任。”

后 记

近年来，我国文化产业呈稳步提升态势。2015 年，全国文化及相关产业增加值 27235 亿元，占 GDP 的比重为 3.97%，达到历史新高。文化产业在推动经济发展、优化产业结构中发挥着越来越重要的作用。与此同时，相关的矛盾纠纷也时有发生，出现了民事、行政、刑事各类诉讼。

《中央宣传部、司法部关于在公民中开展法治宣传教育的第七个五年规划（2016-2020 年）》明确提出："建立法官、检察官、行政执法人员、律师等以案释法制度，在执法司法实践中广泛开展以案释法和警示教育，使案件审判、行政执法、纠纷调解和法律服务的过程成为向群众弘扬法治精神的过程。"

基于此，为填补我国文化产业诉讼案例解析类图书的空白，提高文化产业从业人员防控法律风险的意识和能力，推进法治中国建设，根据实际工作需要，由文化产业机构的法务工作者联合法官、律师和法学学者共同编撰了本书。现将有关问题说明如下：

一、案例遴选的标准。当前世界各国对文化产业并没有一个统一的定义，我国文化产业促进法正在起草过程中，其中文化产业的概念和范围界定也是面临的重点和难点问题。因此，以什么为依据取舍已发生的文化产业诉讼案例成为必须正视的首要问题。综合考虑 2003 年文化部制定下发的《关于支持和促进文化产业发展的若干意见》中对文化产业的界定以及 2004 年、2012 年国家统计局发布的《文化及相关产业分类》统计标准和近几年文化业态不断融合、文化新业态不断涌现等因素，我们以法律关系的主体、客体和内容涉及文化产业作为遴选相关案例的标准。

二、所选案例的特点。本书共选择了69个近年来各级人民法院终审的诉讼案例。其中有些是最高人民法院发布的指导性案例，有些是省级高级人民法院发布的年度十大案例,还有一些是对文化产业从业者具有警示和典型意义的案例。因此，所选案例具有确定性、权威性和典型性特点。

三、本书的篇章结构。全书分为民事诉讼、行政诉讼、刑事诉讼三部分。为了便于读者阅读，在民事诉讼部分又细分为著作权、不正当竞争、商业秘密篇，商标权篇，专利权篇，合同篇四部分。针对每个案例我们均设置了“基本案情”、“裁判解析”、“法律建议”三个板块，并通过“特别提示”版块将近年来法律修改的情况和需要读者进一步深入了解的相关法律、法规、规章、司法解释等内容加以明示。

参加本书编撰工作的有李袁婕、晁震、陈思桦、张涛、秦尤佳、赵宇峰、董梦晔、李雨芊，全书由李袁婕统稿。由于水平所限，书中的疏漏在所难免，敬请专家读者批评指正。

在本书付梓之际，要向故宫出版社各级领导表达由衷的敬意，正是他们对法治的信仰和辛勤努力，才使本书得以面世。

李袁婕

2016年10月31日于故宫博物院